THE SEAT OF A START-UP

창업의 정석

박정용 · 고준빈 · 안성범 지음

도서출판 WisdomPL

머리말

"창업방정식"에서 "창업정석"으로

필자들은 대전에 있는 대학과 산업 및 창업지원 기관에서 근무하거나 경험했던 연구자들이다. 지난 십년이상을 기업의 성장과 쇠퇴를 가까이에서 지켜보면서, 실질적으로 기업경영에도 참여하였던 경험을 갖고 있다

"혼자서 푸는 창업방정식"은 그동안 저자들이 창업 및 산업기획 분야에서 근무하면서 창업자와의 상담 및 사업 컨설팅에서 경험한 현장 체험과 일반인 및 대학생을 대상으로 강의한 지식을 토대로 하였다. 기술창업과 시장창업의 두 분야를 큰 줄기로 하여 체계적인 창업지식과 훈련이 가능하도록 실무 위주로 편집되어 있다. 창업을 꿈꾸는 이들에게 창업의 지침서 역할을 충분히 해왔다. 시대는 변하고 있고 시장의 트렌드도 변하고 있어 이번에 개정판을 내놓게 되었다. 자영업자가 600만이 되는 시대에 우리는 살고 있고 앞으로 우리 모두가 겪게 될 것이기에 많은 이들의 관심을 가지는 프랜차이즈 분야에 대한 내용을 추가하였다.

이 책은 창업을 하고자 하는 학생, 예비은퇴자, 기업가가 창업의 아이디어를 어디서 얻고, 어떻게 준비하며, 성공에 이르려는 의지와 노력, 그리고 "업"을 일으키려는 기업가정신을 고무시키는 방법을 구조화하고자 노력한 결과물이다.

창업과정은 하나의 예술적 과정이며 그 도구가 비즈니스 플랜이라는 분명한 사실에서 출발하여, 누구나 세울 수 있는 계획보다는 나만의 기획을 고심할 수 있는 시간을 드리고자 노력하였다. 그럼에도 항상 부족한 필력과 열정의 아쉬움은 전적으로 저자들의 몫이다.

아무튼 이 책이 많은 분들에게 도움이 되기를 바라며, 창업의 용기에 격려되는 책이 되었으면 한다.

마지막으로 이 책의 원동력인 상상의 비즈니스를 갈망하는 미래의 기업가와 시장원리의 쓴 맛을 곱씹는 창조적인 청년 창업 CEO에게 감사드린다.

기해년 7월에서

박정용 고준빈 안성범 올림

차례

CHAPTER 1

창업환경과 창업자

1. 창업환경
2. 창업유형 및 성장단계
3. 창업자 되기
4. 성공 방정식으로 창업자

1 창업환경

1) 창업환경이란

(1) 기술형 창업환경

기술형 창업환경이란 사회현상 등 창업에 영향을 주는 모든 사물 및 현상을 말하며 창업자에 있어서는 창업자의 능력·자질과 함께 창업의 성패를 결정짓는 요소이다.

즉 창업자는 비즈니스 기회를 발견하고자 노력하지만, 기술진보, 글로벌화, 경제개발 등에 따른 시장과 산업구조의 변화 트렌드를 파악하지 못하면 기회발견에 제약을 지닐 수밖에 없다. 기술진보에 따른 서비스 경제의 급격한 부상(ex. 스마트 폰 등), 국제적인 분업의 가속(한국에서 디자인하고 중국에서 생산 등)에 대응하는 국가 및 지역경제의 대응 등이 요구된다. 더불어서 사회구조의 변화 또한 창업기회를 제공한다. 인구증가, 인구밀도와 도시화, 인구 나이구조, 이주노동자나 여성참여율, 수입과 실업률, 소득불균형, 교육 정도는 새로운 사회적 요구를 발생시키고 비즈니스를 발생시킨다.

정부는 한편 창업환경을 정책적으로 촉진시켜 잠재적인 기업가의 육성을 기대하기도 하며, 창업에 있어 정책 환경을 만들어 주기도 한다. 사회적인 구조의 변화를 기대하면서 창조적 인적자본의 유입을 위한 지역개발 및 이주 노동자(이민정책 등) 정책을 추진하거나, 창업교육시스템의 개편을 위한 교육훈련 정책 및 캠페인, 사회보장정책, 노동시장유연성(1인 창조기업, 학생, 교수 창업 등), 세금정책 등을 들 수 있다. 직접적으로는 기업의 시장진입과 출구전략의 유연성을 위한 규제완화와 단순화(1인 창조기업 등), 신기술개발정책, 경제성장기조의 유지(복지, 인플레이션 등 감안), 그리고 기능적인 벤처개피탈(Venture Capital) 시장을 조성하기 위하여 금융서비스의 조정 등이 추진된다.

이와 같은 혁신환경은 창업가에게 '기업가적 기회 對 대안적인 직업적 기회'의 '위험과 보상'을 평가하게 만든다. 외부 자원의 활용기회가 어느 정도이며, 대응 가능한 본인의 능력, 개별적인 개성과 선호, 그리고 사회변화의 주체로서 창업가를 바라보는 사회적 시각 등이 맞물려 창업 여부가 결정되기도 하는 것이다.

(2) 시장형 창업환경

시장형 창업환경 또한 전체적인 사회흐름과 자신의 후보업종과의 적합성을 면밀히 검토해야 한다. 즉 자신이 하려는 업종이 일시적인 유행업종인지 아니면 장기적으로 성장 가능한 업종인지를 신중히 생각한 후, 구체적인 자료수집 및 분석을 해야 실패를 최소화할 수 있는데 특히, 시장형 창업의 경우 소비자의 소비패턴변화를 파악하기 위한 발로 뛰는 노력이 전제될 때 성공 가능성을 높일 수 있는 것이다.

실제로 우리 주변에는 과감하게 인생의 경로를 바꾸어 성공한 사람이 적지 않다. 특히, 최근에는 독자적 인생경영을 위해 창업을 꿈꾸는 사람들이 크게 늘어나고 있다. 자기사업을 한다는 것은 노동의 결실이 개인의 성취감으로 직결되고 잘만 하면 높은 소득을 올릴 수 있다는 점에서 분명히 매력적인 일이다.

그러나 그만큼 위험 부담도 크기 때문에 예비창업자는 치밀한 사전 검토와 준비를 거쳐야 한다. 시작하려는 사업이 자기의 적성에 맞는 사업인지, 자금은 충분한지, 전망은 있는지 다각도로 면밀히 따져보아야 하는 것이다. 아무리 좋은 재료라도 요리하는 사람에 따라 다른 맛이 나듯, 사업도 유망하다고 해서 무조건 성공하는 것은 아니다. "누가, 왜, 언제, 어디서, 무엇을, 어떻게" 라는 6하 원칙이 유기적으로 맞물려야 좋은 결과를 얻을 수 있다.

2 창업유형 및 성장단계

1) 연령별 창업유형

새로운 사업을 시작하는 데는 자금, 창업자 연령 등 창업자의 내·외적 환경에 따라 여러 가지로 제약이 있게 마련이며 가장 큰 제약은 아마도 연령 제한일 것이다. 창업 성공의 예를 조사한 통계에서는 25세부터 35세까지가 성공률이 가장 높은 것으로 나타나고 있다.

- **모험 창업** : 20 ~ 32세까지의 연령층에 해당하며 자기의 전공, 직업과 관계없이 모든 분야에서 도전정신을 기반으로 한 창업실행 시기로서 경험, 지식의 부족으로 타 연령층 보다 실패율이 높은 반면, 성공 잠재력이 크고 실패한다 해도 재기의 가능성이 높다는 장점이 있다.
- **선택 창업** : 33~44세까지의 연령층을 말하며 자신의 적성에 맞는 분야 즉, 적성과 기존 업무와의 상관관계를 고려하여 사업 아이템을 발굴하는 것과 그 동안 사회생활을 통해 터득한 경험과 기반을 최대한 활용할 수 있어야 성공 가능성이 높다.
- **전문 창업** : 기존의 업무분야에서 20여년 이상 생활해 오면서 얻은 경험과 전문적 지식이 풍부하게 축적되어 있는 시기로서 45~54세까지의 연령층이 이에 해당된다. 자기업무 분야에서는 본인이 최고의 실무 전문가라는 점을 인식하고 전문 분야 내에서 창업 아이디어를 찾는 것이 효과적이다.
- **안정 창업** : 55세 이상의 연령층으로 사회경륜과 전문지식은 풍부하나 많은 지식이 오히려 행동보다 생각을 깊게 하는 원인이 되기 때문에 모험성이 전혀 없는 안전한 사업분야를 선택하고자 하는 특성을 보인다. 신중한 선택 끝에 창업하기 때문에 타 연령층에 비해 실패율이 가장 낮은 장점이 있는 반면, 발전적인 성공 가능성 또한 극히 낮은 양상을 보인다.

창업자의 연령별 특징을 종합하면 연령이 높을수록「이번에 실패하면 마지막」이라는 강박관념 때문에 투자해야 할 때 투자하지 못하고 기회를 놓치는 경우가 많으므로 업종을 선택할 때 먼저 자신의 연령 및 경력 그리고 적성을 신중히 검토해 보는 신중한 자세를 견지해야 한다.

2) 성장단계

성장단계에 대한 구분은 다양하나, 창업부터 제품화까지 사업화를 제시하면, 다음과 같다[1].

- **창업준비단계**(Gestation Stage) : 창업인이 사업의 기반이 되는 기술과 경험을 축적하고 습득하는 단계로서 대부분 창업 이전의 직장에서 경험을 얻는 기간을 말한다. 이들의 연구결과에 의하면 그 범위는 0~18년이며 평균 5.4년 정도이다.
- **계획단계**(Planning Stage) : 창업인이 창업(공장 가동 등)을 하는데 필요한 여러 가지 결정을 수행하는 시점에서 실제 공장이 가동되는 시점까지를 말한다. 이 기간의 범위는 1~36주이며 평균 약 2개월 정도 걸린다.
- **계약용역단계**(Contract Service Stage) : 실제로 생산과 영업을 수행하는 단계로 기업은 수요자들에게 계약으로 재화와 용역을 제공하는 사업초기 단계이다.
- **첫제품 단계**(Proprietary Product Stage) : 높은 성과를 보이는 기업들은 3단계를 수행하는 중에 최초제품을 개발하고 이 제품을 마케팅하는 과정과 문제점을 다루기 시작하여 판매경로를 찾기 시작한다. 보통 조업을 시작한 지 약 28개월이 지나면 이 단계가 시작된다.

1) Van de Ven, Andrew H., Roger Hueson, and Dean M. Schroeder(1984), “Designing New Business Startups: Entrepreneurial, Organizational, and Ecological Considerations”, Journal of Management, 10 : 1, pp. 87~107

- **다제품 단계**(Multiproducts Stage) : 이 시기는 벤처기업이 계약용역 단계와 첫 제품 단계를 수행하는 중에 주로 기존의 제품라인과 관련된 제2, 제3의 제품을 개발하면서 시작된다. 이들의 연구에 의하면 창업기업 중 오직 25% 정도만이 이 단계를 거치는 것으로 나타났다. 그리고 기업의 연령과는 관계가 없으나, 기업의 성과와는 매우 깊은 관련이 있음을 강조하였다. 즉 성과가 낮은 기업들은 초기단계에 머무르는 반면, 성과가 높은 기업들은 후기단계까지 진행된다는 것이다.

3 창업자 되기

1) 창업자 되기 과정

- **기회확인과 평가** : 시장규모와 기회의 창(window of opportunity)의 길이는 위험과 보상(risks and rewards)을 결정하는 기본적 요소이다. 과연 기회가 존재하는지 아닌지 평가하기란 쉽지 않으나, 평가해야 할 기본적인 질문은 다음과 같다.

  - 시장니즈는 무엇인가?
  - 개인적 관찰의 결과(경험과 기록)은 무엇인가?
  - 시장니즈를 불러오는 사회적 상황은 무엇인가?
  - 시장니즈를 정리할 수 있는 시장연구 자료는 무엇인가?
  - 시장에서 경쟁적 위치(경쟁적 행동의 묘사)는 어떠한가?
  - 국제시장과 닮아 있는 것은 무엇인가?
  - 국제적 경쟁과 닮아 있는 것은 무엇인가?
  - 이 활동을 통해 돈은 어디에서 만들어지는가?

- 비즈니스 계획 개발 : 정의된 기회를 개척하기 위해 비즈니스 플랜을 작성한다.
- 필요자원 결정 : 기업가의 현 자원을 평가 한 후, 중요한 자원과 단지 도움이 될 것이라는 자원을 명백하게 분리한다. 그리고 필요한 자원과 양을 과소평가하지 말아야 한다. '위험'은 항상 불충분한 자원에서 나온다.
- 창업기업 경영 : 자원이 확보되면, 비즈니스 플랜에 따라 적용한다. 성공을 위해 경영 스타일과 구조를 만들고, 그리고 핵심 변수들을 결정하여야 한다.

<창업자 과정의 국면>

1. 기회확인과 평가	2. 비즈니스 계획	3. 필요자원 결정	4. 창출기업 경영
• 기회의 창출 및 길이 • 기회의 실제와 인지된 가치 • 기회의 위험과 보상 • 기회 대비 개인의 기술과 목적 • 경쟁상황	• 제목 • 목차 • 전문적 요약 - 비즈니스에 대한 묘사 - 산업에 대한 묘사 - 마케팅 플랜 - 재무 플랜 - 생산 플랜 - 조직화 플랜 - 활동 플랜 - 종합 - 부록 등으로 구성	• 기업가의 현존하는 자원 파악 • 자원 갭과 이용가능한 공급자 파악 • 필요자원의 평가	• 경영 스타일과 사업구조 실행 • 성공을 위한 핵심 변수 파악 • 문제점 및 잠재적 문제 확인하기 • 통제시스템의 실행

2) 창업자 되기 요소 _ 교육과 훈련 분야

창업자가 되기 위해 알아야 할 것은 매우 많은 반면, 교육훈련 과정을 거친다고 모든 것은 다 알 수 없다. 그렇다고 학습을 게을리 할 수 없는 것 또한 현실이기 때문에 창업과 관련해서 이해해야 할 부분은 다음과 같으며, 개인 스스로 노력하거나 교육훈련 프로그램의 도움을 받아야 한다.

(1) 교육 분야

▶ 중소기업의 경제적 역할 이해

▶ 기업형태의 강점과 약점에 대한 이해

▶ 기업가적 과정 알기

▶ 자신의 기업가적 스킬 평가

▶ 제품계획과 개발과정 이해

▶ 비즈니스 기회 확인/평가 방법 알기, 창조성의 부여 요인 알기

▶ 조직화 능력 개발 및 팀으로 일하는 방법 개발

▶ 창업 성공과 실패 일반 알기

▶ 비즈니스 계획 이해

▶ 자원 확인/평가/획득 알기

▶ 비즈니스 기본 계획 알기 (마케팅/재무/운영/조직화/start-up)

▶ 조직 경영과 성장 방법 알기

▶ 새로운 벤처 조직 만들기 알기

▶ 조직에서 기업가정신(리더십, 신규사업, 네트워크 등)의 역할 이해

질문 1

[기업가에 대해 나는 얼마만큼 알고 있나_Self-Assessment]

1. 기업가 대부분은 형제 중 몇 번째인가.
   1) 장자 2) 막내 3) 중간 4) 상관없다

2. 기업가 대부분은 혼인관계가 어떠한가.
   1) 결혼했다 2) 미망인이다 3) 독신이다 4) 이혼했다

3. 기업가의 전형적인 성별은 어떠한가.
   1) 남성 2) 여성 3) 둘다 모두

4. 기업가는 보통 몇 세에 중요한 사업을 하는가.
   1) 10대 2) 20대 3) 30대
   4) 40대 5) 50대

5. 기업가적 성향은 보통 몇 세에 나타나는가.
   1) 10대 2) 20대 3) 30대
   4) 40대 5) 50대

6. 벤처(의미있는)를 시작할 때 기업가의 전형적인 교육 수준은?
   1) 고등학교 이하 2) 고등학교 졸업
   3) 학사 학위 4) 석사학위
   5) 박사학위

7. 비즈니스를 시작할 때, 기업가의 주요 동기는.
   1) 돈을 벌기 위해 2) 독립하기 위해
   3) 유명해지기 위해 4) 유력한 사람이 되기 위해

8. 기업가의 자아와 성취 요구의 동기는 누구의 영향을 깊게 받는가.
   1) 배우자 2) 아버지 3) 어머니 4) 아이들

9. 기업가적 벤처가 성공하기 위해 필요한 것은.
   1) 돈 2) 행운 3) 매우 열심히 일함
   4) 좋은 아이디어 5) 4가지 모두

10. 기업가와 벤처캐피털리스트 간의 관계는.
   1) 잘 지낸다 2) 최고의 친구사이다
   3) 간절한 친구사이다 4) 갈등이 있다

11. 성공한 기업가는 경영자문을 누구에게 들었는가.
   1) 내부 경영팀 2) 외부 경영전문가
   3) 자금원 4) 어느 누구도 아님

12. 기업가로서 최상인 사람은
   1) 경영자 2) 벤처캐피털리스트
   3) 플래너 4) 어느 누구도 아님

13. 기업가는.
   1) 하이 리스크 감당자(high-risk-takers_big gamblers)
   2) 합리적 리스크 감당자(moderate-risk-taker_realistic gamblers)
   3) 적은 위험 감당자(small-risk-takers_take few chance)
   4) 상관없음

14. 기업가는.
   1) 파티를 즐긴다 2) 칵테일 파티는 지루해 한다
   3) 파티에 결코 가지 않는다 4) 파티 분위기에 맞춘다

15. 기업가는 누구와 사랑에 빠지는가.
   1) 새로운 아이디어　　　2) 새로운 직원
   3) 새로운 제조 아이디어　　　4) 새로운 재정 계획
   5) 위 모두

16. 기업가의 아이디어는 전형적으로.
   1) 서비스 비즈니스　　　2) 제조기업
   3) 금융기업　　　4) 건설기업
   5) 매우 다양한 벤처

(2) 훈련 분야

- 창업자가 갖추어야 할 객관적 스킬

  글쓰기/대화 커뮤니케이션/환경변화 모니터링 능력/비즈니스 관리 테크닉/사업화 기술/대인관계/청취능력/조직화 능력/네트워크 만들기/경영 스타일/지도하기/팀플레이어가 되기

- 창업자가 갖추어야 할 비즈니스 스킬

  계획과 목적 세팅/의사결정/인적 관계/마케팅/재무/회계/경영/통제/협상/벤처 출발하기/성장관리

- 창업자가 갖추어야 할 기업가적 스킬

  자기통제/위험감수/혁신/변화주도/지속성/비져러니 리더십

이외에도 일에 열정적으로 몰입하는 강한 의욕, 창조/분석 등의 정신적 능력, 복잡한 현상의 핵심을 간파하고 그것을 간결한 형태로 재구성하는 개념적 능력 등이 요구된다.

질문 2

[나는 기업가인가_Self-Assessment]

1. 당신는 수많은 장애물을 극복하고 프로젝트를 완성할 수 있는가?

 ______예　　　______아니오

2. 당신은 도전이 있을 때마다 문제를 제기하고 해결할 수 있는가?

 ______예　　　______아니오

3. 당신은 의무감과 책임감이 있는 것 같은가?

 ______예　　　______아니오

4. 다른 사람들은 당신을 존중하고 신뢰하는가?

 ______예　　　______아니오

5. 당신은 신체적으로 건강한가?

 ______예　　　______아니오

6. 당신은 즉각적인 보상이 적더라도 장기적으로 봉사할 수 있는가?

 ______예　　　______아니오

7. 당신은 미팅 및 사람과 어울리기 좋아하는가?

 ______예　　　______아니오

8. 당신은 당신의 꿈을 다른사람들에게 효과적으로 전달하고 설득시킬 수 있는가?

 ______예　　　______아니오

9. 당신의 컨셉과 아이디어를 이해시킬 수 있는가?

 ______예　　　______아니오

10. 당신은 사업하기를 원하는 분야에서 집중적인 경험을 한 적이 있는가?

______예　　　______아니오

11. 당신은 비즈니스를 운영하기 위한 머케니즘과 형태를 알고 있는가(세금, 임금, 손익계산서, 대차대조표)?

______예　　　______아니오

12. 당신의 지역에는 제공하고자 하는 제품 시장의 니즈가 있는가?

______예　　　______아니오

13. 당신은 마케팅 및 금융 스킬을 가지고 있는가?

______예　　　______아니오

14. 산업분류 상 동종 기업들이 지역에서 잘 운영되고 있는가?

______예　　　______아니오

15. 당신의 비즈니스는 흔들리지 않는 입지를 가지고 있는가

______예　　　______아니오

16. 당신은 사업 첫해 충분한 금융조달이 가능한가?

______예　　　______아니오

17. 당신의 비즈니스를 시작할 때 충분한 돈을 조달할 수 있고, 가족 또는 친지에게도 접근할 수 있는가?

______예　　　______아니오

18. 당신은 사업의 성공을 위한 필수 공급요소를 알고 있는가?

______예　　　______아니오

19. 당신의 부족을 메울 수 있는 재능있는 사람이나 전문가를 알고 있는가?

_____예　　　_____아니오

20. 당신은 어떠한 것보다 비즈니스를 시작하길 원하는가?

_____예　　　_____아니오

4 성공 방정식으로 창업자

창업기업의 성공방정식은 일반적으로 창업자(Entrepreneur), 산업_시장(Industry), 기업전략(Strategy), 기업문화(Culture)의 기술, 자금 등의 자원(Resources), 네트워크(Network)의 함수관계이다[2]. 이는 성과 P=f(E, I, S, C, R, N)와의 함수관계이다.

이 중에서 성공방정식으로 창업자의 특성은 매우 중요하며, Timmons(1994)가 주장한 바와 같이 몰입과 신념, 리더십, 기회추구, 위험과 불확실성에 대한 수용도, 창의력 그리고 최고가 되려는 의지 등이 성공방정식을 만드는 중요 요소이다.

2) 박영배, 윤창석(2001),"벤처기업 경영성과의 영향요인에 관한 탐색적 연구," 벤처경영연구 4(1): 3-34. ; 김훈(2000), "인터넷 벤처기업의 성공에 대한 탐색적 연구," 한국산업경제학회 13(5): 251-274. ; 서정환, 신용백(2002),"성공/비성공 벤처기업 창업자 성공요인 추출과 비교에 관한 연구," 생산성논집 16(1): 57-72. 이장우, 장수덕(2001)," 벤처기업의 성공요인: 성공한 벤처기업가들의 관점," 중소기업연구 23(4): 23-49. 이외 다수.

< 창업자의 6가지 특성 >

특성	태도나 행위
몰입과 신념	단호함 / 민첩성 / 문제해결에 대한 집요함 / 개인적 희생 감수의욕 / 총체적몰입 / 극기
리더십	능동적 업무추진 / 타인에 대한 조언과 격려 / 구성원들과 공평한 분배 / 신뢰감주는 공평한 일처리
기회추구	시장중심적 / 가치창조의 노력
위험과 불확실성에 대한 수용도	계산된 위험추구자 / 스트레스와 갈등 /불확실성에 대한 적응
창의력과 적응력	비관습적 / 개방적 / 변화에 따른 빠른 적응력 / 실패에 대한 두려움이 적은 창조적 문제해결
최고가 되려는 의지	목표와 결과 중심 / 지위나 권력에 대한 무관심 / 협조적인 대인관계 / 사물에 대한 안목과 유머감각 겸비

자료: Jaffery A. Timmons(1994), New Venture Creation, Irwin.

이러한 특성을 한 개인의 심리적, 행동적, 그리고 사회적인 경력에 대한 분류로 설명하면 성취동기에 대부분 수렴한다.

질문 3

[나는 독립성이 강한가]

1. 나는 옷 쇼핑을 하기 싫어한다

   ______예　　　______아니오

2. 내가 보고 싶은 영화를 친구가 가기 싫어한다면, 나 혼자 갈 수 있다.

   ______예　　　______아니오

3. 나는 금융적인 독립을 원한다.

   ______예　　　______아니오

4. 나는 중요한 일을 결정하기 전에 다른 사람들의 의견을 종종 묻는다.
   ______예　　　______아니오

5. 나는 사회적 친교모임은 다른 사람들의 결정을 따른다.
   ______예　　　______아니오

6. 나의 잘못을 알지만 사과하지 않고, 내가 하던 대로 한다.
   ______예　　　______아니오

7. 내가 믿는다면 일반적인 주장이 아니더라도 말할 것이다.
   ______예　　　______아니오

8. 나는 다르다는 것을 두려워한다.
   ______예　　　______아니오

9. 나는 다른 사람들의 인정을 원한다.
   ______예　　　______아니오

10. 나는 보통 다른 사람들에게 요청하기 보다는 나를 부르는 사람을 기다린다.
   ______예　　　______아니오

- 심리적 특성 : 성공적인 창업인들에게 뚜렷하게 나타나는 것은 성취동기가 강하다는 것이다. 무엇인가 새로운 것을 발견하고 성취해간다는 특성에 있어 매우 강하다. 이와 함께 심리적으로 성장을 지향하는 창업자일수록 위험감수성향이나 불확실성 즉 모호성에 대한 인내성향이 강하다는 것이 지적되고 있다. 모호성에 대한 인내성향에서 위험이 높을수록 창업자는 도전의식을 지니며 위협이라기보다는 '흥미 있는 자극'으로 받아들인다.

질문 4

[나는 위험을 감수하고자 하는가]

1. 당신은 투자결과를 알지 못하지만 돈을 벌기 위해 위험을 감수할 수 있는가?
   ______예 ______아니오

2. 당신은 여행시 우산을 항상 가지고 다니는가? 뜨거운 물병은? 온도계는?
   ______예 ______아니오

3. 당신이 무엇인가에 놀란다면, 그 두려움을 극복하기 위해 노력하는가?
   ______예 ______아니오

4. 당신은 새로운 음식, 새로운 장소, 새로운 경험을 좋아하는가?
   ______예 ______아니오

5. 당신은 질문하기 전에 답을 알고자 하는가?
   ______예 ______아니오

6. 지난 6개월 동안 위험에 직면한 경험이 있는가?
   ______예 ______아니오

7. 당신은 낯선 사람과 걷고 대화를 할 수 있는가?
   ______예 ______아니오

8. 당신은 익숙하지 않은 곳으로 해외 여행을 한적이 있는가?
   ______예 ______아니오

9. 당신은 시도하기 전에 그 결과를 알고자 하는가?
   ______예 ______아니오

10. 블라인드 데이트를 해 본 경험이 있는가?
   ______예 ______아니오

질문 5

[나의 통제 성향은 내부적인가 외부적인가>

1. 당신은 "단지 그 길 밖에 없고, 내가 할 수 있는 일은 아무것도 없다"고 종종 느끼는가?
   ______예　　　______아니오

2. 일이 진행되면서 당신에게 좋지 않은 상황이 되었을 때, 당신은 '운'이라고 생각하는가?
   ______예　　　______아니오

3. 당신은 올바른 방향을 읽었기 때문에 비즈니스를 추진하거나 노력해야 하는 것이라면 반드시 진행해야 한다고 생각하는가?
   ______예　　　______아니오

4. 당신이 무엇인가를 결정한다면 필히 그것을 추진해야 하고, 당신을 멈출 수 있는 것은 아무것도 없다고 생각하는가?
   ______예　　　______아니오

5. 새로운 것을 시도하는 것이 두렵지만, 그것을 시도하는 사람인가?
   ______예　　　______아니오

6. 친구, 배우자, 그리고 어머니가 당신에게 빠르게 움직이는 것은 어리석다고 말하는가. 당신은 집에서 최근 들어 본 적이 있는가?
   ______예　　　______아니오

7. 당신을 좋아하는 모든 사람이 중요한가?
   ______예　　　______아니오

8. 당신의 직업이 좋다고 할 때, 당신의 즐거움은 그 일에서 충분한가?
   ______예　　　______아니오

9. 당신이 무엇인가를 원한다면, 당신에게 주어지거나 누군가를 기다리기보다는 먼저 요청하는가 ?

______예　　　______아니오

10. 그것은 불가능한 일이라고 하더라도, 당신은 당신 자신에게서 그 가능성을 발견하는가?

______예　　　______아니오

- 행위적 특성 : 창업자는 성취동기가 높은 만큼 기업의 비전, 경영목표, 그리고 자기신뢰적인 행동을 한다. 이 부문에서 타인과 구별되는 차별성을 강조하는 경향이 크다. 또한 실패가능성이나 위험에 대한 대처행동이 소극적이냐 적극적이냐 하는 행위의 특성이 영향을 미친다. 주로 위험을 흥미로운 자극으로 느끼고 있듯이 창업자는 위험에 대해 강한 대처를 위한 행동을 할 것이다. 더구나 창업자는 카리스마적인 변혁적 리더십을 보이며 조직구성원들의 가치관, 신념 및 강력한 비전을 제시하며, 공동목표의 중요성을 강조한다.

- 경력특성 : 이는 연령, 성, 학력, 창업이나 경영 또는 관련산업에서의 경험 등으로 구분한다. 일반적으로 연령이 낮으면 남성인 경우가 위험감수성향이 높고, 여성은 기회추구형보다는 엔지니어형 창업자가 많다는 결과를 보여주고 있다. 학력은 대체적으로 교육수준을 반영하는 단위로 학력이 높게 나타나고 있다. 그러나 높은 교육수준은 기업전략에 우수한 능력을 보이나 위기대처 능력에 떨어지는 점이 지적되기도 한다. 창업경험이나 관련산업종사경험은 기업 성과에 긍부정적 영향을 동시에 지니고 있다고 보여주는데 그 영향력이 미미하거나 어떤 경우에는 부정적으로 나타나기도 한다. 그러나 경험을 이해하기 위해서는 창업자의 경험이 질적으로 어느 정도인가에 따라 그 성과가 달라질 것이다.

[참조 : 실패한 기업가의 공통특성]

▷ **불사조형** : "내 사전에 실패는 없다"는 태도를 견지하여 방만한 투자 실행.

▷ **천하무적형** : 항상 남보다 우월하고 어떤 경쟁자라도 제거할 수 있다고 자만하여 경쟁자와 소모적 경쟁을 유발함.

▷ **즉흥형** : 치밀한 계산없이 상황에 따른 의사결정으로 대안 모색 불가.

▷ **운수탓형** : 사업 실패의 모든 원인을 운수 또는 운명으로 간주.

▷ **완벽주의형** : 업무의 완성을 지나치게 강조하여 타이밍을 무시한 결정을 내림.

▷ **다안다형** : 문제에 관한 해답을 모두 안다는 자만심을 가짐으로써 대안 채택기회 상실.

▷ **나홀로형** : 도움이 꼭 필요한 경우에도 타인의 도움·협조를 거부하고 모든 것을 혼자서 결정·처리하려 함.

[질문 답안]

질문 1

1.① 2.① 3.① 4.③ 5.① 6.③ 7.② 8.③ 9.② 10.④ 11.②
12.④ 13.② 14.④ 15.④ 16.④

질문 2

17개 이상"예"라면 당신은 기업가이다.

질문 3

17개 이상"예"라면 당신은 기업가이다.

질문 4

4, 5, 8, 9, 10번을 "예"를 선택했다면 내향적 통제 성향이 강한 것이다.

질문 5

2, 5, 9번에 "예"를 했다면 위험감수 성향을 더욱 개발해야 한다.

CHAPTER 2

창업의 기본준비

1. 기술형 창업을 위한 사업화 기획 트렌드 읽기
2. 시장형 창업을 위한 창업 매뉴얼 읽기

1 기술형 창업을 위한 사업화 기획 트렌드 읽기

1) 개방형 혁신

(1) 개방형 혁신의 등장

조직내부의 연구개발(R&D) 활동을 중시하는 폐쇄형 혁신(closed innovation)은 경쟁자보다 많은 R&D투자비가 소요되거나 외부의 중요한 기술을 등안시 하는 NIH(Not Invested Here)신드롬을 만들기도 하였다. 그 이유로 외부의 새로운 아이디어의 도입을 통해 투입자원 및 시간을 절감하고, R&D효과를 배가할 수 있는 개방형 혁신이 등장하고 있다. 더구나 개방형 혁신은 외부는 파트너나 고객의 아이디어와 믿음까지 R&D과정에 포함시킨다. 내부 아이디어를 외부의 시각으로 평가함으로써 현재 추진 중인 연구 개발 프로젝트의 가치를 측정하고 향후의 방향설정에 효과적이다. 내.외부 간 아이디어 교환을 통해 기업은 자사가 잘 할 수 있는 전략적 역량을 확보하게 되는 것이다.

< 폐쇄형 혁신과 개방형 혁신 하에서 기업활동의 비교 >

	폐쇄형 혁신	개방형 혁신
조직문화	• Not Invested here • We can do it, we will it.	• Best from anywhere : good ideas are widely distributed
핵심역량	• 수직 통합된 제품개발 역량 • 우수 인재 확보	• 핵심역량의 세분화와 집중 • 협력 파트너 탐색 및 관리 능력
시장전략	• First mover advantage : 시장선점 후 지배	• 시장 선점은 필요조건도, 충분조건도 아님 : 비즈니스모델이 중요
R&D의 역할	• 연구, 개발과정의 주도적 수행 • 원천기술의 창출	• 외부 지식의 탐색 및 중개 • 내부연구를 통한 흡수역량 강화
IP전략	• 방어적: 지식재산의 침해방지에 초점 • 휴면특허의 사장	• 공격적 : 비즈니스 모델에 따라 매도/매수 • 휴면특허의 적극적 라이센싱
고객의 역할	• 수동적 수용자	• 능동적 평가자 및 공동개발자 • 고객 네트워크 구축을 통한 시장지배
공급사슬	• 부품, 소재의 단순 공급자 • 주로 거래 관계	• 혁신의 성과/위험. BM을 공유하는 파트너 • 공급 네트워크와 함께 혁신 생태계 구축

출처: 박현우(2009), 2009 기술혁신경영 심포지엄 : 기술이전사업화 정책, 동향 및 성과

이러한 개방형 혁신은 대기업이 신사업 발굴을 위해 벤처기업과 협력하거나 투자하는 전략 또는 신생산업의 경우, 기업 간 컨소시엄 전략이 추진되는 경우가 이에 해당한다.

< 산업차원에서 바라본 개방형 혁신의 유형 >

제품수명주기 신생산업 vs. 성숙산업	→	• 성숙산업 : 신제품/신서비스/신사업 발굴을 위해 벤처기업과 협력, 벤처기업에 투자하는 형태 • 신생산업 : 지배적 디자인 경쟁의 승리와 고객 확대를 위해 기업 간 컨소시엄 구성이나 사용자 혁신 형태
가치사슬 소비재산업 vs. 자본재산업	→	• 소비재 산업: 외부의 다양한 기술이나 제품 아이디어를 탐색·도입하거나 소비자 의견을 반영하는 형태 • 자본재 산업: 고객니즈 충족을 위해 고객기업과 자본재(생산재)를 공동으로 개발하는 형태
지식의 속성 명시적 지식 vs. 암묵적 지식	→	• 명시적 지식: 이 지식이 중요한 과학기술기반사업에서는 특허가 주요한 전유수단이 되고, 라이센싱 형태 • 암묵적 지식: 이 지식이 중요한 기술기반산업에서는 지식이 사람과 조직에 체화되므로 라이센싱 보다 공동연구
인터넷/콘텐츠 산업 포털 vs. 온라인 게임	→	• 인터넷 포탈 : 서비스를 제공하는 벤처기업과 협력하거나 벤처기업을 인수하는 형태 • 온라인 게임 : 특정기술 구매, 기업인수, 외주개발, 사용자 혁신 등 다양한 형태

출처: 박현우(2009)

(2) 기술사업화 과정의 개방

하나의 조직에서 연구개발부터 상업화까지 추진하는 폐쇄형 모델은 내부 개발비용 대비 시장매출은 큰 편이었으나, 점차적으로 개발비용이 증가하고 시장매출이 떨어지는 경향을 보인다. 반면 개방형 모델은 기술 원천의 내부/외부 여부는 중요하지 않고, 어떤 비즈니스모델(Business model)을 갖고 있느냐, 즉 좋은 비즈니스 모델이 있다면 그 안에 사용될 기술의 출처 문제는 부차적이며, 외부의 기술도 얼마든지 활용할 수 있고 활용해야 하기 때문에 기술개발비, 시장 매출에서 장점을 지닌다.

< 폐쇄형 모델 vs. 개방형 모델 >

출처: Chesbrough, H.W.(2006), Open Business Model : How to Thrive in the New Innovation Landscape, Boston: Harvard University School Press.

다시 말하면, 개방형 모델은 시장으로 접근하는 경로가 다양하며, 조직 내부에서 실행하는 동시에 외부자원을 적극적으로 활용(ex. 타사 BM에 가능)하는 방법론까지도 생각한다. 우선적으로 기존 비즈니스 모델이 적합하다고 할 때, 비즈니스 모델의 강화나 수정의 과정을 거치게 된다. 그렇지 않을 경우, 내부 지적재산권(특허 등)을 활용할 기회를 찾아서 부가수익의 창출에 무게를 둔다. 궁극적으로 지적재산권의 활용이 불가할 경우, 내·외부 비즈니스 모델을 탐색하여 새로운 비즈니스 모델을 만드는 과정을 거치게 된다.

< 개방형 모델에서 비즈니스 모델 구축 전략 >

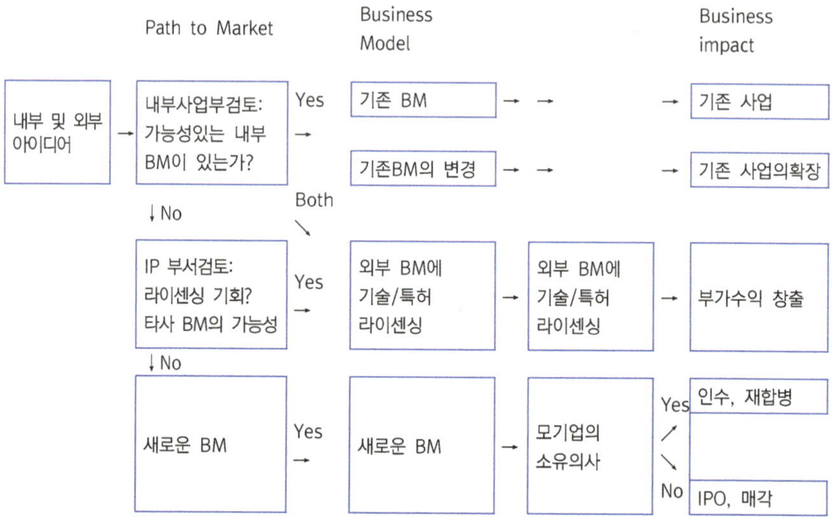

출처: Chesbrough, H.W.(2006), Open Business Model : How to Thrive in the New Innovation Landscape, Boston: Harvard University School Press.

(3) 개방형 비즈니스 모델

우리나라의 기술사업화 및 이전기술사업화의 비즈니스 모델은 대학, 출연(연) 등 공공연구조직이 먼저 기술을 개발한 후에 사업화 방식과 주체를 물색하는 현재의 공급자 중심의 기술이전 방식이다. 기술이전을 받거나 기술사업화를 고려하는 기업의 입장에서도 이 방식은 별반 다르지 않다.

그러나 개방형 혁신이 진행되면서 기술개발 및 도입전략의 유연성이 높아졌고, 이를 바탕으로 비즈니스 모델을 설정한 후 기술개발을 시도하자는 방향으로 진행되고 있으며, 또한 진행되어야 할 주요 사안으로 부상하고 있다.

< 비즈니스모델 진화 6단계 >

종류	비즈니스모델	혁신과정	IP관리	설명
Type 1	Undifferentiated	None	NA	• 혁신활동 없고 범용제품을 저렴한 가격에 판매
Type 2	Differentiated	Ad hoc	Reactive	• 시장경쟁 : 혁신이나 BM을 통해 시장 차별화 확보 • 혁신활동 : 혁신적 기술개발이 있으나 일시적 • 혁신조직 : CEO가 직접 혁신활동 주도 • IP 관리 : IP가 생산되나 외부 전문가의 도움으로 관리 • 한계 : 혁신이 일회적 경이로움에 그치고 계획적, 조직적이지 못함
Type 3	Segmented	Planned	Defensive	• 시장경쟁 : 지배적 디자인 경쟁에서 승리, 시장을 분할 • 혁신활동 : 혁신이 계획적인 조직 과정으로 발전, 제품 로드맵에 따라 주기적인 제품 개발 추진 • 혁신조직 : R&D전단조직 설치, 다른 부서도 혁신에 일부 참여 • IP 관리 : 기업내에 IP업무를 책임지는 인력을 두고 관리 • 한계 : 혁신을 기술/제품에 국한, BM에 무관심
Type 4	Externally Aware	Externally Supportive	Enabling asset	• 시장경쟁 : 기존 기술로 인접 시장이나 신시장 진출(TLC 성숙) • 혁신활동 : 외부 아이디어 도입/활용, 자사 기술르이 외부 라이선스 • 혁신조직 : 혁신과정에 마케팅, 재무도 동등한 비중으로 참여 • IP 관리 : 재무목표를 지닌 전담 조직에서 기업 자산으로 관리 • 가치사슬 : 공급자/ 고객과 제품 로드맵 공유 • 한계 : 현재의 BM에 관심, BM변화에 대한 대응력 취약
Type 5	Integrated (with business model)	Connected to Business Model	Financial asset	• 시장경쟁 : 공급자/고객과의 BM공유를 통해 시장 지배력 강화 • 혁신활동 : 내부 및 외부 R&D활동을 기업의 BM을 통해 통합 • 혁신조직 : 고급 관리자가 주도하는 사업개발 활동, R&D/재무/마케팅의 다기능 팀이 BM개발 • IP 관리 : IP전담 수익센터에서 재무 자산으로 관리 • 가치사슬 : 공급자/ 고객과의 혁신활동 상호 참여가 제도화
Type 6	Adaptive (platform player shapes markets)	Identifies New Business Model	Strategic asset	• 시장경쟁 : BM 통합으로 시장지배, 새로운 BM으로 신시장개척 • 혁신활동 : BM자체를 혁신, 다양한 BM의 실험 • 혁신조직 : 혁신 및 IP관리는 모든 사업부서에 체화됨 • IP 관리 : 전략적 자산, IP를 통해 신사업 진출과 기존사업정리 • 가치사슬 : 공급자/ 고객과의 BM을 통합, 신BM 실험도 함께 추진, 혁신과정에서 외부 파트너도 기술적/재정적 위험/보상을 공유

출처: Chesbrough, H.W.(2006), Open Business Model : How to Thrive in the New Innovation Landscape, Boston: Harvard University School Press.

비즈니스 모델을 중시하는 개방형 혁신은 대부분의 연구계획서에 사업화방식, 전략, 주체 등에 대한 청사진을 요구할 것으로 판단된다. 비즈니스 모델이 불분명하여 기술 개발 이후에도 사업화 전망이 불투명할 경우 연구사업 추진 여부는 재검토될 수 있는 것이다[3].

2) 새로운 사업의 기획과 유망 아이템

(1) 새로운 사업의 기획 유형

신 시장, 사업 다각화는 신기술을 개발하지 않아도 가능하지만, 신생기업이나 중소기업의 경우 보통 신기술 개발이나 기술 응용을 통한 유망 아이템을 가지고 신사업, 신 시장, 다각화를 고려한다. 신사업(신제품)은 신제품 및 신사업개발, 신규분야 연구, 기존사업의 개량, 기존사업의 혁신기술로 재분류가 가능하다.

< 신사업 성격과 R&D 기획의 유형 >

구분		기간	
		단기	장기
신규성	신규	신제품 및 신사업의 개발	신규분야 연구
	기존	기존사업의 개량	기존사업의 혁신기술

출처: 현병환· 윤진효· 서정해 (2006), 특허, 시장, 논문 분석의 통합을 중심으로 신연구개발 기획론, 경문사.

3) 김석관(2009), 개방형 혁신이 공공부문에 주는 전략적 시사점, STEPI Insight, 2009. 8. 15 제28호.

- 신제품 및 신사업 개발과 관련한 R&D기획 : 새로운 제품이나 사업 혹은 제품의 새로운 용도와 관련한 R&D의 성공적인 수행을 목표로 R&D 활동을 진행하게 된다. 동 분야는 첨단산업분야의 대기업 혹은 기술기반 혁신형 중소기업의 연구개발 기획 활동의 주요 대상이 된다[4].
- 신규분야 연구와 관련한 R&D 기획 : 기존의 기술 분야를 넘어서는 분야에서 전혀 새로운 차원의 산업과 연결된 장기적 성과를 목표로 하는 R&D를 지향하는 기획이 요구된다. 동 분야는 대상 연구개발 활동의 원천성 및 장기성으로 인해 국가 출연연구기관 및 대규모 공공연구프로젝트의 연구개발 기획 활동이 주요 대상이 된다.
- 기존사업의 혁신기술 : 기존의 산업 내에서 장기적인 R&D 투자를 통해서 혁신적인 신제품이나 신 공정 개발을 목표로 수행하는 R&D활동 기획을 수행하게 된다. 동 분야는 혁신기술 개발을 목표로 하기 때문에 첨단 산업분야의 대기업 혹은 기술기반 혁신형 중소기업의 연구개발 기획 활동의 주요 대상이 된다.
- 기존사업의 개량 : 기존의 기술적 성과를 토대로 이미 사업화된 기술이나 공정의 개량을 목표로 하는 응용 또는 개발연구를 대상으로 하는 R&D 기획을 수행하게 된다. 동 분야는 일반적인 대부분의 기업의 연구개발 기획 활동의 주요 대상이 된다.

(2) 유망 아이템의 발굴방법

- 세분시장 생성 등 수요의 변화에 의한 것 : 유망 아이템은 세분시장(segmentation)이 발생하고 있는가에 따라 발굴된다. 여기에는 구매기준의 변화, 고객가치의 발전, 그리고 인구변화 등이 선행지표가 된다.

---

4) 현병환· 윤진효· 서정해 (2006), 특허, 시장, 논문 분석의 통합을 중심으로 신연구개발 기획론, 경문사.

< 급성장하는 세분시장 존재를 암시하는 선행지표 >

선행지표	내 용
구매기준의 변화	• 최고의 건강관리(제품) → 가장 비효율적인 건강관리(제품) • 최고의 식품(제품) → 내 일정에 맞는 최고의 식사(토탈 솔루션) • 최고의 재산관리자(토탈 솔루션) → 최고의 투자(상품) • 최고의 재산관리자(토탈 솔루션) → 최저 요금의 투자(가격) • 최고 가격이 붙은 픽업(제품) → 길위에서 최고로 멋져 보이는 픽업
고객가치의 발전	• 기술의 발전 : 활동 시장 내의 가능한 모든 관련 기술의 발전을 검토할 필요 • 프로세스의 발전 : 가격과 편의성을 급격히 향상시킬 수 있음 • 전문지식의 발전 : 고객의 문제를 해결하고, 의미있는 결과를 도출하는 모든 분야에서 가능
인구변화	• 인구변화 패턴의 조기 감지 및 신속한 의사결정이 필요 • 인구변화가 발생하는 영역 - 생활단계 : 출생부터 사망까지 생활단계에 발생하는 인구 변화 - 지리 : 지역에 따른 인구변화 - 경제학 : 잠재 고객층의 재산 변화

출처: 김형수(2006), 신규사업진출방법론, KAIST 테크노경영대학원.

또는 비용구조, 경쟁사, 고객, 핵심역량 등의 4가지 시장기준이 변화하면서 유사 혹은 동일한 시장 내에서 다른 시장으로 세분화될 때 유망 아이템이 발굴될 수 있다. 유망 아이템 선정을 위한 3가지 기준은 전망, 차별화, 경쟁우위 등이다.

< 인접시장 진출을 위한 3가지 핵심 질문 >

전망이 있을까	• 목표 시장이 안정적인 시장일 때, 경쟁사 대응을 미리 예상하여야 함 - P&G의 오렌지주스 시장진출과 코카콜라의 방어 • 인접 시장에서의 성장기회는 시장이 매우 유동적일 때 큼 - 기존 기업들은 변화 적응에 집중하느라 새로운 업체들의 진출에 신경 쓰기 어려움 - 역동적인 시장은 본질적으로 정확하게 접근하기 훨씬 더 어려움 - 진출 시기를 신중히 결정할 것
시장에서 승리할 수 있을까	• 목표 시장의 기존 지배자들보다 유리한 이점을 가지고 있어야 함 - 과거 AT&T의 지역/장거리/무선통신/인터넷서비스 통합은 계획에 비해 실행이 따라주지 못하였음
시장에서 경쟁사의 수준에 맞출 수 있을까	• 3가지 경쟁기준_하나라도 일정 수준에 맞추지 못하면 실패 예상 - 목표시장의 경쟁사가 판매하는 제품/서비스의 기반 기술 - 업계 이해관계자(고객, 유통업자, 납품업자, 파트너)들 간의 관계 - 고객, 투자자, 기타 이해관계자들에 대한 가치 창조관점의 비즈니스 모델 ※ 각 기준들에 대해서 경쟁사 대비 최소 80%는 갖추어야 함

출처: 김형수(2006), 신규사업진출방법론, KAIST 테크노경영대학원.

- 기술 적용 등 공급의 변화에 의한 것 : 신사업발굴에 대한 기업의 전략적 방향에 의해 특정 요소의 강조, 고객의 가치사슬 분석, 시너지 증대, 산업 간 융합, 와해성 기술적용 등으로 방법론이 구분될 수 있다.

< 신 사업발굴 방법의 유형 >

전략적 방향	내용	예시
강조요소가미	• 기존 제품과 서비스에 감성적 요소를 가미하거나 감성 trend를 반영한 독립적 신사업 발굴	• 일반 TV → Bio TV • 식품 → wellbeing 식품 • 자동차 → 인공지능자동차
고객의 value chain 분석	• 고객에게 제공되는 제품 및 서비스에 대한 경험 Cycle (구매→배송→사용→보완→유지 및 보수→폐기)의 체험과정 분석	• 자동차 산업 → 보험사업, 자동차 정비사업, 운송 사업
synergy 증대 solution 활용	• 단일제품과 서비스만으로 제공하기 힘든 차별적 고객 가치를 고객과의 상호작용과 새로운 서비스 결합을 통해 제공	• 은행, 보험, 증권 → 은행+보험+증권 - 방카슈랑스(은행+보험) - 아슈르방킹(보험+은행) - 펀듀랑스 (보험+증권)
산업 간 convergence 활용	• 산업 간 convergence를 통해 기존 산업 내 제품과 서비스로 만들기 어려운 획기적인 고객 효용가치를 창출	• 통신산업(mobile) → 영상산업(TV)+통신산업+정보산업(internet)+기록산업(카메라)
와해성 기술적용을 통한 패러다임 전환	• 기존기술과 단절적이고 차별적인 효용가치를 발굴하여 후발주자도 역전할 수 있는 기회 제공	• 대형 컴퓨터 산업(IBM) → 개인컴퓨터 산업(MS)

출처: 정원일(2009), 기업기술사업화 사례와 교훈: 아이디어에서 기술사업화 전 주기 관리의 중요성, 경북대학교 산학협력중심대학사업단.

3) 신규 사업의 기획 프로세스

(1) 기술 중심의 연구개발 기획 프로세스

기술 중심의 연구개발 기획 프로세스는 대체적으로 연구개발 과제 기획 시 이용된다. 프로세스를 보면, 아이디어 제안단계에서 기술적 가능성을 전제로 출발해서 일부의 비체계적인 정량분석을 거치고, 주로 전문가 직관 중심의 정성적 연구개발 기획에 의거하여 과제를 선정한다.

기존에는 특허, 시장, 논문 분석을 통한 접근은 사실상 많지 않았지만, 최근에 들어와서 특허, 시장, 논문 분석을 상호 연계해서 체계적이고 순환적으로 연구개발 기획을 실시하고 있다. 일례로, 정량적 분석결과를 정성적 분석에 순환하고, 특허분석 결과를 논문 및 시장분석에 순화하며, 이번 단계의 분석에서 밝혀진 결과를 적용하여 다음 단계의 분석결과를 교정하는 등의 순환적 반복적 연구기획 분석방법을 취한다.

(2) 시장중심의 유망 아이템 발굴 프로세스

시장중심의 유망 아이템 발굴 프로세스는 유망사업영역 도출, 사업아이템 도출, 아이템 평가, 아이템 심층분석, 사업화 지원 단계로 프로세싱하여 신규 사업의 기획이 가능하다.

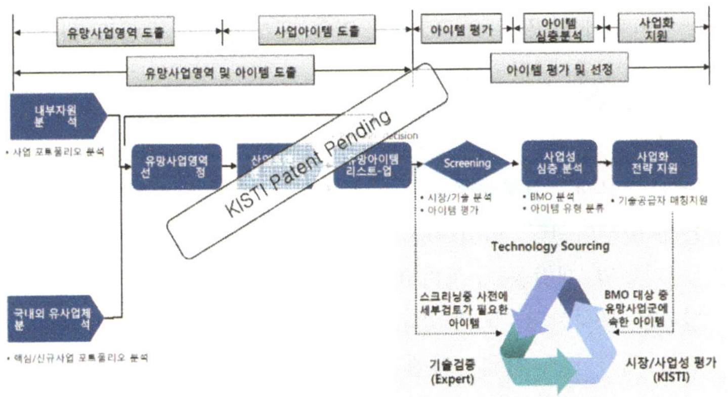

< 유망아이템 발굴 프로세스 예시 >

출처: 한혁(2011), 중소기업 사업다각화를 위한 유망사업화 아이템 및 방향성, KISTI

프로세스를 간략히 설명하면, 기업 내부의 인력, 자금, 설비 등 경영자원과 기존 사업에 대한 포트폴리오 분석을 통해 내부자원을 파악하고 관련 유사업종의 업체들의 기술개발 또는 사업화 전략 등에 대한 벤치마킹을 통해 유망사업 영역을 분석·선정한다. 이를 토대로 유 망아이템을 리스트업 한 후 기술과 시장 분석 자료를 근거로 평가하여 스크리닝하고, 사업성 등의 심층 분석을 거쳐 최종 유망 아이템군을 선정하게 된다. 이를 토대로 사업화 전략지원을 실시하게 되는 것이다.

4) 유망 아이템 발굴 방법론

(1) 유망사업영역의 도출

내부자원 분석

내부자원 분석 프로세스는 외부환경 분석, 핵심기술 및 노하우 분석, 확장가능산업영역 분석으로 구성된다. 외부환경 분석은 패러다임의 변화에 따른 해당산업에서의 수요자 니즈를 분석하고, 관련 전·후방 산업의 추이와 전망을 토대로 진출 사업 분야의 시장을 예측 한다[5]. 기술 분석에서는 기업이 보유하고 있는 기술에 대해 난이도, 중요도 등을 평가하고, 특허의 보유 유무 등 종합적으로 분석하여 기술수준에 따른 사업의 확장 영역을 포지셔닝한다.

이러한 확장가능 산업영역은 기업과의 연관성, 기술의 접근가능성, 내부인력의 활용가능성 그리고 기업 내부에서의 관심도 체크 등을 종합하여 최종 선정된다.

유사업체 분석

국내외 유사기업분석에서는 2개 이상의 업체를 선정하여 벤치마킹을 통해 이루어진다. 영업현황, 매출구조의 변화, 제품 및 용도별 구성비 등 기업의 개황을 분석하고, 연대별 주력 제품군과 기술개발동향의 변화를 분석한다. 또한 향후 제품개발전망 및 사업전략과 R&D 방향성을 제시하고, 사업아이템 후보군을 리스트업 한다.

산업트렌드 분석

산업트렌드분석에서는 거시환경 분석과 해당산업의 시장, 기술, 제품의 트렌드 분석을 통해 유망 아이템 후보군이 리스트업 된다. 거시환경 분석에서는 글로벌 환경의 변화에 대한 국내외 유수 기관들의 동향보고를 종합하여, 해외환경과 국내환경과의 직간접적인 영향 및 상관관계를 분석한다. 이를 바탕으로 산업별 주요 트렌드를 정리하고 각각의 산업들과 기업 내부자원과의 상관성을 분석함으로써 전략적 유망사업군의 범위를 결정한다. 다음 단계로 시장, 기술, 제품의 트렌

5) 이하 유재영(2009), 유망기술사업화 전략기획 프로세스, kiat 기술사업화 웹진, winter.

드 분석을 통해 현재의 기술 수준과 성장 가능성, 향후의 시장 규모, 시장 형성시기 및 성장률, 이와 관련된 기업과의 전략적 중요성 등이 파악되고 이를 근거로 해당 제품(기술)들이 리스트업 된다.

KDD/KM 분석

KDD/KM[6]을 통해서는 특허나 논문 등을 활용하여 유망기술을 선정하는 과정을 거친다. 최근 약 5년 이내에 발표되고 출원·등록된 특허나 논문에서 기술적 가치가 높고 유망성이 있는 高피인용 자료(피인용 상위 1% 정도의 데이터)를 추출하여, 이를 대상으로 계량분석, 통계분석을 수행하고, 관련 전문가의 정성분석을 통해 기업과의 적합성 등을 분석한다.

(2) 유망기술의 도출 및 평가

스크리닝

선정된 후보 산업군과 제품(기술)에 대한 보다 세밀한 분석을 통해 최종의 유망아이템을 선정한다. 세부 유망 아이템의 도출, 즉 스크리닝 프로세스는그림(screening flow)과 같이 후보 아이템의 리스트업, RFC(Red Flag Check), 그리고 1단계/2단계의 스크리닝에 의해 전체 후보군에서 약 5% 정도의 아이템(제품/기술)으로 최종 선정된다.

트렌드 분석 등으로 선정된 후보 아이템군을 시장규모 또는 연평균성장률(CAGR, CompoundAnnual Growth Rate)을 기준으로 선별하고, 해당기업이 보유하고 있는 기술관련 아이템 또는 기술 확보가 가능한 아이템 등을 포함하여 대상 아이템을 확정한다. 그 다음 각종 문헌조사와 필드서베이를 통해 아이템들의 현재 시장규모와 함께 미래의 시장을 예측하고, 시장 성장성, 국내외 시장 점유율, 투자규모 등을 조사·분석하고, 기술 수명주기와 기술 접근성, 국내외의 경쟁상황 등을 분석한다. 이와 같은 데이터를 근거로 기술접근성과 시장접근성의 상관관계를 분석하여 유망성이 높은 아이템을 선정한다.

---

6) KDD (Knowledge Discovery in Database)는 대량의 자료로부터 컴퓨터와 계량 모형을 사용하여 유용한 지식을 발견하는 전반적 과정을 의미. KM (Knowledge Map)은 KDD를 통해 분석된 데이터의 통계적 특성을 시각화(Visualization)하여 나타냄으로써 지식 전체 모습과 구조를 파악할 수 있으며 이를 통해 새로운 지식을 도출함.

사업성 평가

다음 단계에서는 신규 및 기존 사업 평가에 활용되고 있으며 기술경영 분석의 일반화된 산업분석기법인 BMO(Bruce Merrifeld-Ohe) 분석을 통해 유망사업 아이템, 조건부유망 아이템, 비유망 아이템으로 분류 선정한다.

BMO 분석에 의한 사업성은 사업매력도와 자사적합도로 구분하여 분석평가하며, 사업매력도에서는 매출이익가능성, 시장성장가능성, 제품수명, 특허권 등을 포함한 경쟁상황, 위험분산도, 업계 재구축 가능성, 정책적 지원 등 특별한 사회적 상황에 대해 평가하고, 자사적합도에서는 필요자금 대응능력, 마케팅 능력, 제조 및 운영능력, 기술력, 고객서비스 능력, 원재료·부품·정보 입수능력, 경영 지원 등을 종합평가한다.

(3) 사업화 전략 수립

사업성평가 결과의 유망 아이템에 대한 Technology Sourcing을 위한 방안을 제시하고, 사업화를 위한 Insight를 획득할 수 있도록 전략을 수립한다. 일반적으로 신규사업을 위한 유망 아이템, 즉 전략 제품에 대한 요소기술은 기술 계통도에 따라 분류하여 전략과의 연계성, 시장의 요구 성능 충족도, 기술파급 효과, Time-to-Market 등에 대한 분석 결과를 근거로 선정한다. 또한 핵심 요소기술의 수준분석과 함께 발전방향을 제시하고, 해당기업의 기술개발 목표 달성방안을 수립한다.

앞선 프로세스에서도 시장과 기술관련 분석데이터를 근거로 시장-기술-제품 로드맵과 함께 시장과 기술, 기술과 제품, 제품과 시장에 대한 각각의 로드맵을 작성한다. 이에 따른 설비투자계획, 기술확보계획, 제품개발계획 등 경영자원 확보를 위한실천 세부계획과 기술전략이 수립된다. 특히 기술전략에는 내부개발, 공동개발, 위탁개발, 외부조달 등의 기술획득전략이 필요하며, 기술획득방안에 따라 연구개발조직, 지적재산권 확보 전략 등이 포함되어야 한다. 그밖에 마케팅전략과 사업화 주체의 역량 극대화 방안 등을 토대로 신사업의 추진이 이루어지면 보다 우수한 사업화 성과를 기대할 수 있을 것이다.

2 시장형 창업을 위한 창업 매뉴얼 읽기

1) 시장형 창업 _ 창업 마음가짐과 사업정보의 입수

(1) 창업을 위한 기본적 마음가짐

- 나는 이 사업을 왜 선택했으며 사업을 통해 무엇을 성취하려 하는지, 자기에게 확실히 대답할 수 있을 정도로 사업에 대한 확실한 목표를 세운다.
- 소자본 창업은 물론 모든 사업이 가족들의 이해와 협조가 없이는 성공할 수 없다. 그러므로 사업 착수 이전에 가족들의 전폭적인 지지와 협조를 끌어낼 수 있어야 한다.
- 어떤 사업을 하든「돈만 벌면 된다」는 생각은 사회적으로 물의를 빚을 가능성이 있는 사업 즉, 법적인 규제를 받는 사업에 착수하여 손해를 보게 된다든지 자신을 비하시키거나 상도의에 어긋나는 행동을 유발하여 주변의 협조자를 잃을 우려가 많다. 이를 고려해서 자신의 사업목표 달성을 위해 열정적인 노력을 기울인다면 돈은 자연히 벌 수 있다.
- 성공·실패의 원인은 모두 자신에 있다는 생각을 가져야 한다. 창업은 자신의 인생을 개척해 나가는 초기과정이므로 외부를 탓하는 것은 자신의 인생이 외부 요인에 의해 결정되도록 하고 있다는 것과 같은 의미이다.
- 사업운영의 원칙 이전에 먼저 자신에 대한 행동 및 사업원칙을 세우고 자신이 선택한 업종에 대해서는 스스로 전문가가 되겠다는 각오가 필요하다.

(2) 사업정보 입수요령

- 체면은 접어두고 가능한 모든 방법을 동원하여 사업 분야의 전문가 또는 1인자를 만나 구체적인 사업정보를 입수한다.
- 동원 가능한 시간과 돈을 투입하여 동업종의 취급 상품(서비스)의 특징과 장·단점을 검토·분석하여 자신이 특화할 수 있는 부분을 정리해 둔다.

- 동업종 사업주의 경영스타일을 분석하여 자신의 경영방침을 정립한다.
- 성공사례보다는 동 업종 내 실패사례가 중요한 교훈이 되므로 실패사례 발굴에도 노력을 기울인다.
- 창업에 필요한 정보가 무엇인지 생각하여 구체적인 체크리스트를 만들어 두고 정보입수에 필요한 기관, 사람을 입수대상 정보별로 구분해 둔다.

2) 창업전략 수립시의 유의점

(1) 창업 시의 기본적 고려사항

100/200/10 사고

업종을 선택할 때 가장 바람직한 것은 좋아하는 일, 잘하는 일, 하고 싶은 일에서 업종을 찾는 것이다. 간혹 신문의 전면광고를 기사로 착각하거나 창업 가이드관련 칼럼을 읽으면서 "와! 진짜 이 아이템 기막히다. 왜 내가 몰랐지? 그래! 남이 시작하기 전에 빨리 내가 먼저 시작하자"고 생각하기 때문에 문제가 발생한다. 100/200/10이란 이미 100여명이 그 일을 하고 있고, 200여명은 준비하고 있고, 그중 10명은 너무나도 일을 잘해서 도저히 따라잡기가 힘들다는 말이다. 너무 비관적인 것이 아닌가 하고 생각할지 모르나 이는 분명한 사실이다. 따라서 그 아이템을 선정해야 한다면 자신에 맞게끔 변화시키는 지혜가 필요하다.

최적의 창업 시기 선택

모든 사업이 그렇지만 특히, 소자본 시장형 창업과 소호창업에 있어서는 창업시기가 성공에 큰 비중을 차지한다. 무슨 일이든 시기가 있다. 시작만 하면 성공할 수 있다는 분위기에 현혹되어 섣부른 판단을 내려서는 안 된다. 냉정하게 주변을 살펴보고, 자신의 창업 대상 업종이 시기에 맞는 적절한 사업인지 면밀히 분석해야 하는데 필요하다면 전문가의 조언을 구해야 한다.

충분한 창업 준비기간

창업은 새로운 인생의 시작이며 기존의 세계와 다른 또 다른 기쁨의 세계를 창출하는 과정이라 할 수 있다. 그러므로 최소 3개월에서 1년 정도의 사업운영 계획서를 작성하여 계획의 실천 가능성을 치밀히 점검해 보아야 한다.

사업규모의 적정성

일반적으로 창업자는 내실보다는 외형에 치중하게 된다. 이는 한국인의 체면의식이 근저에 깔려있기 때문이다. 겉모습을 중시하다 보면 모양새는 갖출 수 있겠지만, 과다한 지출과 시행착오로 인해 예상보다 비용이 커지게 되어 결국 사업에 큰 부담이 된다. 창업은 남에게 보여주는 것이 아니라 자신의 인생을 성공으로 이끌기 위한 중요한 과정이라는 점을 명심하고 체면보다는 실속을 중시하는 의식을 가져야 한다.

(2) 업종 선택 시 기본적 검토사항

공익성 여부 즉, 법률적인 문제 발생 여부 검토

사업은 긴(Long-term) 생명력을 필요로 한다. 단기간에 승부를 내겠다는 생각은 투자가 아닌 "투기"이다. 사업이 생명력을 계속 유지하기 위해서는 공익성을 가지고 있어야 한다. 대중의 정서에 반(反)하거나, 불법적인 요소가 있다거나, 시대의 흐름에 비추어 언젠가는 제재 대상이 될 여지가 있는 업종이라면 공익성이 결여되어 있는 업종이다. 예를 들어, 개고기 전문점이나 섹스숍(Sex Shop) 등이 대표적인 공익성 결여 업종이라 할 수 있다.

명확한 주 고객층(Target Customer) 설정

현대사회의 소비자는 개성화, 다양화의 특성을 보이고 있다. 사업은 다양한 소비자를 대상으로 하므로 자신이 판매코자 하는 상품·서비스의 주 고객층을 특화하여 그들의 니즈(Needs)에 부합되는 아이템을 선택해야 효과적인 영업전략을 구사할 수 있으며 전문성도 가질 수 있다. 잡지의 이름을 "레저"보다는 "낚시, 등산, 스키"로 하는 것도 확실한 독자층을 겨냥하고 있는 것이다.

부가사업이 가능한 업종

최소한의 투자로 수익을 배가시킬 수 있는 업종 즉, 한 업종에서 부가적으로 사업을 확대해 나갈 수 있는 업종을 선택하는 것이 환경변화의 영향을 완화할 수 있다. 초기의 정보제공업이 홈페이지 구축사업이나 인터넷 비즈니스로 사업영역을 확대해 나가고 있는 것이 좋은 사례이다.

전문가로 성장 가능한 업종

2000년대는 전문가 시대로서 자기의 사업 분야에서 전문가로서의 지위를 확보할 수 있어야 한다. 그러므로 단순히 돈을 벌기 위한 사업이 아니라 돈도 벌고 사업과정에서 전문가로서의 위치를 확고히 할 수 있는 업종을 선택하는 것이 좋다.

인력채용 최소화 업종

창업 초기에는 과다한 투자나 소모성 지출을 최대한 자제해야 한다. 이러한 관점에서 필요 이상의 인력채용을 경계해야 하며 인력이 많이 필요한 업종은 가능하면 피하는 것이 좋다.

광고비 최소화 가능 업종

광고비는 월매출의 5% 이내가 적당하다. 광고효과는 일시적이기 때문에 그 순간에 최대의 효과를 내지 못하면 인식하지 못하는 사이에 재정에 심각한 상황을 초래할 수 있기 때문이다.

자신만의 노하우 업종

창업 이후 가능하면 단기간에 노하우를 축적할 수 있어야 한다. 프랜차이즈 형태의 창업인 경우에는 프랜차이즈 본사가 고유의 노하우를 보유하고 있느냐를 검토한 후 계약해야 한다. 고유한 노하우가 없는 경우에는 동종업체의 난립으로 매출이 급감하여 도산에 이르는 경우가 많이 있기 때문이다.

실패 시 손실 최소화 업종

모두가 성공할 것으로 생각하지만 소자본 점포사업의 성공확률은 불과 20% 이내로 나타나고 있다. 따라서 초기에 과대한 투자를 하는 것은 그만큼 위험부담을 안고 있는 것이다.

동업은 절대 금물

동업으로 인해 등을 진 혈육이나 친구를 흔하게 볼 수 있다. 삼천리그룹처럼 동업을 끝까지 성공으로 이끈 사례가 있지만 시장형 소자본 창업의 경우에는 특히, 동업은 상호간의 끊임없는 이해가 필요하기 때문에 더욱 더 조심해야한다. 동업이 부득이한 경우 수입과 지출이 투명하여 상호 이해 가능한 업종으로 한정하는 것이 좋다.

가족의 동의

가화만사성은 변하지 않은 진리다. 창업할 때는 필히 배우자나 자녀의 동의를 구해야만 한다. 소자본 창업은 혼자서 하는 사업이 아니라 가족과 함께 하는 사업이기 때문에 가족의 이해와 지원은 절대적이다.

일시적인 유행으로 인한 과열업종 여부

"요즘 뭐가 잘 된다더라" 는 말로 대표되는 유행 업종은 문제가 있다는 생각을 가져야 한다. 누구나 할 수 있는 업종이기 때문이다. 예를 들어, 아이스크림점은 1년 만에 40여개의 브랜드가 난립하였고 호황을 누렸던 탕수육 전문점은 이제 찾아볼 수도 없다. 그러므로 반짝 경기를 타는 유행 업종은 잘된다는 말만 믿고 섣불리 뛰어 들어서는 안 된다. 목전에서 큰 이익을 볼 수 없더라도 긴 안목으로 내다봤을 때 지속적인 매출을 올릴만한 업종을 선택해야 한다.

대중적인 시장형성 여부

상식적으로 경쟁업체가 많지 않은 독과점 사업이 잘될 것으로 생각하나 이런 사업일 경우 아직 대중적 수요가 형성되지 않은 상태에서 영업을 해야 하기 때문에 홍보 및 판촉 면에서 몇 배의 노력이 필요하며 도산의 위험성이 그만큼 크다는 점을 인식해야 한다. 그러므로 소자본 창업자의 경우 대중적으로 알려져 안정적 시장을 형성하고 있는 업종 즉, 도입기 후반이나 성장기 초반에 있는 업종을 선택하는 것이 보다 안정적이라 할 수 있다.

현대화한 재래업종이 가능성이 크다.

최근에는 기존에 안정적인 시장수요가 형성된 업종 중에서 현대적인 분위기에 맞게 단장한 업종이 고객의 주목을 받고 있다. 즉, 사업 아이템은 오래되었지만 영업형태를 현대적 감각에 맞게 보다 세련되고 고급스런 형태로 재단장한 것이다. 예를 들어, 재래식 세탁소 대신 동전을 넣고 고객이 직접 세탁하는 빨래방이 점차 확산되고 있는 것과 같은 맥락으로 이해하면 좋을 것이다.

3) 창업자금 설계요령

투자수익률 고려

- 업종 선정과 점포 구입(임차)시 투자수익률을 고려하여 최소투자의 개념을 가진다.
- 자금규모에 비춰 많은 자금이 소요되는 업종은 피한다.
- 적은 규모로 실속을 차릴 수 있는 업종이 성공확률이 높다.

자기자본 한도 내에서 창업하라.

자기자본 대 타인자본의 비율은 8 : 2 정도가 좋으며 부득이한 경우 변제 능력 한도 내에서 차입해야 한다. 남의 돈을 과다 차입하게 되면 장사가 안될 경우 자금의 악순환을 이루게 되는데 장사가 잘되면 갚겠다는 생각은 금물이다.

예상매출액을 추정한 후 자금을 조달하라.

예상 매출액을 산출한 후 대출규모를 책정해야 한다. 예를 들어, 월평균 2백만원의 순수익이 예상된다면 원리금 상환금액이 2백만원 초과하지 않도록 하고 매출에 대비하여 이자가 10%를 넘지 않도록 해야 한다.

사채는 이용치 않는 자세를 견지한다.

사채는 금리도 높고 그동안 쌓아올린 인간관계도 하루아침에 무너뜨리게 한다. 사채이자를 갚기 위해 다시 사채를 쓰는 악순환이 반복되기 쉽다. 예를 들어, 일수의 경우 1백만원을 빌리면 보통 하루에 1만3천원씩 1백번을 찍어 원리금 상환액이 1백일 만에 1백30만원이 되어 이자율이 무려 연110%에 이른 다는 사실을 인지해야 한다.

사용자금에 대한 기회비용을 늘 고려하라

무리하지 말고 동원 가능한 자금에 맞추어 업종을 선택해야 한다. 자금이 부족하면 규모를 줄이거나 다음 기회로 사업을 미루는 것이 바람직하다.

창업 후 자금흐름을 미리 예상하라.

잘 나가는 사업도 현금흐름이 한번 꼬이면 무척 고생하게 된다. 일반 소비자를 상대로 하는 업종들은 대체로 현금거래로 이루어지나, 대리점 형태나 지속적인 납품계약을 통해 유지하는 업종은 물건 값을 현금이 아닌 어음으로 받는 경우가 많다. 어음으로 받게 되면 어음만기일까지의 이자손실뿐만 아니라 상대방의 부도로 대금을 받지 못하게 될 경우, 자신의 사업에도 예기치 않는 손실을 초래할 수 있다. 특히, 이러한 일을 사업시행 초기에 당하면 치명적이므로 항시 자금흐름을 예상하고 있어야 한다.

조급한 사업성 분석은 금물이다.

창업은 항상 두 얼굴을 갖고 있다. 영업이 잘되면 크게 성공할 수 있는 반면 실패할 경우엔 자신은 물론 가족과 주위사람들에게 큰 고통을 줄 수도 있기 때문에 사업성 분석은 시간을 가지고 치밀히 해야 한다.

창업은 먼저 사업성공에 대한 확신을 가져야 한다.

특별한 사업경험이나 전문지식 없이 사업을 시작해 성공할 확률은 30%에도 미치지 못한다고 한다. 창업의 성공은 열의만으로는 보장되지 않는다. 그러므로 성장기에 있고, 자신의 적성과도 잘 어울리는 업종을 고르는 일은 무엇보다 중요하다.

- **사업 자금과 수익을 종합적으로 연결하여 원가 및 손익에 대한 철저한 분석이 요구된다.**

- **임차료, 원자재 가격, 인건비, 기타 제비용 요소를 원가화해야 한다.**

  임차료, 원자재 가격, 인건비, 기타 제비용 등 비용요소를 원가화 하여 허용 가능한 최소한의 마진을 고려한 후 가격을 책정해야 하며 이때 경쟁업체와의 가격경쟁력 수준도 비교해 보아야 한다.

CHAPTER 3

신제품 아이디어 원천

1. 아이디어의 소스
2. 신제품 아이디어 창출방법
3. 아이디어의 관리

1 아이디어의 소스

1) 기업 내부적 원천

기업 내의 연구개발 부서에서 새로운 발명이나 기술혁신에 성공하는 경우에 매우 큰 시장에서의 기회를 갖게 되는 것을 볼 수 있다. 예컨대 AT&T의 연구소인 Bell Lab에서 영상전화기를 개발하기위한 연구를 하던 중 텔레비전을 만들 수 있는 기술을 얻게 되었으며 이러한 기술혁신은 엄청난 시장기회를 제공해 주었다.

기업 내의 연구개발부서 뿐만 아니라 생산 및 엔지니어링부서에서도 새로운 아이디어를 내게 되는 경우를 볼 수 있다. 예컨대 '일회용 카메라'로 유명한 일본 후지사의 민생용 필름사업부는 영업부에 기술과를 따로 두고 30여명의 엔지니어들로 하여금 시장에서 수집된 소비자 불만족의 정보를 기술적으로 분석하여 새로운 제품 아이디어의 원천으로 삼고 있다.

사내의 부서들 중에서 상품개발과 직접적으로 관련되는 마케팅, 연구개발(R&D) 및 생산부서의 인력들은 말할 것도 없지만 그 이외의 부서에서 일하는 기업 내의 인력들도 신제품 아이디어를 제공할 수 있는 원천이다. 예를 들어 Proctor & Gamble의 1회용 기저귀인 Pampers, 3M의 접착 기능 메모지 Post-it Notes 등의 제품 아이디어는 회사 종업원들로부터 제안된 것들이었다.

2) 기업 외부적 원천

기업에서 새로운 상품의 아이디어를 소비자 또는 경쟁기업의 상품에서 얻게 되는 경우를 볼 수 있는데, 이를 기업 외부적 원천이라고 할 수 있다. 시장에서 성공하는 신제품들 중의 약 70%는 기술혁신에 의한 것이라기보다는 소비자의 필요에 부응하는 데 성공한 제품들이라는 보고에서도 알 수 있듯이, 기업에서 가장 중요시해야 할 상품 아이디어의 원천은 시장에서 소비자들이 무엇을 원하고 있는가하는 것이다.

시장의 필요에 의해 새로운 상품 아이디어가 창출되는 경우는 소비재뿐만 아니라 산업재의 경우에도 쉽게 찾아볼 수 있다. 소비재의 경우에는 소비자들이 직접 제품의 새로운 용도를 발견해 내거나 소비와 관련된 자신의 문제를 해결할 수 있는 방법을 알아냄으로써 새로운 제품의 아이디어를 제공하는 경우가 있다.

시장에 경쟁회사가 내놓는 새로운 제품이나 서비스는 매우 중요한 신제품 아이디어의 원천이 될 수 있다. 특히 경쟁회사의 제품에 대해 소비자들이 갖고 있는 불만을 해소해 줄 수 있는 신제품을 시장에 내놓는 경우에 시장에서 성공할 확률은 매우 높아진다.

기업 내부에서의 기술혁신도 중요한 신제품 아이디어의 원천이지만 그에 못지않게 발명가와 특허권자가 가지고 있는 신제품 아이디어도 기업 외부적 원천으로서 중요성을 갖는다. 경우에 따라서는 기업에서 발명가나 특허권자로부터 새로운 제품의 아이디어를 사들일 수도 있으며 신제품 아이디어를 얻기 위해 작은 회사를 인수하는 것도 생각할 수 있다.

2 신제품 아이디어 창출방법

1) 창출방법

아이디어의 원천들을 충분히 활용하여 시장에서 성공을 거둘 수 있는 제품 아이디어를 얻어내는 방법에는 아이디어 원천들을 직접 탐색해 보는 방법부터 창의적 집단을 이용하는 방법에 이르기까지 여러 가지가 있을 수 있다.

기업에서는 신제품 아이디어의 원천에서 좀 더 효율적으로 아이디어를 얻어내어 제품 개념, 제품 원형 및 제품 그 자체를 만들어내기 위해서 여러 가지 궁리를 한다. 많은 경우 기업에서는 소비자 조사, 기술 예측 등을 통하여 아이디어를 얻어내며 또한 소비자 엔지니어링 등의 방법으로 시장에서의 필요와 기술을 결합하여 새로운 제품 아이디어를 얻기도 한다. 개인적 또는 창의적 집단의 상상력을 자극시켜 새로운 아이디어를 얻는 경우도 있다.

< 신제품 아이디어의 원천과 창출방법 >

아이디어 원천	아이디어 창출방법	신제품 아이디어
- 특허 및 발명	- 직접 탐색법	
- 경쟁제품	- 소비자 조사	- 제품 개념
- 기업인수	- 소비자 해결책의 응용	
- 시장에서의 필요	- 기술적 정보 및 예측	- 제품의 원형
- 소비자의 해결책	- 소비자 엔지니어링	
- 기술 및 엔지니어링	- 개인에의 동기부여	- 제품
- 사내인력	- 창조적 집단 활용법	

기업으로서 가장 바람직한 아이디어 창출방법은 이와 같은 여러 가지 방법들 중에서 몇 가지의 방법을 병행하여 잠재적인 아이디어들을 가능한 한 많이 얻어내는 것이다. 신제품 개발과정에서 아이디어 창출단계의 목표는 되도록 많은 수의 상이한 아이디어들을 얻어내는 것이다. 아이디어의 수가 많으면 많을수록 여과(screening)단계를 거쳐서 상품의 설계단계에까지 이르게 되는 아이디어들의 수가 더 많아질 가능성이 커진다.

2) 직접 탐색법

기업에서 신제품 아이디어의 외부적인 원천을 충분히 활용하기 위해서는 정보 수집을 위한 예산과 인력을 투입하여 정보원천에 대한 조사활동을 벌일 필요가 있다. 경우에 따라서는 소비자들의 불만을 체계적으로 분석해 보는 것도 신제품 아이디어를 얻는 좋은 방법이 될 수 있다.

3) 탐색적인 소비자 조사

신제품 아이디어의 가장 중요한 원천은 시장에서의 소비자들의 필요라고 할 수 있으므로, 신제품 개발과정에서 가능한 한 빨리 소비자들과 접촉하여 그들의 의견을 반영시키는 것이 바람직하다. 소비자들을 이해하기 위해 널리 쓰이는 방법들 중의 하나로 초점집단면접(focus group interview)을 들 수 있다. 초점집단은 일반적으로 8~10명의 해당제품 사용자들로 구성되는데, 초점집단면접의 진행은 사회자가 토론을 이끌어 나가되 시간은 1~2시간이 적당하며 대개 토론내용을 녹음 또는 녹화하는 것이 보통이다.

초점집단면접 이외에도 신제품 아이디어를 얻는 방법으로는 여러 가지가 있을 수 있는데 그 중 몇 가지만 소개하기로 한다.

첫째, 지각도를 작성하여 시장에서의 갭(gap)을 알아본 다음에 소비자들의 기호를 조사하여 수요가 클 것으로 예측되는 위치에 제품개념을 설정하고 이에 맞는 제품 아이디어를 창출해 나가는 방법이 있다.

둘째, 위계적 시장정의방법에 의해 시장구조를 파악한 후 시장잠재력이 높은 시장 틈새를 찾아내어 신제품 아이디어를 얻는 경우도 있다.

셋째, 심층면접을 통해 소비자들이 좀 더 많은 편익을 원하는 제품 상황을 찾아내어 이를 만족시킬 수 있는 제품대안을 제시하는 방법이다.

4) 소비자 해결책의 유도

소비자가 자신의 문제에 관하여 제시하는 해결책은 전술한 바와 같이 중요한 신제품 아이디어의 원천이 될 수 있지만, 단순히 소비자들이 새로운 아이디어를 갖고 오기를 기다리기만 해서는 안 된다. 기업에서는 소비자들의 문제해결과정을 촉진함으로써 좀 더 많은 아이디어들을 얻어낼 수 있을 것이다. 경우에 따라서는 제품을 새로운 용도로 사용하거나 변형해서 사용하는 것이 제품의 개선을 위한 중요한 정보가 되는 경우가 있다. 따라서 기업에서 소비자들의 제품 소비행태를 계속해서 조사해 보는 것은 제품의 개선을 위한 아이디어를 얻는 데 있어서 매우 바람직한 방법이라고 할 수 있다.

5) 기술을 활용하는 방법

신제품 전략상 소비자가 차지하는 비중은 막중한 것이지만 바람직한 신제품 개발과정은 소비자 또는 시장의 필요와 기술 또는 연구개발이 균형 있게 강조될 때에만 가능하다. 따라서 기업에서는 마케팅과 연구개발 사이의 의사소통을 원활하게 하면서, 기술의 외부 유입과정을 이해하고 관리하는 일이 절대적으로 필요하다.

기술적으로 새로운 신제품 아이디어가 창출되기 위해서는 신제품 개발팀에서 첨단기술정보를 가지고 있어야 한다. 이를 위해서는 사내의 기술관련 부서들끼리 원활한 의사소통 경로가 열려있어야 함은 물론이고 사내로부터의 정보가 개발팀에게까지 이전될 수 있는 장치가 확보되어 있어야 한다. 이와 함께 기술적인 신제품 아이디어를 얻어낼 수 있는 또 한 가지 방법은 기술적 발전에 관한 예측을 활용하는 것이다.

기술상의 추세를 예측하여 이를 신제품 아이디어 창출에 활용하는 것도 유용한 접근방법이지만, 그에 못지않게 많이 활용되는 방법은 전문가들의 판단에 근거하여 미래의 기술적인 변화를 예측하는 것이다.

전문가들의 판단을 활용하는 예측기법으로서는 일찍부터 델파이 기법(delphi technique)이 많이 이용되어 왔다. 이 기법은 전문가의 집단을 15~20명 정도로 구성한 다음 그들에게 몇 가지의 새로운 기술적 변화가 일정기간 내에 일어날 확률을 익명으로 판단하게 한다. 그러고 나서 그룹의 판단을 종합한 다음 그 결과와 함께 다른 자료들을 다시 전문가 집단에게 보내어 그 정보를 근거로 새롭게 판단하게 하는 과정을 3~5회 반복하고 나면 전문가들의 의견이 상당히 접근하게 된다. 만일 전문가들을 이용한 델파이 기법을 활용하여 서기 2010년까지 상온에서 초전도현상을 일으킬 수 있는 물질이 발명될 수 있을 가능성을 비교적 정확하게 알아낼 수 있다면, 기업의 입장에서 장기적인 신제품개발계획을 수립하는 데 많은 도움을 받을 수 있을 것이다.

< 델파이 기법을 활용하여 예측하는 방법 >

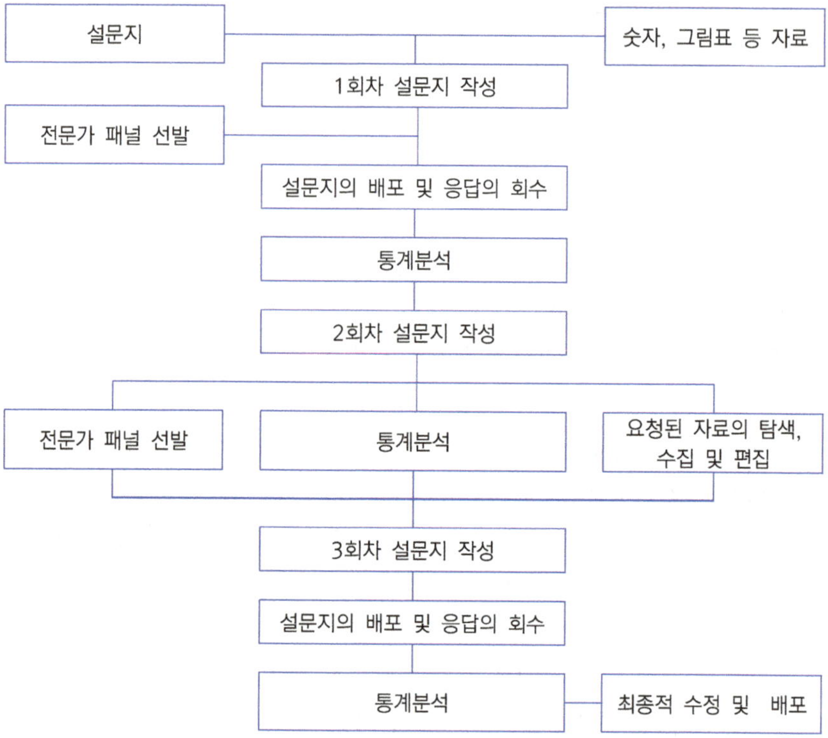

6) 소비자 엔지니어링

초점집단면접법이나 그 밖의 방법들을 이용하여 소비자의 필요나 욕구를 발견할 수 있으며, 기술적 발전에 관한 예측을 통해서 새로운 기술적 가능성을 알아낼 수 있다. 그러나 시상에서 성공할 수 있는 제품을 개발해 내기 위해서는 소비자의 필요나 욕구와 기술적인 가능성을 결합시키는 과정이 필요하다. 이와 같은 과정에서 사용될 수 있는 기법이 소비자 엔지니어링이다.

다음 표는 손목시계시장에서 새로운 아이디어를 얻기 위해 엔지니어링 기술과 세분시장을 결합하여 만든 표이다. '○' 표시는 각 세분시장에 적합한 기술을 나타내고 있다. 이 표에서 행(row)은 이미 개발되었거나 개발할 수 있는 손목시계에 관련된 기술을 나타내고 있다. 한편 열(column)은 손목시계시장을 세분화하여 시장의 기회들이 어떤 것들이 있을 수 있는가를 나타내고 있다.이 때, 주의할 것은 세분시장들이 상호배타적일 필요는 없다는 것이다.

< 엔지니어링 기술과 세분시장을 결합시킨 표 >

세분시장 / 엔지니어링 기회	선물용	신분과시용	보석위주	여성용	남성용	어린이용
얇은 시계 케이스		○	○			
광선 시계판	○		○		○	
액정 시계판				○		
자동충전전지					○	○
시계의 외관		○		○		
시계*계산기	○				○	○
시계+라디오	○				○	
시계+TV	○				○	
시계*무선호출기	○				○	

7) 창조적 집단을 활용하는 방법

(1) 두뇌선풍

아이디어를 창출해 내는 집단 활용기법 중에서 가장 먼저 개발된 기법들 중의 하나가 두뇌선풍(brainstorming)이라고 할 수 있다. 두뇌선풍은 기본적으로 되도록 많은 수의 다양한 아이디어를 창출해 내기 위한 방법인데, 구성원들 서로가 다른 사람의 견해에 대한 비판을 삼가면서 다른 사람들의 아이디어를 더 나은 것으로 만들어 나가도록 노력하는 일련의 과정이다.

이와 같은 과정을 통하여 다양한 아이디어가 나오고 그 아이디어들 중의 몇 개는 새로우면서도 기발한 아이디어일 가능성이 높다. 기본적인 두뇌선풍의 형식이 약간 변형된 기법으로서는 속성열거법과 강제적 결합기법을 들 수 있다. 속성열거법(attribute listing)은 기존제품의 속성들을 모두 열거한 다음 각 속성들을 변형해 보거나, 크게 하거나, 작게 하거나, 다른 것으로 대체하거나, 배열을 바꾸어 보거나, 속성들을 결합해 보는 등의 방법으로 새로운 상품 아이디어를 찾아보는 방법이다. 강제적 결합기법(forced relationship techniques)은 기존의 상품을 구성하는 여러 가지 요소들을 억지로라도 맞추어 보는 방법이다.

(2) 형태학적 분석

좀 더 체계적인 아이디어 창출방법으로서는 형태학적 분석(morpho-logical analysis)을 들 수 있다. 형태학적 분석에서는 첫째, 문제를 명시적으로 정의하고, 둘째, 중요한 파라미터들을 찾아낸 다음, 셋째, 파라미터들의 모든 가능한 조합들을 열거하고, 넷째, 모든 대안들의 타당성을 검토하고, 다섯째, 가장 좋은 대안을 선택하는 순서로 다섯 단계를 밟아 나가게 된다.

예컨대 1930년대에 Zwicky는 제트 엔진을 개발하는 데 이 방법을 사용하였는데, 그는 시동방법(자동점화식 또는 외부점화식), 연료형태(기체, 액체, 고체) 등 여섯 개의 파라미터들을 찾아내서 그 여섯 개의 파라미터들을 조합하여 576개의 대안들을 찾아냈고 그 중에서 몇 개의 획기적인 발명품들을 얻어냈다.

(3) 시넥틱스

유용한 개념에 입각한 아이디어 창출방법이다. 네 가지 개념들은 첫째, 남들이 이야기하는 것을 주의 깊게 경청할 것, 둘째, 거의 대부분의 아이디어들이 적어도 한두 가지의 장점은 가지고 있으므로 그 장점들을 살려서 이어받는 식으로 토의를 진행할 것, 셋째, 구체적인 문제에 대한 공통된 이해를 가질 것, 넷째, 토론을 이끌어 나갈 리더를 지정할 것 등이다. 이와 같은 네 가지 원칙을 집단토의과정에 적용하면 상품 아이디어의 창출과정을 상당히 개선할 수 있다.

시넥틱스에서 사용되는 기법들 중에는 한 가지 '실현가능성 있는' 아이디어와 함께 '환상적인' 아이디어를 같이 열거해 보도록 하는 간단한 방법도 있지만, 좀 더 형식을 갖춘 기법들도 많이 이용되고 있다. 최근에는 시넥틱스 과정을 돕기 위한 소프트웨어들이 개발되어 사용되기도 한다.

< 형식을 갖춘 시넥틱스 기법들 >

기법	내용
개인적인 비유 (personal analogy)	토론의 참가자가 토론의 대상이 되는 상표나 물건의 입장이 되어 토론해 보는 것
책의 표제 (book title)	토론의 참가자가 특정 사물이나 감정의 본질 또는 모순을 포착 할 수 있는 문구를 생각해 냄
사례 섭렵 (example excurison)	토의하는 집단이 기본적인 문제와의 관련이 없는 듯이 보이는 주제를 토론하면서 문제의 해결책에 대한 실마리를 찾아냄
강제 결합 (force fit-get fired)	상품을 이루고 있는 둘 또는 그 이상의 요소들을 강제로 결합시켜 새로운 아이디어를 얻어냄

창조적 집단을 활용하는 방법은 일반적으로 직접 탐색법, 소비자조사를 이용하는 방법, 기술적 발전을 예측하여 이를 활용하는 방법, 소비자 엔지니어링 등을 통해 얻게 된 다양한 정보를 종합하여 잠재력이 있는 새로운 상품 아이디어로 만드는 도구로써 기업에게 매우 유용한 방법이라고 할 수 있다.

3 아이디어의 관리

아이디어의 창출과정을 통해 다양한 아이디어들이 제시되면, 모든 아이디어를 설계과정을 거치게 하여 시장에서 판매를 한다는 것은 불가능할 뿐만 아니라 어리석은 일이다. 따라서 창출된 아이디어들을 검토하여 선발해 내는 작업은 상품개발에서 거쳐야 하는 필수적인 과정이다.

상품 아이디어의 선발을 위해 사용할 수 있는 모델들은 여러 가지가 있으나, 모델이 복잡할수록 사용하기가 어려워진다. 뿐만 아니라 상품 아이디어의 개발과 관련된 이익이나 비용 등에 불확실성이 많은 상태에서 지나치게 복잡한 모델을 사용하는 것은 의미가 없다.

아이디어의 관리와 관련하여 중요한 문제들 중의 하나는 몇 개의 아이디어를 선발하여 실질적인 설계과정까지 진행시킬 것인가 하는 것이다. 물론 몇 개의 아이디어를 선발하느냐 하는 것은 제품의 성격에 따라, 기업이 처해 있는 상황에 따라 달라지겠지만 일반적으로 최소한 두 개 이상의 아이디어를 선발해 내는 것이 매우 중요하다.

신제품개발에 있어서 기업이 빠지기 쉬운 함정은 하나의 아이디어만을 선발하여 대안적인 아이디어는 전혀 고려하지 않고 많은 자원들을 한 개의 아이디어에 투입하는 것이다. 그러한 경우 시장에서 그 신상품이 별로 새로울 것이 없는 상품으로 받아들여진다면 기업에 커다란 손실을 가져다 줄 것이다.

따라서 기업으로서는 복수의 아이디어들이 시장에서 새로운 차원을 첨가시키면서, 중요하고도 새로운 시장에서의 필요를 만족시킬 수 있도록 하는 것이 바람직하다.

CHAPTER 4

비즈니스 모델

1. 배경 및 필요성
2. 비즈니스 모델 분류
3. 비즈니스 모델링 프로세스

1 배경 및 필요성

1) 개념

비즈니스모델(Business Model)은 경영학적 접근에 의하면 일반적으로 '영리 또는 비영리 조직이 그 조직의 목표를 달성하기 위하여 생하는 사업을 지속, 발전하기 위한 활동방식에 대한 설명'이라 할 수 있다. 전략적 접근으로 본다면, 기업 또는 비즈니스 전략과 구조 사이에서 새로운 아이디어를 실험하고 적용하여 지속가능하게 만들어 주는 실행자이면서 매개체가 비즈니모델이다. 보통 기술혁신, 제품 및 공정 혁신, 제도와 경영혁신의 성공은 기업의 전략과 구조 간에 구체화되어 있는 비즈니스 모델에 의해 제한받겠지만, 혁신아이디어를 담은 새로운 수익원을 설계하고 개발해가는 비즈니스(신사업)와 모델링(Business Modeling)을 추진함으로써 탄력을 받게 된다.

이러한 비즈니스모델은 첫째, 사업에 참여하고 있는 사람들의 역할을 개인 및 팀 차원에서 설명하고 제품, 서비스, 정보흐름이 조직 내에서 어떻게 이루어지는가를 답해야 한다. 둘째, 참여자들이 투자의 반대급부로 이익을 회수하는데, 이익의 원천이 무엇이고 어떻게 발생하는가를 답해야 한다. 셋째, 수익모델로서 제품 및 서비스가 어느 정도의 매출로 어떤식으로 창출할 수 있는가에 대한 해답이 있어야 한다.

따라서 비즈니스모델은 1) 제품과 서비스를 고객에게 어떠한 방식으로 판매할 것인가. 2) 특정 사업을 통해 어떤 가치를 제공하여 이익을 창출하는가, 3) 고객가치를 창출하기 위해 기업 내·외부 역량을 어떻게 결집할 것인가 등 시장(고객)에서 수익을 창출하는 기업의 기초설계도(Design)라고 할 수 있으며, 이를 기획하는 과정이 모델링이다.

2) 배경

시장 및 산업구조가 단순하였던 과거에는 공급자 위주의 비즈니스 모델을 구성하여 활동을 추진하여도 무방하였다. 현재도 단순한 시장 및 산업구조가 형성되어 있다면 공급자 위주의 비즈니스 모델이 가능하다. 하지만 현대적인 비즈니스는 대부분 고객 및 소비자가 모델에 포함되어 있거나 또는 개입하거나 하는 상황에 빈번해짐에 따라 개방형비즈니스 모델(Open Innovation)이 일상화되었다. 융합경제 및 산업, 융합사회 시대에 새로운 비즈니스 모델 또는 모델링은 일상적으로 생각하지 않고서는 시대의 흐름을 쫓아가지 힘들어진 것이다.

일례로 기술혁신의 소스를 내·외부에서 찾아 연계하거나, 시장의 니즈를 담은 기술개발이 그것이다. 더욱이 혁신과정이 한 번으로 끝나지 않는 것이 기업의 현실이라고 할 때, 비즈니스모델링 또한 한번으로 정형화되거나 완성될 수는 없다. 시장이나 산업의 변화에 따라 활동의 범위나 관련 운영(operating)방침은 유연하게 변화해야 한다. 융합은 각 사업부서를 뛰어넘어 보다 큰 가치를 창출할 수 있는 새로운 시나리오를 제공하기 때문에 자원공유를 제한하고 외부기회를 차단하는 장벽은 반드시 제거해야 한다. 새로운 가치를 찾아가는 비즈니스 모델혁신은 산업, 수익, 기업화 모델에서 찾아볼 수 있다.

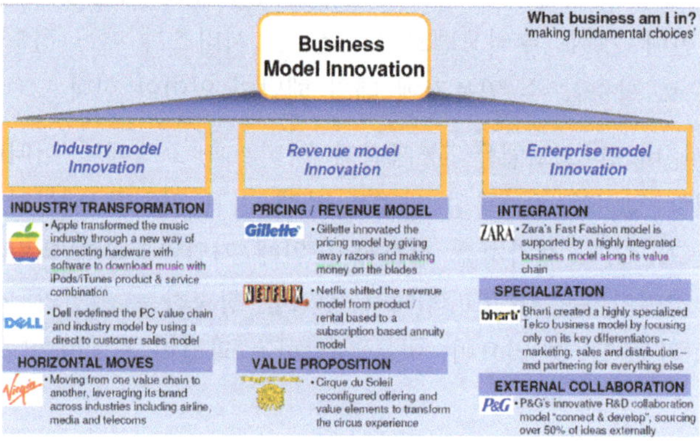

<비즈니스 모델혁신_가치혁신의 사례>

출처: Edward H.B. Giesen(2008), Business Model Innovation, Competing through innovative business models, IBM Global Business Services.

따라서 비즈니스 모델은 사업초기에 정형화되어 있겠지만, 시장이나 산업의 변화에 창조적으로 변화하는 힘을 비즈니스 모델에서 찾아야 할 것이다.

2 비즈니스 모델 분류

1) 비즈니스 모델 Typology 기준(특징)

비즈니스 모델을 개발하기 위한 특징적 기준은 다음과 같다[7].

첫째, 유형은 직관적으로 알 수 있을 만큼 감각적이어야 한다. 즉 비즈니스 모델은 유사한 비즈니스를 그룹핑하고 상이한 비즈니스를 분류하는 방법이 상식적이어야 한다. 이러한 유사성과 차별성은 동일 산업의 모든 비즈니스를 함께 그룹핑해버리는 피상적인 분류가 되어서는 안 된다. 대신, 유형은 특정 행동이 가치를 창출하는 깊이 있는 수준에서 비즈니스들을 함께 묶어야 한다.

둘째, 유형은 포괄적이어야 한다. 일례로 e-business를 모델링할 때, e-business 그 자체를 단순하게 정의하는 것이 아니고, 또한 현 기업의 부수적 제한 상황에서 접근하는 것이 아니라 모든 비즈니스를 분류하는 시스템적 방법론을 준비해야 한다.

셋째, 유형은 명확하게 정의되어야 한다. 주관적 판단에 과도하게 의존하지 않는 방법으로 기업의 비즈니스 모델을 체계적으로 결정하는 규칙을 정의해야 한다. 물론 양적인 주관적 판단이 실제적인 조직을 분류하는데 필요한 한편, 동일한 정보 하에서라면, 가능한 다른 사람도 동일한 기업에 대해 동일한 방법으로 분류하여야 한다. 넷째, 유형은 개념적으로 정

7) Weill, P., Malone, T., W., D'Urso, V., T., Herman, G., Woerner, S. (2004) "Do Some Business Models Perform Better than Others? A Study of the 1000 Largest US Firms", MIT Center for Coordination Science Working Paper, 이하 내용은 이현석氏 정리본을 인용(http://smartbos.tistory.com/101)

연해야 한다. 개념적 과학성은 다소간 주관적이지만, 컨셉이란 단순해야 하며, 가능한 한 자명하여야 한다는 추가조건이 포함되도록 적용된다.

이와 같은 4가지의 유형론을 기준으로 감각적이며 포괄적이지만, 명확하고 개념적 정연성이 요구된다.

2) 개방적 모델에서 비즈니스 모델의 사업전개 측면의 특징

(1) 파트너십과 전략적 제휴

개방적 모델에서는 파트너십 또는 타기업과의 제휴가 성장을 위한 필수요소이며 모든 사업주체들이 현재보다 더 나은 성과를 달성할 수 있는 실행가능한 방법을 찾아야 한다. 파트너십을 방해하는 주요 요인 중의 하나는 지적재산권(트레이드 영역의 오너십)이다. 이러한 장벽은 보다 정교한 방법으로 접근하여 지적재산권의 오너십 상실이 투자이익 환원으로 이어지도록 해야 한다. 또한 가장 중요한 요인인 투명성은 파트너들이 지적재산권을 어떻게 사용하여 수익화 하는지, 또한 이러한 일련의 과정이 어떻게 추적 가능한지를 보여줄 수 있어야 한다(삼일회계법인, 2007).

(2) 수익누수방지

개방형 비즈니스모델은 기업들이 복잡한 수익분배 계약을 맺기 때문에 새로운 이슈들을 발생시킨다. 요금청구(빌링), 라이센싱, 지적재산권, 계약 매니지먼트, 그리고 로열티 시스템을 포함한 이러한 문제들은 기업들이 자사의 수익의 흐름을 보호하기 위한 시스템을 개발하고 투자하는 행위에 대한 당위성을 제공한다.

(3) 고객서비스

경쟁적 융합 환경에서 기업들의 잠재적 차별요소는 고객서비스이다. 고객을 위한 기술은 다양한 고객을 만족시켜야 한다. 기업들은 핵심고객에게 그들의 가치를 명확하게 보여주어야 한다(고객에 대한 보안, 저작권 보호 필수).

(4) 효과적인 변화관리

개방적 비즈니스모델은 궁극적으로 조직 내부의 모든 측면에 대해 영향력을 행사한다. 기업의 문화는 이러한 개방적 모델을 구현하는데 커다란 영향을 미칠 것이다. 융합에 의해 촉진된 변화는 매우 빠르게 넓은 영역에 걸쳐 일어나지만, 명확하게 측정되지 않는 특성을 가지고 있다. 비즈니스의 융합은 현존하는 조직, 제휴 업체 및 파트너십 관계 회사들의 통합을 포함한다. 조직의 문화는 위험요소에 대한 태도를 결정하며, 이것은 또한 협동, 혁신, 성과 측정 등의 영역에 대한 개인과 팀의 태도를 만들어 간다.

3) 비즈니스 모델의 유형

(1) 자산관련 타입에 따른 비즈니스 모델 유형

비즈니스 모델의 유형 분류는 무엇을 하는 비즈니스 인가, 그러한 행위들을 통해 어떻게 돈을 버는가 등 간단한 질문 속에서 4가지 기본적인 타입을 분류하고 어떠한 자산이 포함되어있는가에 따라 다시 분류하여 총 16가지로 기본적인 비즈니스 모델을 분류하였다[8]. 우선 무슨 권리가 팔리는가, 즉 자산의 소유권, 자산의 사용권, 구매자와 판매자의 매칭 등의 권리판매 형태에 따라, 비즈니스가 얼마만큼의 자산변화를 가져오는가, 즉 중요하거나 제한적이거나에 따라 Creator, Distributor, Landlord, Broker의 4가지 기본적인 비즈니스 모델의 원형이 제시된다(다음 표 <기본적인 4가 비즈니스 원형> 참조).

---

8) Weill, P., Malone, T., W., D'Urso, V., T., Herman, G., Woerner, S. (2004) "Do Some Business Models Perform Better than Others? A Study of the 1000 Largest US Firms", MIT Center for Coordination Science Working Paper, 이하 내용은 이현석氏 정리본을 인용(http://smartbos.tistory.com/101)

< 기본적인 4가 비즈니스 원형 >

What rights are being sold?	How much does the business transform the asset?	
	Significant	Limited
Ownership of Asset	Creator	Distributor
Use of Asset	Landlord	
Matching of buyer and seller	Broler	

출처: Weill 외(2004)

설명하면, Creator는 바이어에게 판매할 제품을 창조하기 위해 공급자로부터 원재료 또는 부품을 구매하여 변환 또는 조립한다. 주로 모든 제조업에서 두드러진 모델이다. Distributor는 제품을 사와서 누군가에게 제품을 재판매한다. 이들은 제품의 수송이나 재패키징 또는 고객서비스를 준비하는 등 추가적인 가치를 제공한다. 주로 도소매업에 해당된다. Landlord는 소유하지 않더라도, 특정기간 동안 자산을 사용하는 권한을 사용자에게 판매한다. 물적 자산인 집, 항공기 좌석과 호텔 방의 사용을 제공하는 것뿐 아니라, 금융자산을 준비하거나 인적자산을 활용하여 서비스를 제공하는 컨설턴트 등이 해당된다. Broker는 잠재적 구매자와 판매자를 매칭하여 판매를 촉진한다. 유통업자와 다르게 브로커는 판매되는 제품을 소유하지 않는다. 대신에 구매자 또는 판매자, 그리고 양자 모두로부터 커미션을 받는다. 부동산 브로커, 증권브로커, 보험브로커 등이 해당된다.

그리고 각 비즈니스모델 원형별로 자산이 관련되어 있는 타입에 따라 16개의 비즈니스 모델을 분류한다(다음 표 <비즈니스 모델 원형 16가지> 참조).

설명하면, 첫째, 기업가는 금융자산(기업 및 기업 브랜드)을 창출하고 판매한다. 주로 기업 지분을 판매하는 형태로 볼 수 있다. 기업을 판매하지 않는 기업가는 이 모델에 포함되지 않는다. 둘째, 제조업자는 물적자산을 판매한다. 제조업자는 창조자의 타입에서 지배적이다. 셋째, 투자자는 특허와 상표권 등 무형자산을 창출 및 판매한다. 일반적인 비즈니스 모델은 아니지만, 기술기반 기업 또는 연구 랩의 경우 가능하다.

< 비즈니스 모델 원형 16가지 >

Basic Business Model Archetype	What type of asset is involved?			
	Financial	Physical	Intangible	Human
Creator	Entrepreneur	Manufacturer	Investor	Human Creator
Distributor	Financial Trader	Wholesaler/ Retailer	IP Trader	Human Distributor
Landlord	Financial Landlord	Physical Landlord	Intellectual Landlord	Contractor
Broker	Financial Broker	Physical Broker	IP Broker	HR Broker

출처: Weill 외(2004)

넷째, 인적 창조자는 인적자산을 창조하고 판매한다. 보통 불법적인 경우이긴 하지만 논리적 완성도가 포함되어진다. 다섯째, 금융거래자는 특정 변환 없이 금융자산을 구매하고 판매한다. 금융권이 해당된다. 여섯째, 도소매자는 물적자산을 구매하고 판매한다. 보통 유통업으로 불리며, 월마트, 아마존 등이 해당된다. 일곱째, 지적재산거래자는 무형 자산을 구매하고 핀매한다. 상표권, 특허, 도메인 네임 등 이 그 대상이 된다. 여덟째, 인적 유통은 인적자산을 모집하고 판매한다. 불법적이지만, 논리적 완성을 요구한다. 아홉째, 금융지주는 확실한 조건 하에서 현금을 사용하는 경우이다. 대금업자는 그들의 고객이 특정시간에 이자를 사용할 수 있는 현금을 준비한다. 은행 등이 전형적이다. 열 번째, 물리적 지주는 물적자산을 사용하는 권리를 판매한다. 장소와 장비 등이 대표적이며, 렌트카 서비스 등을 들 수 있다. 열한 번째, 지적재산 지주는 무형자산을 라이센스 하거나 제한된 사용을 허용한다. 퍼블리셔는 정보의 제한된 사용을 제공한다. 소프트웨어, 뉴스페이퍼, 데이터베이스 등이 해당되며, 마이크로 소프트의 윈도우 OS 등이 해당된다. 그리고 브랜드 매니저는 트레이드 마크나 브랜드 요소의 활용에 대해 지급받는다.

레스토랑이나 호텔체인이 이에 해당한다. 더불어서 텔레비전 프로그램이나 웹 컨텐츠를 개발한 뒤, 주목을 끌어 광고수익을 확보하는 모델이다. 열두 번째, 계약자는 컨설팅, 건설, 교육, 헬스캐어 등과 같은 사람에 의해 제공되는 서비스를 판매한다. 열세 번째, 금융브로커는 금융자산의 구매자와 판매자를 매칭한다. 보험 및 증권 브로거는 금융기업의 대표적인 형태이다. 열네 번째, 물적 브로커는 eBay와 같이 금융자산의 구매자와 판매자를 매칭한다. 열다섯 번째, 지적재산브로커는 무형자산의 구매자와 판매자를 매칭한다. 열여섯 번째, 인적자원브로커는 인적서비스의 구매자와 판매자를 매칭한다.

이와 같은 비즈모델은 사실상 서로 간 상식선에서 겹치는 경우가 있다. 그 이유로 Creator, Distributor, Financial Landlord, Physical Landlord, Intellectual Landlord, Contractor, Broker 등 7가지 모델로 압축되며, 이것을 전형적인 모델로 볼 수 있다.

(2) e-Business 모델로 본 유형

e-Business 모델로 유명한 Timmers(1998)[9]의 11가지 유형이 있다 <표 8-3 참조>. Timmers(1998)는 비즈니스 모델 아키텍쳐를 확인하는데 있어서 가치사슬(Value Chain)의 분해(deconstruction)와 재결합(re-construction)을 통해 체계적인 접근을 시도하였다. 즉 가치사슬상의 요소를 확인하고, 거래참여자의 상호활동(interaction) 패턴을 분석하여 가치사슬에 따라 정보를 통합하는 방법을 밝혀냄으로써 비즈니스 모델을 구분하고자 하였다.

가치사슬 분해란 Porter(1985)가 언급했듯이 본원적 활동과 지원활동에 속하는 가치사슬상의 요소를 밝혀내는 것이며, 상호활동 패턴이란 1대1, 1대 다수, 다수 대 1, 다수 대 다수를 의미하며, 가치사슬 재결합이란 가치사슬상의 여러 가지 단계를 따라서 이루어지는 정보처리과정을 통합하는 것으로서 이를 통해 가치사슬 요소의 조합(combination of value chain elements)이 이루어진다.

9) Timmers, P. (1998) "Business Model for Electronic Markets," electronic Markets, 8(2): 3-8.

가능한 비즈니스 모델 아키텍쳐는 가치사슬요소 조합과 상호작용 패턴을 연계함으로써 만들어진다. 예를 들면 전자상점(e-shop) 모델은 1대1 마케팅과 판매 모델이며, 전자쇼핑몰은 N × e-shop 모델이며, 공동브랜드를 가진 전자쇼핑몰은 "다수 대 1" 마케팅과 판매 모델이 된다.

Timmers(1998)는 비즈니스 모델에 대한 체계적인 접근법을 통해 정보기술이 다양한 비즈니스모델을 가능케 하고, 사업 모델 선택에 있어서 첨단기술 능력은 단순히 하나의 판단기준이며, 단지 기술 자체로서는 사업적인 의미에서의 비즈니스 모델을 선택하는데 가이드라인이 될 수 없으며, 오히려 새로운 모델의 정의에서 기술개발에 대한 제안이 나올 수 있고, 제안된 수많은 모델들이 아직 사업성을 검증할 기회가 없었다고 설명한다.

< Timmers의 e-business 모델 11개 유형 >

비즈니스 모델	특징
상점형 (E-shop)	가장 기본적인 형태
조달형 (E-procurement)	공급자를 찾는 것이 주목적
경매형 (E-auction)	거래 계약 전 상품과 거래 당사자가 이동할 필요 없음
몰형(E-mall)	E-shop의 집합체, 하나의 브랜드 이름 사용·여러 종류의 상점 모아둠·고객에게 편의성 제공 목적
가상 커뮤니티형 (VirtualCommunity)	회원간의 의사소통을 통해 부가가치 생성·최근 급격히 성장
써드파티 시장형 (Third Party Marketplace)	웹마케팅을 제3자에게 위탁·지불, 물류, 주문, 안전한 거래 처리 제공
가치사슬 서비스 제공형(Value Chain Service Provider)	가치사슬에서 특정한 기능만을 전문화
가치사슬 통합형(Value Chain Integrator)	가치사슬의 여러 단계를 통합한 형태
협력플랫폼형 (Collaboration Platform)	기업간 공동작업을 위한 도구와 정보 기반 제공·공동설계, 엔지니어링 등 특정 기능 집중
정보중개형 (Information Brokerage)	정보서비스 제공·검색엔진, 사업중개, 투자자문

출처: 이명헌 경영스쿨(http://www.emh.co.kr/xhtml/business_model.html)

한편, 이와 유사한 e-business 모델은 공급자, 소비자, 중재자 사이에서 역할에 따른 중개자형, 제조업자형, 경매형으로 분류한 Julter(2000)[10], 기업내부의 인터넷 전략에 근거하여 전통기업형, 전환기업형, 디지털기업형 등으로 분류한 Porra(2000)[11] 등 다양한 유형이 제시되기도 하였다.

3 비즈니스 모델링 프로세스

1) 비즈니스 모델의 구성요소

비즈니스모델의 구성요소는 본질적으로 시장 지향적이어야 한다. 그 이유는 비즈니스모델이란 주관적인 모델이 아니라 특정 대상을 우리의 사업범위로 끌어들이는 작업이기 때문이다. 무엇보다도 개방형 비즈니스 환경에서 가장 많은 혜택을 누리는 기업은 시장에 집중하는 기업이 될 것임은 자명하기 때문이다. 특히 융합 환경에서 사업을 영위하기 위해서는 때로는 새롭고 낯선 방식을 선택해야 하며, 빠른 적응력과 시장에 대한 예측력을 필요로 한다. 개방형 비즈니스 모델의 종착점은 현재의 수준을 넘어서는 주주가치를 창출하는 것이다. 기술의 활용성을 높이고 보다 많은 소비자들과 컨텐츠 시장에 접근할 수 있도록 하는 것이 오늘날의 기업들이 반드시 갖추어야 하는 핵심역량인 것이다. 융합환경에서 수익을 창출하고 변화의 속도를 따라잡기 위해서는 변화와 혁신을 스스로 견인하고 이에 맞는 운영 방식을 모색해야 한다(삼일회계법인, 2007)[12].

10) 이필규(2001), “비즈니스모데의 분류 및 표현의 정형화,” IT Forum Korea 2001, 2001.5
11) Porra, J.(2000), "Electronic Commerce Internet Strategies and Business Model-A Survey," *Information Systems Frontiers,* 1(4): 389-399.
12) 삼일회계법인(2007), Convergence에 대비한 Open Business Model 도입전략, Pricewaterhousecoopers.

그 맥락에서 보면, 다양한 연구에서 제시된 기본적인 요소를 볼 때, 고객(선택, 접점), 시장, 가치(제안/네트워크/창출), (핵심)전략적(자원/통제), 자원, 차별화 등 고객이나 시장을 우선적으로 고려한 뒤, 관련 전략이 제시되고 있다. 이러한 구성요소는 다음과 같이 5W1H로 정리하여 나타낼 수 있다.

< 비즈니스모델 구성요소 >

기업요소	5W1H	질의	방법
고객	Who	어떤 고객(시장)들을 대상으로 사업을 할 것인가	STP
제품/서비스	What	고객들에게 어떤 가치를 제공할 것인가?	STP, Value Proposition
수익	How	어떻게 (효율적으로 활동하여) 수익을 창출할 것인가?	Profit Mechanism
환경	Where	해당 사업이 속해있는 시장/산업군의 Trends와 경쟁상황은?	PESTEL, STEEP, 5forces 분석 등
타이밍	When	비즈니스를 시작하기에 적합한 시기, 즉 니즈가 있는가?	Value Chains, NET, SWOT 분석 등
수익	Why	경쟁사에 비해 가지고 있는 차별화(uniqueness) 요소는?	customer intimacy, product leadership, operational excellence

이와 같이 비즈니스모델은 각 구성요소 간의 흐름과 위치를 정하여 기업의 실제 활동에 필요한 기능을 제시한다. 비즈니스모델은 가치제안을 정립하고, 타켓시장을 정의하고, 가치사슬의 구조를 정의하고, 비용구조와 잠재이익의 추정을 가능케 하며, 공급자와 고객을 잇는 가치 네트워크 상에서의 위치선정을 가능케 하여 경쟁전략 형성의 기초를 제공하는 기능을 갖는다(Chesbrough & Rosenbloom, 2002). 특히 가치 네트워크는 플랫폼 그 자체가 의미가 있는 것은 아니며, 또한 보완재가 역할을 하지 못하기 때문에 새로운 가치를 지닌 제품이나 서비스 및 네트워크를 연결함으로써 형성되는 비즈니스 모델이다. 제품이나 서비스의 가치가 이를 사용하는 사용자의 수에 따라 달라지게 된다.

기능을 다시 설명하면, 첫째, 가치제안의 정립이란 비즈니스를 통해 제공된 제품 및 서비스에 의해 창출된 가치를 말하며, 둘째, 타켓시장의 정의는 제품 및 서비스가 누구에게 유용한지, 그리고 어떤 목적으로 사용되는지를 말한다. 셋째, 가치사슬 구조 정의는 제공 내용을 창출하고 배포하기 위해 필요한 산업체계상 단계상의 연관구조를 말하며, 넷째, 비용구조와 잠재 이익의 추정은 주어진 가치 제안과 선택된 가치 사슬의 상황에서 발생하는 비용구조와 잠재 이익을 추정하는 것이다. 다섯째, 공급자와 고객을 잇는 가치 네트워크상에서의 위치선정은 잠재적 보완자와 경쟁자를 포함하여 제품 및 서비스의 독자적인 포지셔닝을 의미하고, 여섯째, 경쟁전략의 형성은 기업이 경쟁자에 비해 얻을 경쟁우위를 형성하기 위한 전략을 설정하는 것을 일컫는다.

CHAPTER 5

사업타당성 분석

1. BMO모델이란?
2. BMO모델의 평가항목
3. 신규사업 포럼
4. 수익성 평가

사업타당성 분석은 목표시장에 대한 기업의 접근역량에 대한 적합성을 평가하는 것이다. 여기에는 경제적 이익을 최종적으로 도출하는 수리적 방법 또는 사업의 포괄적인 타당성를 파악하기 위해 수정된 BCG(Boston Consulting Group) 모델, GE 매트릭스 등 모형적 방법 등 다양하다. 본 장에서는 기업의 상황에 맞추어 유연하게 변형할 수 있는 BMO(Bruce Merrifield & Ohe) 모델을 소개하기로 한다.

1 BMO모델이란?

BMO모델은 Bruce Merrifield(Continental Group 기술부문 부회장) 박사가 미국 펜실베니아 대학 와튼스클 교수로 재직 시 제안한 것을 일본의 사내기업환경에 맞게 오오에(Ohe) 교수가 개정한 것이다. 지금까지 개발프로젝트의 특징을 분석대상으로 하여 그 결과에서부터 전략구축방법과 프로젝트의 선택방법을 설명한다. 여기에서는 개발프로젝트에 사업화의 목표가 정해졌을 때 신규사업으로서 사업화할 것인지, 아니면 참여할 것인지를 판단하는 방법론을 소개할 것이다.

기업의 신규사업 평가법으로서 이미 일본과 미국의 많은 기업들이 이 방법을 도입하여 개발프로젝트에 적용하고 있다. 사장이나 경영진이 제안한 아이디어의 평가, 연구성과평가, 컨설턴트, 은행, 거래처, 상사 등 외부로부터 얻은 아이디어의 평가나 사내 공모를 통한 아이디어를 평가할 때 많이 사용한다.

신규사업의 선택기준이나 탈락기준 뿐만 아니라 STAR법과 같이 연구개발테마의 선택기준에도 BMO법이 폭넓게 사용되고 있다. 각 기업들이 자사내에 도입할 때는 여러 가지 연구를 거쳐 평가항목을 조금씩 수정하거나, 평가점수에 조금 더 무게를 둔다거나 평가항목을 증감시켜 활용한다. 장기적인 기술개발테마의 선택기준으로 도입하기 위해서 BMO법을 기초로 하여 다시 작성하고 있는 기업도 있다. 기업에서 그 당시 담당자의 개인적인 직감이나 생각에만 의존하는 것이 아니라, 각 기업 나름대로 독자적인 기준을 작성하여 조금씩 개선해 나가는 것이다.

이 방법은 사업가능성을 120점 만점으로 체크하는데, 매력도 60점, 자사적합도 60점으로 구분하고 있다. 사업매력도(Business Attractiveness Factors)는 외부요인으로 시장수요측면, 기술 및 정책적 측면 등을 고려하고, 내부적 요인은 해당 아이템의 사업화를 위한 자사의 역량(Business Fit Factors)을 체크하게 된다.

BMO법은 평가방법은 제 3단계로 나누어 후보사업을 평가한다.

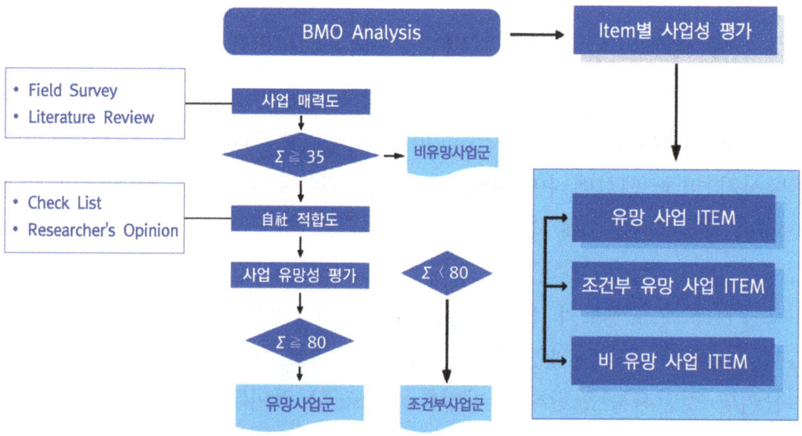

< BMO 모델 프로세스 >

제 1단계로, 후보사업이 얼마나 매력 있는 사업인가를 우선 평가한다. 6개 항목 60점 만점으로 되어 있으며, 평가결과 60점 만점에 35점 이상이면 2단계로 들어가고, 35점 미만이면 사업성이 미흡한 것으로 보완을 하든지 포기해야 한다.

제 2단계는, 매력 있는 사업이 자사에 적합한지를 평가하는 것이다. 6개 항목 60점 만점으로 되어 있으며, 평가결과 매력도와 적합성의 점수가 80점 이상인 경우에는 3단계 평가로 들어가고, 80점 미만인 경우에는 사업을 보류하거나 재검토를 요구한다.

제 3단계에서는 사업이 어느 정도 성공할 확률이 있는지를 판단한다. 1단계보다 2단계 평가 기준점이 높은 것은 사업성공화 확률 곡선과 밀접한 관련이 있다. 성공률이 자사의 기준을 만족시키면 그 사업에 참여해야 한다는 평가가 나오게 된다. 사업의 매력도란 자사뿐 아니라 타사에게도 매력이 있는지의 여부를 가리킨다. 원칙적으로 자사와 타사에서의 매력도는 모두 같다.

BMO 모델은 성장가능성이 높은 이상적인 비즈니스 모델인지를 평가하기 위해 크게 4가지 기준을 제시한다.

① 다양한 시장 Segment가 존재하고, 그 중 어떤 것은 선택해도 규모가 크며, 5년 후에는 1조원 이상이 되는 사업

② 향후 5년간 CAGR(Compound Annual Growth Rate)이 매년 2배로 성장하고, 모든 지적재산권을 소유하고 있어서 경쟁상대는 아무도 없는 사업

③ 다양한 시장 Segment에 응용할 수 있고, 새로운 업계가 구축될 가능성도 있으며, 세제상의 우대책도 있는 사업

④ 1천억 원 정도의 자금이 필요하지만 자사에서 조달 가능하고, 현재 보유하고 있는 판매망/제조설비/기술력으로 모든 것을 조달할 수 있으며, 원자재 역시 특별한 것이 없는 사업

하지만 이와 같이 이상적인 신규 사업은 현실적으로 거의 없으며, BMO모델은 현실의 신규 사업이 이상적인 신규사업에 비해 얼마나 다른가를 척도로 평가하는 방법이다.

BMO모델은 결국 사업 매력이라는 객관적 대상에 대해 기업의 적합성 여부를 판단하는 합리적 방법론인 것이다. 간혹 기업은 신규사업 평가방법을 추진하면서 매력도만으로 평가하는 경우, 즉 시장규모나 시장성장률만으로 사업을 평가하고 그 사업이 자사에 적합한지는 무시해 버리는 경우가 많다. 동일한 업종의 타사가 먼저 참여한 것을 확인한 후에 자사의 참여를 결정하는 사례가 자주 나타나고 있는데 이와 같은 소극성은 극복해야 할 사안이며, 그 대안이 바로 BMO모델이다.

2 BMO모델의 평가항목

BMO 모델은 사업매력도 평가와 사업 적합도 평가의 2부분으로 이루어져 있다. 우선 사업매력도 평가는 평가의 1단계로서 사업의 본질적인 가치를 평가하기 위해 "이 사업이 누가 보아도 좋은 사업인가?"라는 질문에 답하는 것이다. 이 질문에 답을 얻기 위한 방법으로 매출규모, 시장성장성, 경쟁력, 위험분산도, 업계재구축 가능성, 특별한 사회적 상황에 관련된 요소들을 평가한다.

사업적합도 평가는 평가의 제2단계로서 "이 사업이 누가 보아도 좋은 사업이라면, 우리가 그 사업을 추진할 특별히 좋은 이유가 있는가?"라는 질문에 답하는 것이다. 기업이 매력적인 산업 내에서 훌륭하게 사업을 영위해 나갈 수 있을 지의 여부를 자본력, 마케팅력, 제조력, 기술력, 원자재 조달력, 경영지원 등의 요소들을 통해 평가한다.

< BMO 방법에 의한 신규 아이템의 사업적합도 판정 >

사업도(120점 만점) = 사업매력도 + 자사적합도			
사업매력도(60점)		자사역량 적합도(60점)	
1. 매출 및 이익의 가능성	10	1. 자금 능력	10
2. 성장 가능성	10	2. 마케팅 능력	10
3. 경쟁상황	10	3. 제조 및 운영능력	10
4. 리스크 분산도	10	4. 기술 및 서비스 기획능력	10
5. 업계 재구축 가능성	10	5. 원재료, 상품, 정보입수	10
6. 특수한 사회적 영향	10	6. 경영지원	10

1) 사업매력도

매력도는 사업아이디어가 사업으로서 어느 정도 매력이 있는지를 평가한다. 기술 · 아이디어의 사업화 가능성의 조건을 이끌어내어 단순히 성장성이나 시장규모만으로 생각하는 것이 아니라 경쟁의 정도와 이익의 가능성도 고려의 대상으로 포함시키는 것이다.

그 평가요소에는 ①매출 · 이익가능성, ②시장의 성장성, ③경쟁력, ④리스크 분산, ⑤업계 재구축의 가능성 ⑥특별한 사회적 우대사항 등의 6가지 요소가 있다. 각각 10점 만점으로 하여 평가를 하고, 매력 있는 사업이라면 최소한 35점 이상은 받아야 한다. 사업형태를 바꾸면 당연히 매력도의 평가 역시 바뀌게 된다.

(1) 매출 및 이익의 가능성(10)

매출 · 이익가능성 평가에서는 현시점에서의 시장규모의 평가가 아닌 참여 5년 후를 평가하는 것이다. 시장이 형성되기 시작한 시점에서 시장이 충분한 크기를 갖는가가 문제이다. ROI(투자이익률) 계산이 현시점에서 어렵다면 굳이 무리해서 계산할 필요는 없다. 시장을 너무 크게 잡으면 적합도나 리스크 분산과 업계 재구축 가능성 평가점수가 낮기 때문에 시장은 5년 이내에 손 쓸 수 있는 시장 Segment만 생각해야 한다.

시장규모는 관련기술의 신규성, 각 세분화 시장의 외형과 성장률, 경쟁업체, 기술현황, 미비점, 신규사업기회 등을 조사하여 평가 시 고려한다. 시장 선택시 규모가 변하고 ROI(투자수익률)도 변하기 때문에 사업을 전개하는 데 있어 시장검토가 필요 하다. 너무 넓게 잡고 있지는 않는가? 대체 가능성은 있는가?

< 사업매력도 평가 시 추정시장 규모 배점 >

시장규모	1,000억원 이상	500억 ~ 990억원	100억원 ~ 499억원	10억 ~ 99억원	10억원 미만
점수	5점	4점	3점	2점	1점

< 사업매력도 평가시 투자효율 배점 >

ROI	20%이상	15~1%	10~14%	5~9%	1~4%	1%미만
점수	5점	4점	3점	2점	1점	0점

주 : 투자계획이 없는 경우는 우선 5점을 준다. 업계 값이 있는 경우는 임시로 그 값을 준다. 해당 사업에 대한 일반적인 ROI가 있을 경우에는 이 값을 사용한다.

ROI = 연평균 이익액 / 평균 투자액

[연평균 이익액 = 5년간 평균경영 이익액, 평균투자 =(투자액+잔존가치)/2]

(2) 시장의 성장가능성 (사업참여 후 5년간 평균) (10점)

시장진입장벽, 접근 가능성, 기술진부화 속도, 덤핑 영향 등을 고려하여 시장의 성장 가능성을 평가한다. 연평균 20%이상의 성장률을 보일 가능성이 있을 때 성장 잠재성이 높다고 볼 수 있다.

< 사업 참여 5년간 시장의 평균성장률(CAGR) 배점 >

CAGR	20% 이상	14% 이상	10% 이상
점수	10점	7점	5점

(3) 경쟁상황 분석(10점)

동종 산업과 관련 산업에서 발생하게 될 경쟁 상황을 종합적으로 평가한다. 상품 서비스의 수명, 특허 및 상표 방어가능성, 선발기업과 예상 진입기업의 대응력 강도 여부를 평가한다.

☐ 선발기업과 참여예상기업의 대응력의 강도 (4점)

- 선발기업이 시장을 석권하고 있는 경우 : 0점
- 예) PC시장에 참여할 때 삼성, LG, 삼보, IBM 등 강력한 경쟁회사가 존재하고 있기 때문에 평가점수는 0점

☐ 상품/서비스의 수명 (3점)

- PLC가 5년 이상 지속 : 3점
- 상품수명이 짧은 경우는 빠른 시장성장이 필요하게 되고, 금세 진부해진다. 다른 상품이나 혁신적인 제품에 대체될 가능성이 많기 때문에 낮은 점수를 받을 수밖에 없다.

☐ 특허나 상표에 의한 방어 가능 (3점)

- 강력한 특허 등이 있으면 3점.
- 특허·노하우·지적재산권 등이 없는 사업인 경우 경쟁장벽이 낮기 때문에 0점

(4) 시장 세분화에 따른 위험분산 (10점)

세부시장 Segmentation, 응용분야 수를 참고하여 계획 사업이 초기에 예측한 성과를 가져오지 못할 때 이 사업을 다른 대안 시장에 적용할 수 있는가를 평가한다. Market Segment가 다양하면, 한 Segment에서 실패해도 다른 Segment에서 사업을 전개할 수 있으므로 성장을 지속시킬 수 있다. 마케팅·제조방법·판매방법 등이 다양한 경우, 한 분야에서 실패해도 다른 분야에서 살아남을 가능성이 크므로 성장을 지속시킬 수 있다. 가능한 한 시장을 세분화하는 것이 바람직하며, 5년 내 참여할 수 없는 Segment는 평가 대상에서 제외한다. 신규 사업은 초기 단계에서는 하나의 Segment에 집중해야 한다.

< Risk 분산 배점 >

Marekt Segment	5개 이상	3개	1개
점수	10점	6점	0점

주: 최소한 5종류의 시장 세분화가 있으면 10점, 3종류 : 6점, 1종류 : 0점.

예)

- 엔지니어링·플라스틱 – 자동차내장용/외장용, 가정용, 건자재용 등과 해외 시장을 고려할 수 있기 때문에 10점
- 화상엔진 – FA, 반도체 제조장치, 전자부품검사장치 등 5종류 이상의 시장에 참여할 수 있기 때문에 10점
- 시장 세분화가 1개밖에 없는 경우는 위험부담이 크므로 점수가 낮다.
- 레스토랑 경영 등 – 초밥집에서 프랑스 식당으로 간단히 변경할 수 없기 때문에 0점
- 시장을 넓게 보면, 당연히 시장의 세그먼트는 커다란 시장의 한 부분이기 때문에 1-A의 시장규모평가에서는 높은 평가를 받지만, 여기에서는 시장이 세분화되기 때문에 낮은 점수를 받게 된다. 가능한 한 시장을 세분화하는 것이 바람직하다. 5년 이내에 참여할 수 없는 세그먼트는 1-A평가 대상에 포함시켜서는 안된다.
- 신규사업은 적어도 시작단계에서는 하나의 시장 세그먼트에 집중해야 한다.

(5) 업계의 재구축 가능성 (10점)

업계 재구축의 가능성 평가는 다소 어렵다. 과거를 되돌아보고 평가하는 것은 쉽지만 미래를 평가한다는 것은 그다지 쉬운 일이 아니다. 기술 및 상품서비스 관련 혁신성 정도로 특정 세분시장을 개편하거나 새로운 세분 시장 창출이 가능한가를 평가한다. 혁신적인 기술이나 노하우에 의해 업계재구축을 이룰 수 있는가, 강력한 선발기업이 이루어 놓은 시장의 구조를 무너뜨릴 수 있을까하는 점이다.

☐ 제품·판매형태까지도 혁신을 불러일으킬 만하면 10점
☐ 혁신적인 서비스를 혁신적인 경영방법으로 제공하는 경우는 10점
☐ 이 중 하나면 가능하면 5점

예)

- 썬 마이크로시스템즈의 엔지니어링 워크스테이션(1982년)은 가격이 종래 제품의 절반 이하이고, 개인적 사용을 가능하게 했기 때문에 10점. PC도 10점이다. 유통 등도 대형컴퓨터와 다르다.
- 벤처캐피탈(VC)을 만든 도오리 박사가 DEC에 투자를 했을 때는, 켄올센씨의 인품에는 반했으나 DEC의 아이디어는 이해할 수가 없었다. 그러나 켄올겐씨 자신은 각 가정이 컴퓨터를 구입할 것이라고는 생각지 못했다. 이렇게 미래는 알 수가 없다. 따라서 효과적인 VC가 필요하다.

(6) 특별한 사회적 우대사항 (10점)

특별한 사회적 우대사항의 평가점수는 특별히 아무 것도 없을 경우 0점이 아니라 5점을 부여한다. 법, 윤리, 정치, 사회 그리고 공정거래 법 등의 규제나 제약들을 평가한다.

□ 정치적 문제, 공정거래상 문제, 사회 환경 상의 문제가 있는가, 특별한 우대사정이 있는 경우는 5점 추가.
□ 아무 것도 없으면 그냥 5점. 문제가 있을 경우는 5점 이하, 불리한 사정이 있으면 5점 감점

예) 골프장용 유기농약 : 환경문제로 화학농약을 사용할 수 없기 때문에 7점
베이비시커 파견 사업은 국가의 보조가 있기 때문에 7점.

2) 사업적합도

사업적합도 평가는 평가의 제2단계로서 "이 사업이 누가 보아도 좋은 사업이라면, 우리가 그 사업을 추진할 특별히 좋은 이유가 있는가?"라는 질문에 답하는 것이다. 기업이 매력적인 산업 내에서 훌륭하게 사업을 영위해 나갈 수 있는 지의 여부를 자본력, 마케팅력, 제조력, 기술력, 원자재 조달력, 경영지원 등의 요소들을 통해 평가한다.

적합도는 ①자금력, ②판매능력, ③제조 · 오퍼레이션능력, ④기술 · 서비스 기획력, ⑤원자재 수입력, ⑥매니지먼트 지원 등으로 구성되며 사업에 대한 기업의 경험이나 능력의 적합성 여부를 평가한다. ②, ③, ④, ⑤의 지표는 미래의 평가점수가 아니라 현시점의 평가점수이다.

(1) 자금력(10점)

자금력은 만일 필요한 자금이 누구나 내 놓을 수 있는 금액인 경우 그것을 쉽게 조달할 수 있다고 해도 10점 만점을 주는 것이 아니라 5점을 주게 된다. 10점 만점은 100억엔 가까이 되는 자금이 필요하고 그것을 조달할 수 있을 경우 주어지게 된다. 사업기회의 잠재성을 실현하기

에 충분한 자본이 조달될 수 있는가 평가한다. 자본 집약적 사업일수록 이 척도의 중요성이 증가한다. 즉 투자 필요도가 높은가, 그에 맞는 자금력이 충분한가를 파악하는 것이다.

> □ 막대한 자금이 필요하고, 극소수의 회사만이 자금을 투자할 수 있다해도 자사에서 그에 충분히 대응할 수 있다면 10점
> □ 적은 자금이 요구되어도 낮은 점수를 받게 됨. 아무리 자사에 자금이 풍부하다고 해도 이 프로젝트로 자금에 유입되지 않으면 점수는 낮음. 누구나 조달할 수 있는 금액은 수억원 정도라면 5점
>
> 예) 미술품 판매는 수억원의 초기 투자로 참여할 수 있기 때문에 차별화가 되지 못해 5점

(2) 마케팅력 (10점)

기업은 제품이나 공정 상 예상되는 수명 주기 한도 내에서 또는 경쟁업체와의 경쟁격화가 발생하기 전에 사업이 속한 시장으로 최대한 침투해야 한다. 구체적으로는 고객 서비스, 기술지원서비스, 적시배달, 사내 고객훈련 등의 다양한 마케팅역량을 평가한다.

> □ 판로와 잘 팔리는 구조를 만드는 노하우가 이미 존재하고, 조기에 완전한 시장을 획득할 수 있다면 10점
> □ 앞으로 판로를 개척하고 경영팀을 모집해서 교육시켜야 하는 경우는 점수는 0점
>
> 예) 세라믹회사나 非철강금속회사가 단독으로 보석장식소매업에 참가할 경우 0점 다각화전략의 경우 역시 점수가 낮다.

(3) 제조력(현재 시설·인재·노하우)(10점)

효율적 생산이 가능한 설비를 갖추고 있는가를 평가한다. 생산설비의 유연화 정도, 외주생산의 경우 공급업체의 변동성 정도, 제품 디자인 및 설계 역량 등을 평가한다.

□ 현재 제조시설이나 인재를 활용할 수 있는가 하는 문제는 제품의 수명이 짧은 경우는 매우 중요한 문제인 것이다.
- 전혀 없는 경우는 0점
- 서비스업계에서는 경영노하우나 경영거점, 인재 적합성 등으로 평가

예) 메모리반도체 제조장치는 Semi-Custom반도체제조로도 사용할 수 있기 때문에 6점.

(4) 기술력 (현재의 기술 · 서비스 기획력의 적합성) (10점)

기업은 고객 기술지원을 통해 고객 특유의 문제를 해결하고, 기술 노하우를 추가적인 세분 시장에 적용할 수 있어야 한다. 그리고 현재 기술력을 바탕으로 차세대 신기술을 지속적으로 개발하여 기존 시장을 대처하고 경쟁업체의 시장 진입을 저지할 수 있는가를 평가한다.

□ 제품개조 · 개발력이 있는가.
□ 새로운 시장으로 전개해 나갈 수 있는 기술력이 있는가.
□ 고객에 대해 새로운 기획, 서비스상품을 제공할 수 있는 기획력이 있는가.
□ 지속력은 있는가.
□ 제품이 만들어져도, 고객의 요청이나 경쟁에 대항하기 위해 새로운 제품을 증가시켜야 하고, 또한 제품을 개선시킬 필요가 있다. 이러한 것들을 진행시킬 수 있는 기술력이 있는가.

(5) 원재료 조달력(원자재·부품·상품·정보 서비스업 입수력) (10점)

핵심적 부품 및 원자재 다변화 가능성과 이들의 갑작스런 공급 중단에 얼마나 효과적으로 대처할 수 있는가를 평가한다. 즉 공급 불안정에 대한 사업 운영상의 민감도를 평가하여 이 민감도를 높일수록 평가는 낮게 내려진다.

□ 필요한 부품 및 원자재를 싼 가격에 양질의 것을 충분히 확보할 수 있는가.
□ 원자재를 정치적으로 불안정한 국가 · 지역에서 들여올 수 있는가.
□ 서비스업의 경우는, 고객정보 · 신용정보를 얻을 수 있는가를 평가한다.

예) 수입판매사업에서, 장기간 독점판매권이 있고, 상대기업의 경영 · 기술개발력이 우수하고 제공력이 있다면 높은 점수를 받고, 1社밖에 없다면, 6점. 상대 기업이 M&A될 가능성도 있기 때문에 안정된 거래처가 여러 개 있는 경우는 10점

(6) 경영지원 (10점)

경영자의 협력을 받을 수 있을 지에 관한 것으로 이것은 기업의 사업영역에 신규사업 프로젝트가 받아들여지면 가능성이 높다. 창업자나 최고경영진이 계획한 사업과 관련하여 효과적인 경영역량을 가진 누군가가 사업 추진 과정에 따라 법적 또는 제반 경영 사항에 대한 지원을 하여 계획 사업을 성공시키는 옹호자(Champion)의 역할을 해야 한다. 개발단계, 상업화단계, 일정 규모 성장 후 운영.관리가 요구되는 단계, 이들 각각의 단계에 서로 다른 능력이 필요한데 기업이 이러한 옹호자를 보유하고 있는지를 평가한다. 문제는 신규사업 프로젝트를 추진할 수 있는 우수한 인재가 자사에 있는지 여부이다. 이에 대한 평가점수가 낮다면 이 프로젝트는 시작해서는 안된다.

□ 경영자가 충분히 힘이 되어 주는가 (5점)
회사의 장기비전에 적합한가, 경영인재 · 자원이 필요할 때 획득할 수 있도록 경영자가 지 원해 주는가. 경영자가 사업에 자신을 가지고 있는가. 회사 도메인과 일치하지 않으면 점수는 낮다.

□ 강력한 사업 추진자가 있는가 (5점)
전업(專業)으로 이 사업을 추진할 만한 이재가 있는 경우는 5점이지만, 아무리 강력한 인재가 있다고 해도 겸업을 한다면 점수는 낮아진다. 이것이 4점 이하가 되면 참가하지 않는 것이 좋다.

BMO모델은 벤처캐피탈이 사업계획을 평가하는 방법과 비슷하다. 우선, 사업 자체가 매력 있는 사업인지 여부를 평가한 후 사업을 경영하고자 하는 기업가(起業家)가 그 사업을 경영하는데 적합한지를 평가하며, 그러고 나서 투자여부를 결정하는 것이다. 그래서 실제로 매력도와 적사도가 함께 혼재(混在)하고, 근원도 모르는 평가차트가 등장하는 경우도 많다.

BMO 모델에서는 평가항목을 회사의 외적요인과 내적요인으로 구분하여 사업자체의 매력과 사업에 대한 자사의 자사적합도를 판정하여 수치로 평가를 한다. 사업을 평가할 때는 어디까지나 앞으로 어떻게 될까를 평가하는 것이기 때문에 지나치게 세세한 부분가지 파악하지 않아도 된다. 기본적으로 누구나 미래의 일은 알 수가 없기 때문이다. 풍부한 지식과 경험을 가지고 있는 사람이 지혜를 짜내가 쉽듯이 BMO법이 기업경영에 조금이라도 도움이 되었으면 한다.

3) 사업 참여 · 철수 기준

BMO모델로 사업기획을 평가하면 실제로 사업에 참여해 보아야 할지의 선택은 어느 정도 가능해 진다. 또한, 사업계획이 과연 성공할 것인가, 사업 계획의 모순점이나 약점 혹은 사업을 할 때의 과제를 명확히 하여 전략작성의 가이드라인으로 삼을 수도 있다.

지금까지의 신규사업 프로젝트에 관한 분석조사 데이터를 통해 알 수 있는 사실은 사업도 80점 이상의 사업은 성공할 가능성이 아주 높고, 70점미만의 사업은 성공할 가능성이 낮다는 것이다. 실제로, 70점미만의 사업에는 참여하지 않고 80점 이상 사업에는 참여하는 기업이 많다. 그리고 70점 이상 ~ 80점미만의 경우는 조건부로 참여하는 경우가 있다. 그러나 사업계획이 80점 이상 되기는 좀처럼 어렵고, 사업전략을 재검토하기 위해 80점을 목표로 삼고 있는 기업이 많다. 전략적으로 사업도를 80점 이상까지 끌어올릴 수 있다고 하면 신규사업의 성공률은 매우 높아지게 된다.

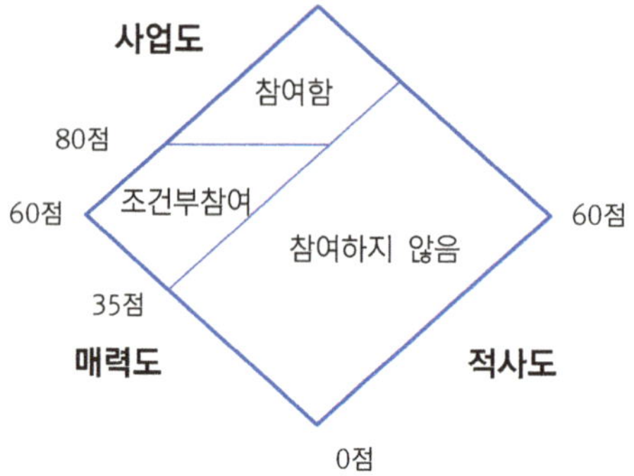

<참여전략의 기준사례>

또한 기업 가운데는 매력도가 30점 이상인 사업에는 조건부로 참여한다는 기준을 가지고 있는 곳도 있다. BMO법을 이용한 신규사업 참여를 위한 의사결정 차트는 그림과 같다.

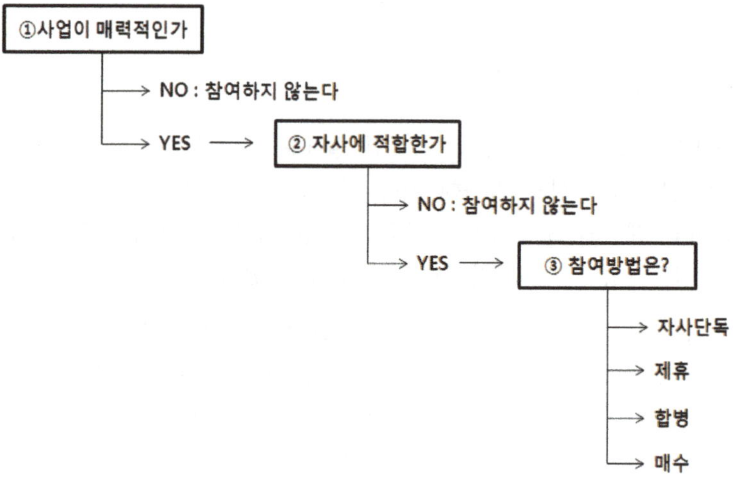

< BMO법에 의한 분석 · 의사결정 차트>

자칫, 적사도는 높지만 매력도가 낮은 사업에 참여하고 마는 실수를 저지르고 만다. 이러한 실수를 범하지 않기 위해서도 우선 매력도가 높은 사업인지 검토해 보고 매력도가 높은 사업에 대해서만 적사도를 검토해야 한다. 이순서는 매우 중요하다.

3 신규사업 포럼

신규사업이 잘 진행되고 잇는 기업의 경우에는 참여분야나 참여기준이 명확히 정해져 있고, 전 사원들이 그 기준을 충분히 이해하고 있다. 한편, 신규사업의 추진 · 관리기준을 명확히 하는 것 역시 중요하다. 따라서, 사내 신규사업 포럼을 개최하는 방법이 아주 효과적이다. 일반적으로 이러한 포럼은 신규사업담당이사 아래 사무국을 두고 개최한다. 사업평가팀 구성은 신규사업담당이사에 관련 제품 영업부장, 제조부장, 신규사업 기획부장, 경리부장 등 사내 인재들을 추가하고 또 여기에다 외부 컨설턴트 (BMO법 전문가나 그 분야 기술전문가)를 참가시키는 경우도 많고, 대리점 등을 멤버로 참여시키는 경우도 있다.

포럼 발표시간은 최대 2시간으로 1시간은 제안팀에서 발표하고, 나머지 1시간은 평가팀의 질의응답 시간으로 하며, 제안팀은 스스로 채점하여 BMO법에 의한 평가점수를 설명해야 한다.

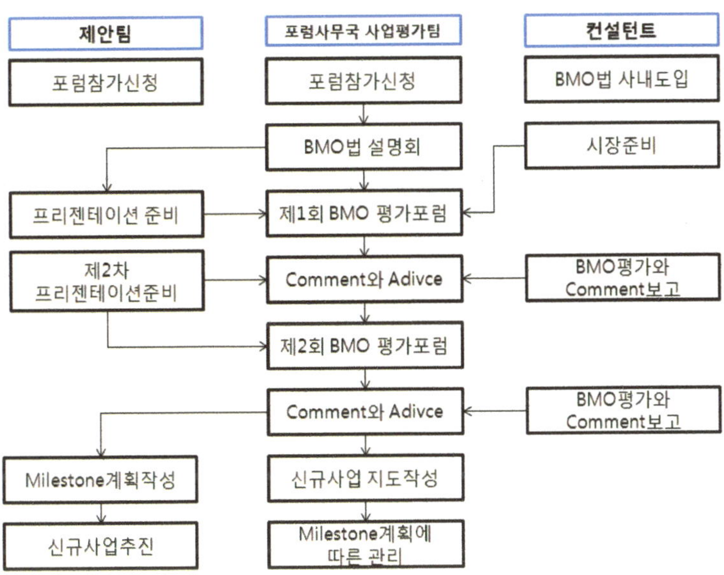

< BMO포럼의 흐름과 기능 >

발표 후 평가멤버들은 BMO평가와 코멘트를 작성하여 제출하게 되고 사무국에서 사업의 평가를 결정하게 된다. 많은 기업들은 첫 번째 발표에서 살아남은 제안을 대상으로 2차 포럼을 개최하고, 최종적으로 신규사업을 선택한다. 선택된 제안에 대해 사업계획서를 작성하고 최종적으로 참여를 결정하게 된다.

<BMO법 평가챠트 예>

			평가일 : 1998년 5월 12일
사업명 :	수목렌탈사업 : 회사의 유휴지를 활용하여 사무실용으로 수목을 렌탈 한다		
기업명 :	☆☆☆☆제지주식회사		
평가요인	최대 평가	평가 점수	One Point
사업도 합계	120	65	사업에서 철퇴해야 한다
· 매력도	60	27	매력적인 사업은 아니다
판매이익	10	9	
5년 후 시장규모	5	4	A· B지방의 시장규모는 700억엔, 5년 후 900억엔, A의 80%이상은 a지역, B의 90%이상은 b지역
평균RIO	5	5	이 단계에서는 알 수 없으므로 20%로 한다
성장률	10	4	과거 5년간 성장률은 6%였다. 앞으로 5년간도 평균 6% 유지
경쟁상황	10	4	누구나 참여할 수 있다
선발기업의 대응력	4	1	업계 대기업 등이 30년 이상. 자사관련 Office만은 강하다. 관련 Office만도 200군대나 된다
상품수명	3	3	5년 이상. 과거부터 이어져 온 것이므로 앞으로도 지속 된다
특허 등 장점	3	0	아무 것도 없다. 있다고 하면 노하우 정도.
위험부담분산	10	4	상업시설시장도 있다
업계 재구축	10	1	독특한 컬러를 낸다면 흥미롭다. 장기간 보존이 가능한 수목 등을 자사 연구소에서 개발할 수 있는가
특별한 사회적 상황	10	5	특별히 없다. 거품이 튀어 수목비용 등을 내려하지 않는다
· 적사도	60	29	적사도 역시 낮다
자금력	10	5	5억엔으로 수목센터정비. a와 b지역에 설치
현재 마케팅력	10	4	서무관계에서는 강한 루트가 있다. 자사소유빌딩의 Tenant 소개를 기대 한다
현재 제조력	10	5	유휴지를 수목센터로 전용한다. 수목은 당분간 매입한다.
현재 기술력	10	5	a운송회사에 위탁하지만 수목도입은 자사가 한다. 높은 효율의 배송 · 보호체제확립
원자재 수입력	10	8	어디서든지 세계평균 가격으로 매입할 수 있다
매니지먼트	10	2	
경영자의 지원	5	1	기업가정신고양에 도움이 되는 Office를 가동하기 쉽다. 도메인과 떨어져 있다. 경영자의 인정을 받기 어렵다
강력한 사업추진자	5	1	침엽수 · 펄프전문가는 있으나 수목사업에 관심이 없다. 인재모집 중

BMO법은 대략적으로 전체를 파악하는 방법으로서 아무리 정확한 재무분석 시뮬레이션을 활용해도 미래를 완벽하게 파악할 수는 없으며, 사업의 미래를 평가하는데는 '직관을 객관화' 하는 아주 간단한 것으로도 충분하다. 중요한 것은 신규사업 선정기준이 명확하고, 참여이유나 기준을 사원들이 충분히 이해하고 있는지 여부이다. 이러한 요소들이 충족되면 신규사업에서 성공할 확률은 높아진다.

4 수익성 평가

BMO 평가가 끝나면 (또는 타당성이 존재한다면) 구체적인 수익성 분석에 들어간다. 새로운 사업(또는 투자 안)의 수익성 평가는 새로운 사업으로부터 얻을 수 있는 미래의 현금흐름이 그 사업을 시작하는데 필요한 투자액보다 얼마나 많은지를 비교하는 것이다. 즉 미래현금흐름의 현재가치와 투자액보다 얼마나 많은지를 비교하는 것이다. 미래현금흐름의 현재가치와 투자액의 차이가 기대되는 기업가치 창출이 되기 때문이다.

수익성 평가의 첫 단계는 시장성분석 결과에 기초하여 향후의 매출액을 예측하는 것이다. 매출액 예측 자료가 나와야 그에 상응하는 생산시설규모를 얼마로 할 것인지 생산에 필요한 인원 및 조직은 어떻게 배치할 것인지 또는 자금은 얼마를 어떻게 조달할 것인지 등에 관한 모은 예산을 짤 수 있기 때문이다. 이를 투자예산(capital budgeting 또는 자본예산)이라고 부른다. 즉, 매출액 예측 없이 투자예산 편성은 불가능하다.

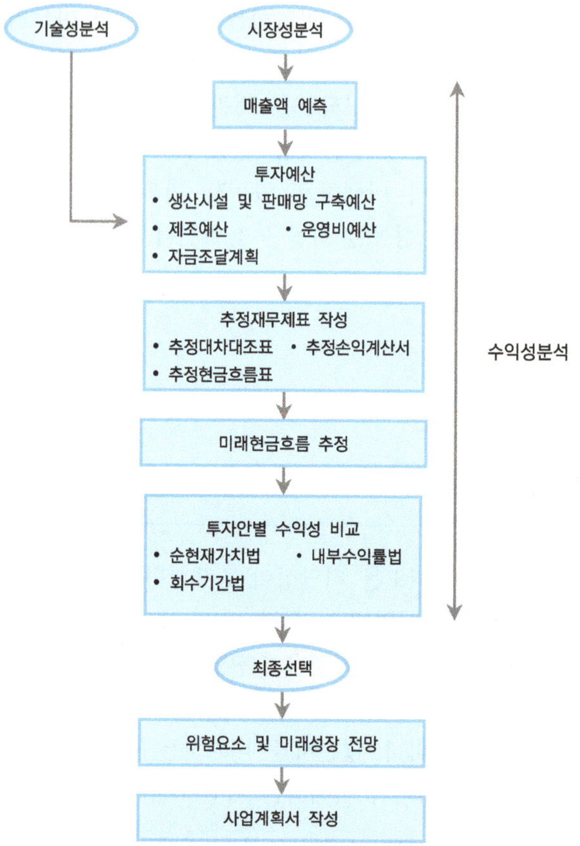

< 수익성 평가 절차 >

두 번째 단계는 투자예산에 기초하여 미래의 재무제표를 작성한다. 이를 추정재무제표(pro forma financial statements)라도 부른다. 추정재무제표는 추정대차대조표, 추정손익계산서 및 추정 현금흐름표로 구성된다.

세 번째 단계에서는 추정 재무제표에 의거하여 미래현금흐름을 예측한다. 그리고 네 번째 단계에서는 새로운 사업에 소요되는 자금 투입액과 미래에 기대되는 현금유입액 자료를 비교하여 수익성을 평가한다. 새로운 투자 안이 여러 개인 경우에는 투자 안 별로 위의 작업을 수행하여야 한다.

CHAPTER 6

사업계획서의 작성

1. 사업계획서의 정의와 기능
2. 사업계획서의 구성
3. 시장형 창업 사업계획서 작성의 예

1 사업계획서의 정의와 기능

1) 사업계획서란

사업계획서(Business plan)란 창업과 관련된 모든 내적·외적 요소를 문서로 작성한 것이며 종종 여행 시의 안내지도에 비유되기도 한다. 여행을 하는 경우 계획한 최종 목적지까지 도달하는 방법은 많으나 여행자는 어떤 길로 갈 것인지 결정하기 위해 정보를 수집하고 계획을 세워야 한다. 여행계획의 수립 시에는 외적 요소(날씨조건, 도로상황 등)들을 고려해야 하며 가지고 있는 돈이 얼마나 있는지, 시간은 어느 정도 여유가 있는지를 감안하여 여행방법을 선택해야 한다.

이와 같이 창업자도 외적인 요소(법규, 경쟁, 사회적 변화, 소비자 욕구의 변화, 새로운 기술)를 고려하는 동시에 생산, 마케팅, 조달, 기술개발능력, 인적 자원 등과 같은 기업의 내적 요소를 고려한 계획을 세워야 하는 것이다. 즉, ①지금 나는 어디에 있는가(현재상황의 파악)? ②목적지는 어디인가? ③목적지에 어떻게 도착할 것인가(창업전략의 수립)? 등에 대한 명확한 답변을 해야 한다. 사업계획서는 이러한 질문에 답하기 위해 필요한 것이다.

2) 사업계획서의 기능

창업자 또는 기업가가 사업계획서를 작성함에 있어서는 시간, 돈, 에너지가 소모되며 외부 전문가로부터 도움을 받는 경우 비용도 많이 소요된다. 그럼에도 불구하고 창업자는 다음과 같은 이점들이 있기 때문에 사업계획서를 수립하고 이의 실행에 노력을 기울이는 것이다.

① **갈등해소** : 일단 사업이 착수되면 창업자 개인에게는 여러 가지 갈등이 존재할 수 있다. 그 중 하나는 자신의 부를 축적하고자 하여 도전보다는 안전성을 추구하려 하며, 자신의 권한을 확대시키려는 성향의 추구이다. 이러한 개인의 욕구는 조직의 욕구와는 상반됨으로써 개인으로서 창업자와 조직과의 갈등이 발생하기 마련이다. 창업자와 조직 사이에서 나타날 수 있는 대표적인 갈등으로는 개인의 부의 축적이냐 조직의 성장을 위한 재투자냐, 개인의 안전성 추구나 위험에 대한 도전성 추구인가, 개인의 행복을 추구할 것인가 아니면 조직업무에 몰입할 것인가 하는 문제가 있다. 이는 선택조화의 문제로서 대부분의 창업 성공자는 조직의 목표를 먼저 추구하는 성향이 강한 것으로 조사되고 있다.

② **이해 증진** : 사업계획서는 창업기업이 직면하거나 향후에 직면하게 될 주요 상황에 대해 체계적으로 검토할 수 있는 기회를 제공하여 조직이 안고 있는 문제의 적출 및 그 문제의 해결을 위한 전략 수립에 기여한다.

③ **의사소통의 원활화** : 사업계획서는 사업의 잠재성을 여러 이해관계자에게 전달하는 역할을 한다. 효과적인 사업계획에는 기업가의 비전과 야망이 나타나 있기 때문에 여러 이해관계자들에 사업의 잠재성을 이해시키고 그들과의 의사소통을 원활하게 하여 필요한 경영자원을 끌어들일 수 있도록 유도하는 역할을 한다.

④ **사업의 안내자** : 사업계획서는 창업기업의 목표와 이정표를 설정할 기반을 마련해준다. 사업계획서에는 창업자가 실현하고자 하는 의도가 나타나므로 관리자와 종업원이 기업의 목표를 향해 나아갈 수 있도록 도와주는 안내자의 역할을 한다.

⑤ **조직의 효율성 증진** : 사업계획서의 작성과정에서는 구성원 상호간의 토론 및 의사교환이 이루어진다. 그러므로 조직구성원간의 이해를 증진시키고 결속력을 강화시키며 조직업무의 실행에 있어서 효율성을 증대시킨다.

3) 사업계획서 작성의 기본원칙

사업계획서는 창업자의 얼굴이다. 창업자 자신이 효율적으로 창업기업을 설립하여, 그 사업을 지속적으로 성장·발전시켜 가고자 하는 창업자의 구체화된 의지를 체계적으로 정리·기술한 창업계획서이다. 사업계획서는 예정사업의 재점검 및 자신의 사업을 투자자에 납득시키는 것이 목적이므로 무엇보다도 자신감을 바탕으로 작성되어야 한다.

철저한 객관성을 가져야 한다. 지나친 자신감에 의해 제3자가 허황되고 실현가능성이 없다고 판단할 때는 신뢰성에 큰 타격을 입을 뿐만 아니라 자신의 사업을 망칠 수도 있다. 따라서 공공기관 또는 전문기관의 증빙자료를 근거로 작성하고 시장수요 조사와 최소한의 회계적 지식을 기반으로 하여 매출액과 수익을 추정해야 한다.

계획사업의 핵심내용을 정확히 파악하고 이를 부각시켜야 한다. 평범한 사업계획은 제3자의 호감을 사지 못한다. 기술형 창업에 있어서 상품성 및 기술성을 분석할 때는 전문적인 용어의 사용을 피하고, 단순하고도 보편적인 내용으로 구성해야 한다. 해당 제품 자체의 설명에만 국한하지 말고 관련 산업, 관련 업종의 내용부터 접근하는 것이 필요하며 제품생산공정을 구체적으로 설명해야 한다. 또한 제품 및 기술성 분석 근거자료로서 공공기관의 기술타당성 검토보고서 또는 특허 등의 관련 증빙서류를 첨부하여 신뢰성을 제고해야 한다.

자금조달 및 운용계획은 정확하며 실현 가능성이 있어야 한다. 조달 가능한 자기자본은 구체적으로 현금 얼마, 예금 얼마, 부동산 담보 등에 의한 조달자금 얼마 등으로 표시한 후 사업규모를 결정해야 한다. 자금조달계획이 어느 정도 확정된 후에는 정확한 소요자금 산정이 필요하다. 흔히 창업자의 대부분이 소요자금을 먼저 산정한 후, 자금조달계획을 수립하는 경우가 많으나 이는 옳지 못하다. 사업은 욕심만으로 할 수 없으며 창업자 자신의 수준과 능력에 맞지 않은 사업은 실패할 수밖에 없기 때문이다.

계획사업에 잠재되어 있는 문제점과 향후 발생 가능한 위험요소를 심층 분석하고, 예기치 못한 사정으로 인하여 창업이 지연되거나 불가능하게 되지 않도록 하는 위험관리 중심의 점검이 요구된다.

2 사업계획서의 구성

1) 요약과 목차

요약은 사업계획서의 가장 중요한 부분이다. 평가자를 포함한 이해당사자는 이 요약을 보고 다음을 읽을 것인지 아닌지를 판단한다. 평가자나 자문에 응하는 사람은 대부분 주어진 모든 서류를 읽을 시간이나 의지가 충분하지 않다. 이 요약부분에서 그들을 끌어당길 포인트를 발견하지 못하면 다음 서류로 손이 간다. 요약에서는 사업의 간략한 스케치가 있어야 하고 계획서의 핵심이 강조되어야 한다. 그리고 목차의 큰 제목에 해당하는 부분을 압축 제시해 주어야 한다. 왜 이 제품은 다른 것과 다르고 성공할 것인지 보여주어야 한다. 요약부분에서 구체적으로 설명할 필요는 없다. 사업계획서를 읽는 사람이 요약에 흥미를 느낀다면 구체적으로 설명된 뒷부분을 읽을 것이기 때문이다.

목차는 한 장 한 장 자세히 살피기보다는 관심 있는 부분을 건너뛰며 읽을 사업계획서의 독자에게 편리를 제공하기 위함이다. 대부분의 평가자들은 기업의 일반사항에 관한 부분을 먼저 본다. 사업하는 사람들이 어떤 사람이고 사업하려는 아이템과 관련 어떤 일을 해 왔으며 어떤 자격을 갖추었는지 보고 싶어 하기 때문이다. 그리고 기술에 관한 부분, 시장성, 마케팅 전략, 제공자금의 회수가능성을 중점적으로 본다.

〈 집중해야할 4요소 〉

- Business idea 의 명확화
- 제품/서비스가 고객에게 주는 가치
- 시장의 규모 및 성장 속도
- 투자에 따른 수익률

Tip. 당신의 사업 아이디어에 대해 전혀 사전지식이 없거나 기술적/관련사업의 배경지식을 갖고 있지 않은 사람이 5~10 분내 요약 부분을 읽고 이해하고 공감할 수 있는지 반드시 Check 할 것!

< 사업계획서 목차 예시 >

목　　차

1. 개발기술의 개요

1-1. 개발기술의 중요성(필요성)

1-2. 국내외 관련기술의 현황

1-3. 기술개발 시 예상되는 파급효과 및 활용방안

1-4. 개발기술 도출근거

2. 수요현황 및 사업화 계획

2-1. 시장현황

2-2. 경쟁업체 현황

2-3. 사업화 현황

2-4. 특허현황

3. 기술개발의 목표, 내용 및 차별성

3-1. 최종목표 및 평가방법

3-2. 연차별 개발목표 및 내용

4. 위탁기술개발의 목표 및 내용

4-1. 최종목표 및 평가방법

4-2. 연차별 개발목표 및 내용

5. 기술개발 추진전략 및 체계

5-1. 기술개발 추진전략

5-2. 기술개발 추진체계

5-3. 기술개발팀 편성도

6. 기술개발 추진일정

6. 기술개발 추진일정

7. 연구기자재 보유현황

8. 기술개발 추진현황, 실적 및 연구원
8-1. 주관기관, 참여기업 및 위탁기관의 주요기술개발 및 사업화 실적
8-2. 총괄책임자
8-3. 참여연구원

2) 회사 소개

회사에 관한 일반적인 사항을 소개하는 부분으로써 다음과 같은 내용이 포함된다.

① 회사개요 (기업명 및 형태, 설립 예정지역, 주요 생산품 등)

② 회사 연혁 (창업 동기 및 사업의 기대효과)

③ 조직 기구도

④ 주주현황

⑤ 경영진 및 기술진

⑥ 금융거래 현황

⑦ 조업현황

⑧ 관련기업현황

⑨ 기타

특히 경영진의 자질이나 도덕성은 투자를 결정하는 우선순위 중 하나이며 기업 생존과 성장을 좌우하는 경쟁력 있는 제품 생산이나 시장에서의 대응능력은 경영진의 중요한 몫이다.

기타 항목에서는 구체적으로 차입금 및 담보 (거래은행, 대출 금리, 담보내용 담보자격 등), 재무상태 (B/S, I/S, F/S 등), 기술보유 현황 (기술 개발실적, 기술인력, 국내외 기술수준, 기술제휴 현황 등)이 포함된다.

회사의 소개와 조직 항목에서 투자자 및 사업계획서의 독자들은 경영자의 인성 즉 통찰력, 예측능력, 사업 교섭력, 위기 대응력, 조직관리 능력 등을 파악하며, 경영자, 경영진의 능력 및 재력에 주목한다. 또한 여기에는 창업자 또는 투자자들의 주식 배분, 지분의 변화과정, 주식의 종류 (보통주, 우선주) 등을 명시하고, 사업 실행이후의 회사 발전 전망을 소개하면서 지금 추가자본이 필요한 이유를 명시하여 설득하여야 한다.

3) 사업의 취지 및 컨셉 설정

(1) 사업취지

사업취지는「누가, 언제, 누구에게, 무엇을, 어떻게」등 **5W1H 원칙**에 따라 명확하게 작성해야 한다. 사업취지서를 작성할 때는 하려는 사업이 무엇인가, 왜 나에게 적합한 사업인가, 어떠한 관점에서 자신의 비즈니스를 상품화하고자 하는가, 무엇을 할 것인가, 대상 소비자는 누구이며 왜 자기 상품을 구입하는가, 경쟁상대는 누구인가, 어떻게 하면 살아남을 수 있을까 등의 관점에서 검토되고 작성되어야 한다.

(2) 사업의 컨셉설정

사업컨셉은 없어서는 안 될 중요한 테마(Theme)이다. 사업계획서로 설명되는 사업컨셉에는 사업의 구분 및 내용, 고객 중심의 컨셉 설정, 영위하려는 사업위치의 설정, 무(無)에서 유(有)를 창출하는 창조성이 포함되어 있어야 한다.

① 사업구분 및 내용

사업의 구분 및 내용에 있어서는 하려는 사업이 어떤 사업인가를 간략하고 명확하게 설명하는 것이 중요하다. 다음 내용을 사업의 원칙으로 삼아야 한다. 사업의 내용은 무엇인가?

- 어떤 제품 또는 서비스를 제공할 것인가?
- 목표로 하는 시장(Market)은? 그 규모는? 그리고 자신의 점유율을 어느 정도까지 확대할 수 있는가?
- 경쟁력 확보 방안은?
- 사업 선택의 이유는 무엇인가?
- 경영진 및 종업원 구성과 업무수행 상 어떤 사람이 필요한가?
- 자금의 차입을 통해 어느 정도의 수익을 올릴 수 있는가?

피터 드러커(P. Drucker) 교수는 "사업이 무엇인가를 이해하기 위해서는 사업의 목적이 무엇인지를 고려해야 하며 사업목적은 고객의 창조에 있다"고 하였다. 이와 같이 사업내용에는 고객이 원하는 내용 즉, 고객의 수요를 포함하고 있어야 한다. 사업계획서에 자신의 아이디어를 간단명료하게 설명할 수 없는 경우는 아직 사업할 준비가 갖춰져 있지 않다고 할 수 있다.

② 고객중심

"당신은 무엇을 제공할 것인가"라는 것은 가장 흔하게 받는 질문이다. 이는 사업을 통해 고객에게 무엇을 제공할 것인가라는 고객중심의 사고를 해야 한다는 고객의 요구이다. 이러한 측면에서 사업 즉, 제공할 제품·서비스의 특징을 고객의 입장에서 정리해야 하는데 기본적인 검토항목은 다음과 같다.

어떤 사업을 시작하는가?

사업의 위치는(시장·기술 등의 성장성)?

사업형태는?

영위하려는 사업이 수익성이 있다고 생각되는 이유는?

사업개시 시기는?

1일 및 1주간의 근무시간은(제조공장은 기계가동시간)?

계절변동에 따라 수익 및 기계 가동시간의 변동은 없는가?

③ 사업위치의 설정

어떤 사업을 시작함에 있어 그 사업의 위치는 어떠한 가에 초점을 맞추는 것은 사업계획서의 작성에 가장 중요한 부분이다. 이것이 명확하면 최소의 시간과 비용으로 원하는 목적을 달성할 수 있는 가능성을 제고함과 아울러 자원을 효과적으로 활용할 수 있다. 여기에서 사업위치를 결정하는 것은 창업자가 제공하는 제품·서비스가 아니며 창업자가 생각하고 있는 사업내용 이외에 시장 및 고객의 관점에서 본 사업성이라는 것을 명심해야 한다.

④ 무(無)에서 유(有)로의 사업컨셉

"당신이 사업을 통해 이익을 거둘 수 있는 이유는 무엇인가"라는 질문에 명확히 답변할 수 있다면 그 답변은 경쟁자와의 차별화 포인트가 된다. 창업자는 자신의 회사가 판매하고 있는 제품 및 서비스로 이해하려는 경향이 있으나, 회사경영에 있어서는 고객에 대한 질 높은 이익을 제공할 수 있고 또 고객이 제공된 제품·서비스를 즐겁게 활용할 수 있도록 한다는 관점에서 생각을 해야 한다.

4) 시장전망에 대한 분석

제안기업이 아무리 유능하고 좋은 경험을 가지고 있다고 하더라도 생산하는 제품이나 서비스의 시장 전망이 좋지 않으면 좋은 성과를 얻기 어렵다. 특히 벤처기업을 운영하는 사람이 엔지니어 출신인 경우가 많은데 그러한 기업가들이 시장분석을 어떻게 하고 있느냐 하는 부분은 평가자의 주요 관심대상이다. 사실상 시장분석은 사업계획서에서 기업에게 가장 새로운 도전을 요구하는 부분이다. 시장분석을 함에 있어서는 외부에 자문을 구하든, 신문, 잡지, 서적, 인터넷 등을 활용해 구한 자료로 분석을 하든 숫자로 된 구체적 자료를 수집하고 분석해야 한다.

① 도전하고자 하는 사업의 분석

도전하고자 하는 산업을 소개하는 부분으로 이런 소개는 주로 다음과 같은 질문에 답하는 형식으로 이루어질 수 있다.

어떤 산업인가? 현재 이 산업의 시장 규모는 얼마인가? 5년 후, 10년 후에는 규모가 얼마나 될까? 이 산업의 가장 중요한 특성은 어떤 것인가? 누가 현재 이 산업에서 가장 중요한 소비자인가?

새로 생산될 제품이나 서비스가 적용되거나 이용될 주요 분야는 어떤 것이 있는가? 산업이 변화추세는 어떤가? 사업에 영향을 줄 산업의 내적 외적인 변화는 어떤 것이 일어나고 있는가? 예를 들어 일반적 항목을 제시하자면, 수요실적 및 현황, 공급실적 및 현황, 제품의 용도와 성격, 시장규모 등을 수치로 제시할 수 있을 것이다.

② 목표시장

일반적으로 사업을 시작할 때는 넓은 소비자 계층을 대상으로 하지 않고 특수하면서도 확실한 소비자들을 대상으로 하는 것이 유리하다. 이를 특정한 Niche Market이라 한다.

새로운 회사가 뚫고 들어가야 할 시장은 어떤 것인가? 즉, 어떤 소비자 그룹을 대상으로 제품을 만들고 마케팅 전략을 세워야 하는가? 이러한 내용은 다음과 같은 질문에 답하는 가운데 정리될 수 있다.

누가 이 제품(서비스)를 살 것인가? 소비자는 왜 다른 것을 사지 않고 이 제품을 살 것인가? 경쟁자들은 어떻게 할 것인가?

즉 목표시장 항목에서는 계획제품의 시장침투 가능성 및 수요전망을 제시해야 한다.

③ 소비자 분석

사업의 성패는 결국 소비자들의 반응에 달려 있기 때문에 투자자를 포함한 모든 사람들은 소비자들의 반응에 관심이 있을 수 밖에 없다. 수요 계층, 소득, 나이 등 소비자에 대한 일반적 분석은 물론 수요예측과 그러한 수요예측의 근거를 제품별로 구체적으로 제시하여 신뢰를 주어야 한다.

④ 경쟁자 분석

경쟁역시 사업의 성패에 결정적 영향을 미치는 요소이다. 어떤 산업은 경쟁이 이미 치열하거나 경쟁자가 너무 강력해 승산이 없는 분야일 수도 있다. 기본적으로 동업계 현황 및 경쟁제품을 자사와 비교 장단점을 분석해야 하고, 진출하고자 하는 업계의 경쟁강도를 분석해야 한다. 그리고 다음과 같은 질문에 대한 대답을 생각해 보아야 한다.

창업 후 제품이 히트할 경우 대기업이 뛰어들 가능성은 얼마나 있는가? 기존 경쟁자들 사이에 끼어들기 위해 또는 새로운 경쟁자가 나타났을 때, 경쟁자보다 우위에 서기 위해 가지고 있는 '색다른 무엇'을 가지고 있는가? 등

시장은 항상 동적인 특성을 가지고 있다. 수많은 경쟁자와 소비자들이 어떻게 움직일지 정확히 예측한다는 것은 사실상 불가능하다. 그러므로 항상 시장 동향과 신기술 동향으로부터 눈을 떼지 않도록 주의해야 한다.

5) 기본 사업전략의 수립

사업의 목적은 사회 속에서 찾아야 한다. 즉, 사업의 목적은 고객의 창출에 있다. 기업은 사람을 창조하고 사람이 경영하는 것이며 기업의 이익 및 이익률은 기업의 목적이 아니라 단지 기업을 판단하는 척도일 뿐이다. 사업전략의 수립에 있어서 체계적인 사업계획의 수립, 기업의 조직과 활동의 균형이라 할 수 있는 생산성, 마케팅, 혁신(Innovation), 이익 그리고 장래성 등이 사업계획서에 포함돼야 한다.

(1) 마케팅의 4P(Product, Price, Promote, Place) 전략 제시

마케팅의 4P (Product, Price, Promote, Place)측면에 따른 전략을 제시한다.

① Product : 제품정책

② Price : 가격정책

③ Promote : 촉진정책

④ Place : 유통정책

마케팅 전략은 사업화하려는 제품이나 서비스가 어떠한 것인가에 따라 달라지므로 여기서 구체적으로 논하기 어려우나 위의 4P의 측면을 모두 고려하여 효과적인 마케팅 전략을 수립 구사하여야 사업의 성공을 이룩할 수 있으며 그러한 전략에 대한 설명이 제시되어야한다.

(2) 창업 대상 기술의 내용 및 특성 제시

이 부분에서는 창업 대상 기술의 내용 및 특성(기술의 우위성)을 제시한다. 기술의 핵심내용을 그 분야에 대해 잘 모르는 사람이 읽더라도 이해할 수 있도록 쉽게 설명하고 아이템 선전과정 및 기술현황, 사업화 가능성 및 전망 그리고 향후 R&D 투자계획을 개발목표, 개발인력 구성, 개발소요자금, 개발 일정 등으로 설명한다. 투자자 및 사업계획서의 독자는 이 부분에서 창업자의 제품개발 가능성 및 기술능력 (기술 인력 현황, 핵심 기술내역, 기술 도입 및 협력 가능성)과 제품의 특성 및 경쟁력 (유사품 대비 기술적 우위성, 가격 경쟁력, 대체기술 출현 가능성, 기술 특허현황, 기술도입 가능성, 기술변화 등)을 파악하기를 원한다.

(3) 제품의 생산계획안 제시

아이템이 제품의 실제생산이 필요한 것인 경우 다음과 같은 형태의 생산 계획안이 제시되어야 한다.

1. 총괄
2. 년차별 가동 계획
3. 제품별 생산 공정도 및 공정 설명
4. 원·부자재 소요 및 조달계획
    가. 소요량 계획
    나. 주요 원재료 수급 계획 (현황)

5. 생산 및 시설투자 계획
    가. 생산에 필요한 시설 및 설비
    나. 투자계획

생산과 시설계획은 다음과 같은 요소로 평가된다.

① 생산 능력 : 기술 및 생산인력 보유, 시설 확보정도 및 능력, 원부자재 조달 능력, 생산 기술 확립 설계 개발능력, 유지보수 계획 등

② 원가 추정 : 원단위 산출, 원가의 유동상태 등

③ 공장건설 : 설비 구입 및 LAYOUT, 공사일정, 설비계약관련 사항

④ 생산형태 : 양산 가능성, 생산규모 등

6) 창업팀 소개

사업 목표에 대한 성과를 예측하는데 있어서 사업 아이템이 일차적인 성패를 좌우한다면 그 다음은 '창업팀'의 스펙이다. 사업계획서를 실현하는데 있어 어떤 '인력'이 그 사업을 이끌 것인가에 대한 기대는 사업 아이템 만큼 중요하기 때문이다. '내가 계획한 사업 아이템을 훌륭한 인력구성을 통해 꼭 이뤄낼 것'이라는 의지를 강하게 어필할 필요가 있다. 벤처자본가의 세계에서는 사람에게 투자한다는 것이 정설이기 때문이다. 아무리 사업 아이템이 좋고 시장전망이 좋아도 그 사업을 시작하고 굴러가게 하는 것은 결국 사람이다. 그리고 핵심적인 사람이 있는 것도 중요하지만 무엇보다도 창업'팀'이 좋아야 한다. 당연히 팀은 완벽할수록 좋다. 기술개발자, 재무관리자, 영업담당자, 생산현장에서 감독할 사람 등, 그리고 그런 각 분야에 대해 어떤 경험과 지식을 쌓아왔는지 밝히는 것이 좋다. 대부분의 벤처창업이 그런 것처럼 이런 각 분야의 모든 사람을 확보하고 출발하지 못했다면, 언제 어떤 자격을 가진 사람을 확보할 예정인가에 대해 언급한다. 그리고 누가 가장 중요한 경영자인가? 그들을 어떻게 회사에 붙잡아 둘 것인가? 보수는 어떻게 할 것인가?

그 동안 투자한 사람은 누구이고 얼마씩 몇 차례(라운드) 투자했는가? 그들의 지분은 얼마인가? 발행된 주식은 어떤 종류이며 어떻게 평가되고 있는가? 누가 이사회에서 대표이사가 될 것인가? 이사회의 구성은 어떻게 할 것인가? 등의 질문에 대한 대답이 포함되어야 한다.

- **인적사항**
  - 성명/ 주민등록번호 / 주소 / 연락처 / 이메일
- **학력사항**
  - 고등학교, 대학교(원) 수학 기간 / 학교명 / 전공분야 / 수학상태 (졸업, 수료, 재학 등)
- **경력사항**
  - 직장 근무 기간 / 근무처명 / 부서 / 최종직위 / 담당업무
- **자격사항**
  - 주요 보유 기술 및 주요 프로젝트 참여 경험
- **특기사항**
  - 자격증 / 상벌 / 교육 및 연수 / 대외활동 등

아울러 경영진이나 투자자를 제외한 우수인력에 대한 계획도 언급하는 것이 바람직하다. 어떻게 중요한 인력을 찾을 것인가? 어떤 방법으로 그들을 채용하고 붙잡아 둘 것인가? 보상은 어떻게 하는가? 회사의 조직 구조 내에서 어떻게 직능을 분리할 것인가? 에 대해서도 세심하게 작성하도록 한다.

7) 창업자의 필요자금 언급

창업자가 사업을 계획하는 최종 목표는 사업에 대한 '꿈'을 이루는 데 있다. 하지만 투자자에게 사업계획서를 제출할 때, 창업자의 마음속에는 기본적으로 창업에 대한 '필요자금'을 지원받을 수 있을까? 하는 간절함으로 가득할 것이다. 따라서 이 부분은 사업계획서를 작성하고자 하는 예비창업자가 가장 관심을 갖고 있을 것이다. 그렇다면 필요자금에 대해서 설득력 있게 제시해줄 필요가 있겠다. 필요한 액수와 시기에 대해서 설명하되, 현재 얼마가 필요한가? 향후 5년간 어느 시점에 얼마가 필요한가? 만약 필요 자본금보다 적은 돈이 투자되면 어떻게 할 것인가? 현재 회사의 가치는 얼마로 평가하고 있으며, 이에 따라서 신규 투자가에게는 주식 당 가격을 얼마로 책정할 것인가? 를 객관성 있고 타당성 있게 나누어 제시할 필요가 있다.

또한 회사의 가치를 평가한 방법을 투자자들이 이해할 수 있도록 설명해야만 한다. 따라서 매출액, 보유기술의 중요성, 인력의 우수성, 성장 가능성 등을 잘 보여줄 수 있어야 한다. 신규투자가 이루어지면 기존 투자자의 지분에 어떤 변화가 일어나는가? 물론 이때 기존 투자자의 지분과 주식보유량은 물론이고 간단한 인적사항도 필요하다.

그리고 여기서는 기존의 회사라면 지난 5년간 재무제표, 새로 시작하는 회사라면 향후 3~5년 동안 예상되는 재무제표(추정 대차대조표, 추정 손익계산서 등)를 제시해야 한다. 그리고 예상되는 현금 흐름도를 제시해야 한다. 현금 흐름도는 매우 중요한 자료다. 서류상의 흑자회사가 부도나는 경우는 현금관리를 잘 못했기 때문이다. 향후 수입에 대한 전망도 필요하다.

그리고 조달된 자금을 어떻게 사용할 것인지에 대한 소요자금 명세 및 용도와 차입금 상환계획을 제시해야 한다. 투자자들이 자금을 회수하는 방안은 크게 세 가지로 나눌 수 있는데, 첫째, 주식시장에 상장 둘째, 상장 전 주식을 파는 방안으로 회사를 다른 사람에게 파는 방법도 이에 포함되며, 셋째, 기존의 상장회사에 합병시키는 방법이다. 이 중 어떤 방법을 통해 어느 시점에 투자자가 돈을 회수할 수 있도록 해주겠다는 방안이 제시되어야 한다.

〈 평가 요소 〉

1. 자금규모
2. 투자 수익성 (ROI : Return On Investment)
3. 경제적 타당성의 정도
4. 미래 경영 상태 예측
5. 경영환경 변화에 따른 재무적 성과의 변동정도 (BEP, S/A, R/A등)

8) 미처 삽입하지 못한 자료, 시제품의 사진, 신문 스크랩 등 첨부

앞에서 사업계획서 작성의 흐름상 미처 삽입하지 못했던 자료, 시제품의 사진, 신문 스크랩 등이 있다면 이 부분에서 첨부한다. 대표자 및 임원 이력서, 기술진 이력서, 최근 3년간 결산 서류, 담보 제공시 담보물 감정서, 도시계획 확인원, 등기부 등본, 보증 관련 서류, 사업자 등록증 사본, 정관, 법인 등기부 등본, 제품 카탈로그, 기타 필요하다고 인정되는 서류들도 사업계획서 제출시 첨부한다면 여러분의 사업계획서를 이해하는데 큰 도움이 될 것이다.

3 시장형 창업 사업계획서 작성의 예

1) 창업자의 현황

성 명	홍 길 동	주민등록번호	123456-1234567
주 소	서울시 종로구 종로3동 113-4	전 화 번 호	02-876-1234/5
새로운 분야에 대한 도전성이 강하고 지구력 및 끈기가 있으며 목표달성에 내린 결단력이 있는 등 기업가적 자질이 있음. 또한 창업관련 분야에 대한 학문과 지식을 겸비하고 경험이 풍부하나 인적 네트워크가 부족한 편이며, 경영자로서 분석능력이 뛰어나고 업무전반에 대한 관리통제 능력이 우수함.			
〈 종 합 〉			

2) 사업내용

가족문화형성과 핵가족 단위의 외식화 경향에 따라 약 10,000~20,000원 정도 수준의 인도요리를 제공한다.

3) 시장성 분석

93년 이후로 붐을 이룬 외국계 레스토랑이 국내에 앞다퉈서 상륙하면서 국내업계에 많은 자극을 주고 외식업계의 운영판도에 일대변혁을 일으켰다. 그러나 기업형으로 운영되는 특별한 식당으로 취급받다 보니 매출자료 등이 100% 노출되고 '신토불이'를 외치는 무리들의 외국 브랜드에 대한 다각적인 경계의 눈초리와 언론, 방송사의 의도적인 편파보도 및 한국 특유의 냄비식 접근법과 현금장사에 매력을 느낀 경험이 전혀 없는 업체의 무차별 개입 등으로 경쟁이 치열해질 전망이다.

한편, 국내 인도요리 전문점으로는 "타지마 할"과 "아쇼카" 등 일부호텔에서 운영하고 있고 대중화되지는 못한 상태이다. 그러나 개성의 다양화와 핵가족 문화의 욕구 다양화 등으로 향후 성장할 가능성이 높은 아이템으로 분석되고 있다.

< 시장규모와 성장성 >

아 이 템 명	시 장 규 모			평균 성장률	종 합 판 정
	98	99	평균		
외식산업	23	20	21.5	-	성장기
인도요리 전문점					도입기

4) 상권분석

(1) 유동인구분석

유동인구분석에 의하면 오후 6시경부터 통행량이 증가하기 시작하여 밤늦게까지 이어지는 지역적 특성을 보이는 휴게소·휴양지형 상권이다. 이러한 지역은 상품구매를 위한 통행인구 보다는 주점이나 커피전문점 등 놀이·유흥적 경향이 강한 통행인구가 많다는 특성을 가지고 있다.

시 간		유 동 인 구		구 성
		평 일	주 말	
오전	7 ~ 8	500	700	
	8 ~ 9	500	700	
	9 ~ 10	500	1000	
	10 ~ 11	500	1000	
	11 ~ 12	1000	1500	
오후	12 ~ 1	1500	2000	※가족, 연인 등으로 구성된 고객이 많음 • 평일에는 10~30대 정도의 연인이 많이 찾으나 주말에는 연인, 가족 단위의 고객이 주종을 이루고 있음
	1 ~ 2	500	1000	
	2 ~ 3	500	1000	
	3 ~ 4	1000	1500	
	4 ~ 5	1000	1500	
	5 ~ 6	1500	1500	
	6 ~ 7	2000	2000	
	8 ~ 9	3000	3500	
	9 ~ 10	3500	5000	
	10 ~ 11	3000	4000	
	11 ~ 12	2500	3500	
합 계		23,000	31,400	

(2) 상권유형분석

레스토랑 등 대중음식점 관련 업종의 입지로서 적합한 것으로 분석되고 있다. 구체적으로 보면, 귀하의 사업예정지는 가족·연인 중심의 유동인구가 많은 것으로 나타나 가족중심의 문화를 형성할 수 있는 서비스 업종의 선택이 적합한 곳으로 평가된다.

5) 경쟁업체분석

(1) 경쟁업체의 수

현재 국내에서 운영하고 있는 인도 전문 요리점은 "타지마 할", "아쇼카" 등 2개 정도에 불과하다. 특히, 이들은 모두 이태원에 위치하고 있으며 아쇼카는 해밀턴 호텔 3층에 있다.

(2) 경쟁업체에 대한 고객 만족도

"타지마 할"에서는 인도인 요리사들이 직접 요리하는 것이 특징이며, 가격대는 6,000~20,000원대 사이이이다. 특히, 전통 탄두리 오븐에서 구운 치킨(1만 4천원)과 채식가를 위한 야채카레(6천원)가 인기를 누리고 있다. "아쇼카"에서는 평일 한 가지씩 입맛대로 주문하는 일품요리를 하지만, 주말과 휴일에는 뷔페가 유명하다. 인도정통 요리들을 다양하게 맛볼 수 있다. 가격대는 10,000~20,000원 수준이다.

6) 시설·설비분석

품 명	규 격	수 량
냉 장 고	대	2
의자, 탁자	4인·1조	20
정 수 기	식당용	1
가스렌지	4대	4
배 식 대	Stainless	1
스텐발트	21/2	2
	41/2	15
싱 크 대	2구	1
자주 프라이팬	대	1
	중	1
	소	2
수 저	숟가락	100
	젓가락	100
위 생 저	20/30	3
양 념 통	1M/50Cm	5
도 마	40/70Cm	4
사각 프라이팬	일반용	2
밀폐용기	5호	10
	1호	10
앞 치 마		3

7) 수익성분석

(1) 소요자금추정

(단위 : 천원)

구 분			금 액
고 정 자 금	임차보증금		
	권 리 금		
	전화가입권		
	내외부장식, 설비비품		
	소 계		
운 전 자 금	판매비	급 료(주방장과 서비스요원)/월	
		기 타	
	임차료/월		
	통신비와 사무용품비/월		
	전기·수도요금/월		
	현금·예비비		
	소 계		
총 계			

※ 급료에는 종업원 급여를 포함하되 창업자 자신의 것은 제외함.

(2) 추정손익계산서 작성

(단위 : 원)

과 목	추 정 식	금 액
(가)추정 매출액	1일 평균 통행인구×25일 [내점객수(1일평균 통행인구의 %) ×객단가]	20,400,000
(나)매출원가	(가) -(가) ×0.3	6,120,000
(다)매출 총이익	(가) -(나)	14,280,000
(라)판매비·일반관리비	·인건비 ·수도광열비 ·지급임차료·기타여비·교통비	10,900,000
(마)영업이익	(다) -(라)	3,480,000
(바)영업외 수익	현금과 예금 등 사업예비비의 이자	0
(사)영업외 비용	지급이자 : 차입금의 이자는 연리 10%로 계산함	167,000
(아)세전 순이익	(마) + (바) -(사)	3,213,000

CHAPTER 7

창업기업의 형태와 행정 절차 창업

1. 창업의 형태
2. 창업 절차와 행정에 관한 내용
3. 기술형 창업
4. 시장형 창업

1 창업의 형태

1) 아이디어 원천별

- 기술기반 창업: 사업 아이디어가 전문적 기술과 노하우를 바탕으로 이루어지는 것으로 벤처창업이 대표적이다. 제조업(또는 서비스업)에서 주로 발생하며, 창업자 의사에 의해 독립적인 창업이 주를 이룬다.
- 시장기반 창업: 시장 및 사회변화에 맞추어 시장의 수요에 기반 하여 창업한 것으로 프랜차이즈(체인 가맹점), SOHO(Small Office Home Office), 소점포 창업이 해당한다. 서비스업이나 유통업에서 주로 발생한다.

2) 혁신성 기준별

- 혁신창업: 기존사업과 기술, 경영, 제품 등의 불연속적 혁신에서 사업화가 이루어진다.
- 모방창업: 기존기업과 거의 같거나 매우 유사한 형태의 사업화를 말한다.

3) 자원 기준별

- 독자 창업 : 중소기업의 대부분은 독자창업으로 이루어지고 있으며 신속 정확하게 경영이 이루어지는 장점이 있는데 비해 경영자의 능력에 따라 기업의 성패가 좌우되는 단점이 있다. 독자창업이다 보니 경영자의 독선에 빠지기 쉽고 아이템이나 자금조달이 어려운 경우가 많다. 성공에 대한 보답은 크나 정보화 사회에 있어서 위험 역시 크다고 하겠다.

- 합자 창업 : 우리나라에서는 동업해서 성공하는 경우가 많지 않다[13]고 하는데 그것은 자금조달 시 유리하다는 점 이외에 독자창업의 단점이라 할 수 있는 독선적 경영에 대한 견제와 새로운 아이템도 이어질 수 있다. 그러나 의사결정이 늦어지거나 갈등이나 불화가 생겨 업무추진이 어려운 경우가 발생할 단점이 있다.

- 벤처 창업 : 형식적인 면에서는 합자 창업과 비슷하지만 벤처 창업은 창업가와 모험자본가라는 특수한 구성원끼리의 창업이라 하겠다. 말대로 '고위험 고수익'의 형식의 창업이므로 금리부담을 줄일 수 있고 운영자금조달이 용이하나 인간적인 타협이 불가능하다는 단점도 있으나 기술과 아이템만 있으면 회사를 차릴 수 있다.

2 창업 절차와 행정에 관한 내용

창업은 법률적으로 제시되어야 할 내용과 조건을 적법한 과정상의 등록 절차를 거침으로써 비로소 이루어진다. 지금부터는 서류와의 전쟁을 통해 법적으로 움직여야 하므로 모든 기업이 철저한 사전준비 기간을 두고 여러 가지 방법으로 시장조사를 하여 성공을 확신하는 경우 창업에 필요한 절차를 밟아야 한다.[14]

1) 창업계획

사업계획을 수립하기 위해서 우선적으로 선결되어야 할 사항은 업종 및 아이템의 선정이다. 그러나 이러한 업종의 선정은 창업자 스스로가

---

13) 동업기업의 실패원인은 동업자간 상호불신과 적당주의의 만연과 회계처리의 소홀이 지적될 수 있다. 그러나 동업해서 성공하는 경우도 많은데 이런 경우에는 합리적인 회계처리 방식과 완벽한 경영방식 등이 그 요소라고 하겠다.

14) 이종기, 시민벤처 이론과 경영커리큘럼, 삶과꿈, 2000년, pp. 78~81.

친숙하고, 기술적인 면에서는 충분히 이해할 수 있는 능력의 범위 안에서 고려해야 할 것이며, 업종이나 아이템이 성숙기나 쇠퇴기에 해당하지 않아 성장 잠재력의 확보가 가능해야 하며, 아이템이 제품화되었을 경우에 강한 경쟁력을 가지고 있어야 한다. 또한 시장의 흐름을 조사하여 소비자의 수요가 충분히 예상되는 분야를 선택하여야 하고, 창업자 스스로가 조달 가능한 자금의 규모도 충분히 숙지하고 있어야 하며, 필요한 자본금의 조달 방법에 대해서도 대책이 수립되어 있어야만 한다.

이와 같은 검증이 이루어진 후에는 여러 가지의 기법을 동원하여 사업의 타당성 분석을 통해 사업계획을 수립하면 된다. 타당성 분석은 객관적인 방법을 통해서 사업의 경제적인 효율성을 분석하는 것으로써 창업자의 의사결정에 상당한 영향력을 행사하는 근거가 되는 것이다.

2) 회사설립

일반적으로 개인사업자와 법인사업자 중의 하나를 선택하여 회사를 설립한다. 개인사업자 등록은 업종이나 규모에 관계없이 최초 영업개시일 20일 이내에 사업장 소재 관할 세무서에 등록신청을 하여야 한다. 만일 20일이 초과되어 등록을 하게 되는 경우에는 1%의 가산세가 부과된다. 등록 시 필요한 서류는 업종의 인.허가 필요 여부에 따라 다르다. 만일 인.허가가 필요한 업종일 경우에는 사업계획서, 시설명세서 등의 필요한 서류를 갖추고 해당 관청에 가서 인.허가 신청서를 작성하여 제출하면 된다.[15] 법인사업자 등록은 주식회사 기준으로 설명하기로 한다. 우선 주식회사를 만들어 사업을 하려면 법인설립등기를 마쳐야 한다. 주식회사의 법인 설립은 다음과 같은 순서에 의해 이루어진다.

우선 3명 이상의 발기인(과거에는 7인)이 정관을 작성, 주식을 발행하여 발행된 주식을 인수한 뒤 창립총회를 개최한다. 발기인은 1주 이상의 주식을 인수하고 정관에 기명날인한다.[16] 자본금은 5천만원이상이

15) 인·허가를 받게 되면 사업 인·허가증 사본, 주민등록등본, 임대차계약서(사업장을 임대하였을 경우) 사본을 가지고 관할 세무서에 가서 사업자등록신청서를 작성하여 제출하면 된다. 해당 세무서에서는 신청서류 검토 후 실사조사를 실시하여 하자의 발생이 없을 경우 7일 이내에 사업자등록증을 발급한다.

되어야 하고, 창립총회가 끝나면 14일 이내에 대표이사를 포함한 이사 3명과 감사 1명의 공동영업장이 있는 관할 지방법원 혹은 등기소에 설립등기를 신청한다. 이때 필요한 서류는 신청서, 정관, 주식청약서, 주식인수증빙서류, 창립총회의 사록 등이다.

이렇게 법인설립등기를 마치면 신고서와 법인등기부등본, 정관, 개시대차대조표, 주주 및 출자자 명부 등을 첨부하여 관할 세무서에 법인설립신고를 하면 된다.

3) 행정절차의 완료

행정절차는 부동산 등기, 취업규칙신고, 사업장 설치 계획신고, 산업재해보험 관계 성립, 의료보험조합 관련 신고 등이며, 이러한 절차가 완료되면 기업은 영업을 개시할 수 있게 된다.

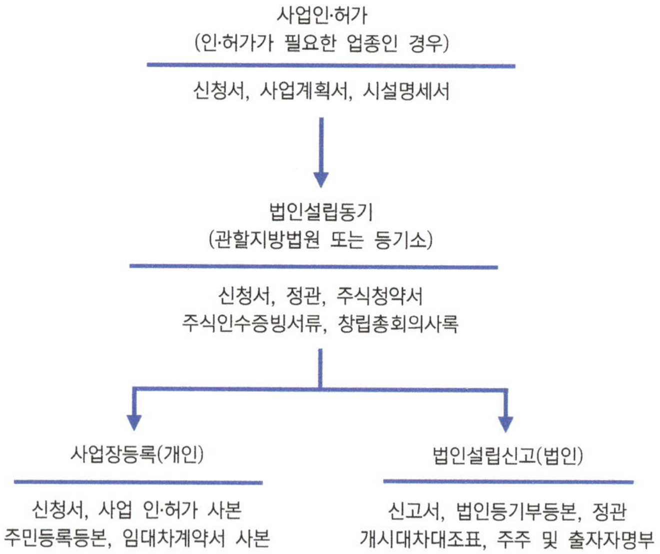

< 개인 또는 법인설립의 인·허가 절차 >

16) 정관은 절대적, 상대적, 임의적 기재사항으로 나뉘어져 있는데 법무사의 도움을 받으면 쉽게 작성할 수 있다. 이렇게 작성된 정관에 3명 이상의 발기인이 기명 날인 후 공증을 받으면 정관으로서의 효력을 발휘하게 된다.

3 기술형 창업

1) 기술창업의 절차

기술창업자가 창업에 실패하거나 창업기간의 장기화로 많은 창업비용이 소요되는 것은 창업을 함에 있어 준비절차를 체계화하지 않고 사업화 검증절차 없이 창업하기 때문이다[17].

기술창업의 기본 절차는 사업아이템을 결정하고 객관적 검증을 통해 실현가능한 계획을 수립하여 창업을 실현하는 과정으로 설명할 수 있다.

창업구상단계

1-1 창업자 분석
- 강점 약점 분석
- 투자능력 확인
- 사업수행능력 평가

1-2 사업 아이템 탐색
- 기존제품 탐색
- 신제품 탐색
- 욕구탐색

1-3 특허검색 및 특허노트
- 특허검색
- 법적 문제점 검토
- 특허출원

1-4 소비자 및 시장검토
- 소비자 특성
- 목표시장
- 미래시장

창업계획단계

2-1 사업아이템 선정
- 아이템 정보수집
- 3~5개 아이템 선정
- 사업아이템 선정

2-2 사업타당성 분석
- 기초자료조사
- 사업수행능력
- 시장성
- 기술성
- 수익성 및 경제성
- 자금수지 및 성장성
- 사업 의사결정

2-3 사업계획서 작성
- 사업목적 및 방향 설정
- 조직 및 인력계획
- 제품 및 생산계획
- 마케팅전략
- 자금조달 및 운용계획
- 추정재무제표 작성

사업실행단계

3-1 회사설립
- 법인설립
- 사업 인·허가
- 사업자등록

3-2 공장설립
- 입지선정
- 공장설립승인
- 공장건축 및 제조시설 설치
- 공장등록

3-3 조직 및 인력확보
- 조직구성
- 직원채용
- 직원교육

3-4 경영관리
- 경영시스템구축
- 재무관리
- 생산 및 기술관리
- 마케팅관리
- 인사관리

< 기술창업 기본 절차도 >

출처 : 중소기업청(2009), 주요 업종별 기술창업 가이드

17) 이하 중소기업청(2009), 주요 업종별 기술창업 가이드

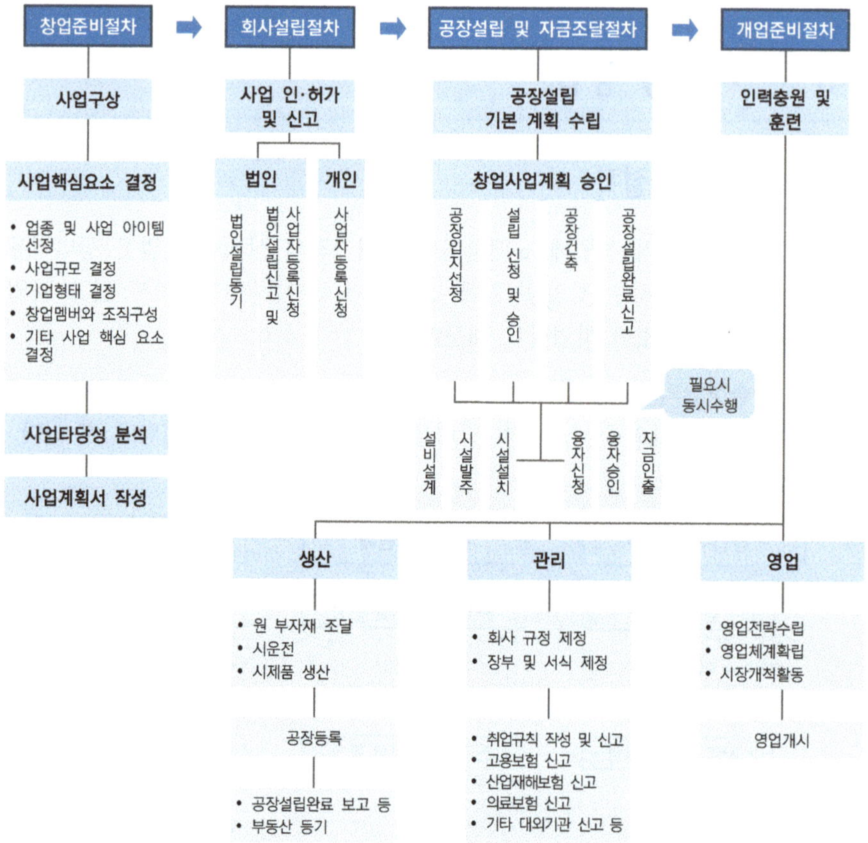

< 제조업 창업 절차도 >

2) 창업의 핵심요소

(1) 사람

기업가정신은 창업자, 동업자, 창업팀원 등의 창업활동을 포괄한다. 창업자는 사업을 계획하고 실행을 주도하며, 실질적으로 책임을 지는 사람으로서 창업자의 능력에 따라 창업기업의 성공과 실패가 좌우될 수 있다. 동업자는 창업자와 함께 금전, 현물 또는 기술을 투자하여 사업부문별 역할을 수행하고 그 과실을 분배하여 얻는 자로서 창업자 다음으로 중요한 구성원이다. 창업팀원은 창업자와 함께 창업사업의 성공을 위해 참여하는 사람으로서 창업자를 도와서 업무를 수행한다.

(2) 창업아이디어(기술, 제품, 서비스)

무슨 사업을 할 것인지에 대한 내용으로 구체적으로는 어떤 제품이나 비스를 생산하여 시장에 팔 것인지를 결정하는 것을 말한다. 첫째, 우수한 기술이나 사업아이디어로서 우수한 제품이나 서비스로 생산되어질 수 있어야 한다 둘째, 우수한 제품이나 서비스로서 가격이나 품질 면에서 경쟁력을 갖고 있어야 한다. 셋째, 소비자가 기대하는 것 이상의 가치를 제공할 수 있어야 한다.

(3) 시장

아무리 좋은 제품이나 서비스가 공급되어질 지라도 대가를 지급하고 구입하려는 자가 없을 경우에는 제품이나 서비스의 공급이 중단될 수 밖에 없다. 따라서 대상제품이나 서비스를 구매하려는 고객이 있어야 한다. 많은 경우 기술의 우수성만을 믿고 제품을 개발한 후 시장을 개척하려는 경향이 있는데 시장의 가능성을 보고 제품이나 서비스를 개발하는 것이 성공 가능성이 더 높다.

① 창업자가 제공하는 제품이나 서비스에 대하여 대가를 지급하고 구입하려는 고객 집단

② 고객은 제품이나 서비스의 가격을 결정하며 수요를 간접적으로 조절

③ 창업자가 제공하는 제품이나 서비스의 가격 및 품질은 고객이 느끼는 가치수준에 맞아야 함

④ 기존의 사업자와 경쟁을 하여 하는 시장이 존재할 수 있고 새로운 제품이나 아이디어를 통하여 새로운 시장을 개척할 수 있음

⑤ 기존시장이나 새로운 시장에 제품이나 서비스를 판매하기 위해서는 고객의 욕구를 정확히 파악하고 그에 맞는 제품이나 서비스를 개발하고 필요한 시기에 적절한 가격으로 제공할 수 있어야 함

(4) 자본

계획사업의 수행에 필요한 자금을 말한다. 사업을 수행하고자 하는 사람과 좋은 아이디어, 그리고 시장이 존재한다고 해서 사업 수행에 필요한 자금이 없다면 사업을 수행할 수 없다. 자본은 자기자본과 타인자본으로 구분한다.

자기자본은 조달된 자본으로서 상환의무가 없는 자본이며, 여기에는 개인기업의 경우와 법인기업의 경우 성격을 달리한다. 개인기업 경우 창업사업의 수행에 필요한 자금은 개인 사업주가 투자하게 된다. 여러 명의 사업주가 공동으로 사업을 영위할 경우에는 공동사업을 영위하는 사업주 모두가 자금을 부담한다. 법인기업의 경우 주주 또는 출자자들이 기업에 투자하게 되는 금액을 말하며 법인기업의 투자자는 개인, 법인(벤처캐피탈 포함) 모두가 될 수 있다.

한편 타인자본은 창업자 또는 창업기업의 주주나 출자자가 기업에 투자하는 자본 이외에 사업의 수행에 필요한 자금을 타인으로부터 조달하게 되는 금액을 말하며 친인척, 지인, 금융기관으로부터 차입하게 되는 자금 등을 말하며 상환의무가 있는 자본이다.

4 시장형 창업

1) 창업준비 체크리스트

창업준비의 Check Point를 도시하면 우선 자신을 중심으로 활용 가능한 자원을 확인하고, 아이템을 선정한 후 구체화하여 사업계획서를 작성한다.

< 창업준비의 Check Point >

step Ⅰ. 창업시 전제조건?
(자신, 가족협력, 지인의 협력, 활용자산)

↓

step Ⅱ. 창업 Item?
(경험, 지식, 자격, 특허, 틈새item, 자산, 인허가)

↓

step Ⅲ. 창업할 장소?
(입지선정지식, 업종 및 영업상태에 따른 입지선정)

↓

step Ⅳ. 영업 방침?
(판매처, 취급상품, 판매방법, 구입처 선정)

↓

step Ⅴ. 사업계획 수립?
(투자계획, 손익계획, 손익계산서 작성, 목표매상고와 비교검토, 월차계획 작성)

↓

step Ⅵ. 사업계획서 작성?
(사업계획서 정리·작성)

↓

step Ⅶ. 창업자본금 상환계획?
(자본 계획, 자금 차입처 선택, 유의점)

↓

step Ⅷ. 사업개시 준비?
(사업형태의 선택, 창업에 필요한 신고, 종업원확보)

↓

step Ⅸ. 창업 첫날 준비?
(개업안내, 개업기념개최 기획, 오프닝 세레모니)

자료: 중소기업청(2001), 소상공인 창업가이드.

2) 시장형 사업의 창업

인허가 업종들은 특히 시장형 사업을 구분하면 다음과 같다.

< 시장형 창업의 업종 구분 >

구분	업 종
허 가	식품제조·가공업, 의약품제조업, 화장품제조업, 먹는 샘물제조업, 의료용구 및 위생용품제조업, 고압가스판매업, 용역경비업, 소방용기계기구 제조업, 숙박업, 식품접객업, 음식점업, 유기장업, 유료노인 복지시설, 유료직업소개소업, 석유판매업(주유소), 의약품도매업, 전당포업, 폐기물처리업, 중고자동차매매업, 인터넷.컴퓨터게임방 등
신 고	장난감제조업, 세척제제조업, 건설기계 매매업, 무역업, 무역대리업, 먹는샘물, 수처리제 및 용기수입업, 기술관련서비스업, 결혼상담업, 교습소, 노래연습장, 동물병원, 만화대여업, 목욕장업, 세탁업, 옥외광고업, 위생관리용역업, 이·미용업, 장례식장업, 체육시설업, 혼인예식장업등
등 록	부동산중개업, 비디오감상실, 안경업소, 약국, 자동차 운전알선업, 음반판매업, 창고업, 전기용품제조업, 공해방지시설업, 승강기 및 부품제조업, 출판인쇄업, 계량기수리제작업, 농약제조판매업, 다단계판매, 외국간행물수입업, 여행업, 전문서비스업, 학원등

주 : 기타 위 업종 외의 의류, 신발, 악세사리, 문구, 완구 및 양곡등 일반도·소매업종은 사업자 등록 만으로 창업이 가능함.

자료 : 중소기업청, 소상공인 창업가이드.

시장지향형 창업절차의 공통적인 절차를 설명하면,

① 제 1단계: 업종선정 및 사업계획 수립

창업의 첫 번째 단계는 창업하고자 하는 업종을 선정하는 일이고, 업종이 선택되면 업종의 성공가능성을 사업성 분석을 통하여 살펴보고 나서 사업계획을 수립한다. 업종선정단계에서 경쟁우위 제품여부, 고정설비투자 규모의 크기 여부, 기술적 발전가능성 및 시장의 수요확대 가능성, 자금조달 가능성, 시장의 수용변화 및 관련분야로의 사업 연계성 등을 고려한다.

② 제 2단계: 사업의 인·허가 및 회사설립

사업의 인.허가 여부를 파악한 후 해당관청에서 법적인 인.허가를 취득해야 한다. 즉 인.허가 관련 제도에 따라 창업자는 개인 기업 또는 법인기업 형태 등으로 사업주체를 결정하여 사업자 등록증이나 법인 설립 등기를 하여야 한다.

개인기업은 사업개시 일로부터 20일 이내에 사업장을 관할하는 세무서에 사업자등록 신청서를 제출하고 사업자 등록증을 교부 받아야 하고, 법인기업은 관할 지방법원이나 등기소에 설립등기를 한 후 30일 이내에 관할 세무서에 법인설립신고를 하여야 한다.

< 도·소매업의 창업절차 >

자료: 중소기업청, 소상공인 창업가이드.

< 서비스업의 창업절차 >

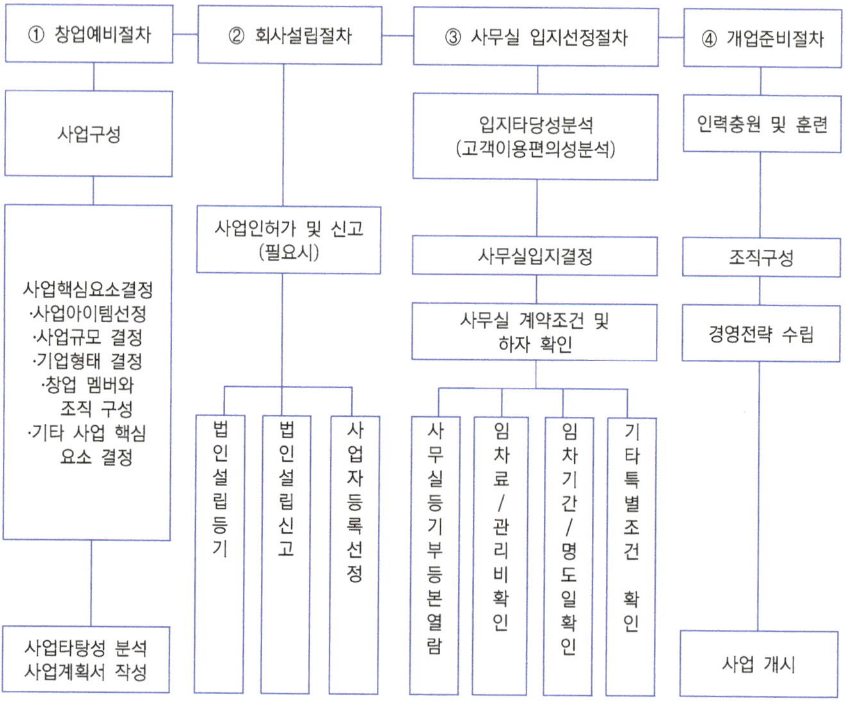

자료: 중소기업청, 소상공인 창업가이드.

CHAPTER 8

상권 · 입지분석

1. 상권 분석
2. 입지 분석
3. 수지 분석

1 상권 분석

1) 상권의 분석요소

상권[18]이 좋으냐 나쁘냐 하는 것은 상권을 구성하는 요소별로 판매량 증대에 어떠한 영향을 미쳤느냐를 평가하는 말이다. 분석단계는 다음과 같다.

<상권분석 단계 >

상권도 작성	→	• 입지 예정장소를 중심으로 1차(반경 약500m), 2차(반경 약1,000m), 3차(그이상)지역으로 구분, 동근원 형태의 상권도를 작성한다. 1차 지역의 매출이 2/3이상 되는지 확인 필요
⬇		
주요건물 및 공공시설 파악	→	• 상권도내에 인구를 유인하는 특별한 시설이 있는지 구체적으로 파악한다
⬇		
인구동태적 분석	→	• 양적인 요인들로 인구, 세대수, 통해인구 정도 등을 파악한다
⬇		
주민의 소득 및 소비성향 추정	→	• 주택 평수를 기준으로 하여 소득을 추정한 수, 실제 구매실태를 조사하여 소비특성과 수준을 조사한다
⬇		
주변 상권지역의 주요기능	→	• 이는 해당 대상 지역의 특성이 번화가이냐 주택가이냐 등을 파악하는 것으로 이에 조화를 이루는 업종을 선정해야 한다
⬇		
주변 상권지역의 부수기능	→	• 주기능 이외에 유흥가, 상가, 식당가 등 어떤 기능이 부가되어 있느냐를 파악한다
⬇		
지역 통행량 조사	→	• 입지주변의 교통체계를 분석한 후, 요일별 시간대별 통행량 조사를 실시한다
⬇		
예상매출액	→	• 일일 구매자를 예층하여 예상 매출을 나름대로 추정한 후 손익을 계산하여 본다
⬇		
지역의 변화가능성 분석	→	• 각종 개발계획을 검토하여 해당 구역의 변화를 살핀다
⬇		
사업타당성 검토	→	• 사업타당성 분석기준에 의한 분석 실시

18) 상권이란 잠재고객이 어느 지역범위에 거주 또는 분포되어 있느냐 하는 개념으로 유동적인 반면, 입지는 사업장의 위치선정(Location)의 문제로서 사업장이 위치한 곳이 사업을 영위함에 있어 어떤 여건에 있느냐 하는 것을 의미한다. 입지는 한번 정해지면 일정 기간동안 고정되는 성격이 있기 때문에 신중을 기해야 한다. 입지 선정이란 실제 영업장소를 선정하는 행위를 말한다.

상권은 한편 일정한 지역적 범위를 뜻하는 지역 공간적 특성을 가지고 있기 때문에 상권의 크기뿐만 아니라, 특정 지역이 갖는 공간적 특성부터 분석해야 한다. 시장의 지역적 거점으로서 점(点)적인 성격, 즉 점포의 위치에 대한 평가, 상권지역은 연쇄적인 상호 의존관계를 형성하고 있는 선(線)적인 특성, 영업 흡인력이 미치는 범위로서 면(面)적인 특성에 관한 것이다.

< 상권분석 요소 >

구분		내용
상권의 지역특성	상권분류상 특성	• 상권의 공간적 특성(점·면·공간) • 상권 경계상 상권구조(지역·지구·개별입지) • 지역 도시 특성상 상권분류(주거·상업·공업지역 등) • 도시 구조상 구분(도심·부도심 등) • 도시내 상권지구 구분상 특성(번화가, 역세권, 학교주변권 등)
	현재 시장성 (수요크기)과 성장 가능성	• 인구, 연령, 직업, 가구수, 가족, 구성원수 • 소득 및 소비 수준, 주거 유형, 도시계획 등
	경제, 행정, 교통여건 등	• 산업구조, 문화, 공공시설 유무, 도로 및 교통체계와 교통량, 통행인구 등
	기 타 요 인	• 자연조건, 지형·지세 등
상권내 고객특성		• 유동성 정도(차량 소유 정도) • 상권지역내 상주인구와 직장인구, 유동인구의 비중과 구매패턴 비교 • 잠재고객의 구매성향·해당상품에 대한 호응도
상권의 경쟁구조		• 상권 범위·경계상 경쟁구조 • 업태별·업태내 경쟁 구조? 경쟁·보완관계 분석 • 대형점 또는 경쟁 도·소매점 분포 현황 및 활동현황

2) 좋은 상권과 상권 구분

좋은 상권이란 소비자의 높은 구매력이 존재하거나 또는 예상되는 판매 대상지역을 말한다. 이는 상권 특성을 구성하는 요소들에 비추어 볼 때 다른 지역보다 우수한 판매조건을 가지는 지역을 의미하며 구체적인 입지 선정에 앞서 알아야 할 사항이다. 좋은 상권을 선정한 후 구체적으로 점포의 입지를 결정하는 것이 순서이므로 상권에 대한 분석은 매우 중요한 과정이다.

또한, 좋은 상권이란 수요 면에서 충분한 수요(잠재고객)가 있고 공급 면에서는 경쟁점포가 적은 지역을 말한다. 즉, 수요적인 측면에서는 다음 요건을 충족하는 지역을 의미한다.

- 양적으로 상권 내에 소비인구가 많고 장래에도 잠재 고객의 증가가 예상되는 지역.
- 소득 및 소비의 질적 수준이 높고 구매력이 왕성한 지역.
- 다수의 소비자를 유인할 수 있는 시설이 주변에 있고 교통체계가 발달되어 사람이 모이는 곳.
- 기타 개별 점포의 내부적 매력(내부 인테리어, 가격 차별화 등)에 의한 고객 유인효과 또는 광고활동 효과가 잘 나타날 수 있는 지역 등

이러한 상권의 일반적 구분은 다음과 같다.

< 상권 구분 방법 >

상권구분 기준	상권구분 내용
계층적 구분	• 지역상권 : 한 도시 전체 지역 • 지구상권 : 지역상권내 특성별로 구분되는 일정 범위 지역 • 입지상권 : 점포가 입지한 주변지역
지리적 구분	• 1차 상권 : 반경 500 m이내 or 교통거리 30분 내(매출의 ⅔차지) • 2차 상권 : 반경 1 km이내 또는 교통거리 1시간내 • 3차 상권 : 상기 이외의 지역
매출액에 의한 구분	• 1차 상권 : 전체 매출액의 60~65%를 점하는 고객의 거주 지역 • 2차 상권 : 전체 매출액의 30%를 점하는 고객의 거주 지역 • 3차 상권 : 상기 이외의 지역
도시계획 관련 구분	• 계획적 구매상권 : 광역형(대생활권), 중역형(중생활권), 근린형(소생활권) • 비계획적 구매상권 : 중앙영업지구, 부영업지구, 근린영업지구, 도로변 상점가
지구 특성별 구분	• 번화가 및 패션가형·주택가 및 아파트 밀집형 • 노변형·역세권형·쇼핑타운형 • 교외형·오피스가형·학교 주변형 • 휴게소 및 휴양지형·특수형(열차 내 등)

3) 상권별 창업후보 업종의 적합성 구분

다음 표는 여러 가지 특성을 가진 지구별 상권을 구분하여 각 지구별 상권의 특성을 업종과 연계하여 정리한 것이다

< 상권의 특성과 업종 연계 >

상권특성 / 업종관련		업 태	a형	b형	c형	d형	e형	f형	g형	h형
A. 식음료업		곡물·과일·야채, 제과·제빵, 주류·음료 등 식품관련 업종	●	◉	○	○	○	○	○	○
B. 음식·외식업		레스토랑, 대중 음식업 관련 업종	○	◉	●	●	◉	●	○	●
C. 주택설비·수리		도배·장판, 샤시, 유리 관련 업종	●	◉	○	○	○	○	○	○
D. 가구·침구		홈패션류, 가구·침대, 응접세트 관련 업종	◉	○	◉	○	●	○	○	○
E. 가전제품		TV·냉장고·세탁기 등 가전제품 관련 업종	○	◉	●	○	●	○	○	○
F. 의류 관련	F1. 외의류	신사·숙녀 정장, 아동복, 패션의류 관련 업종	○	○	●	○	●	○	○	○
	F2. 내의류	속옷·장갑·넥타이·양말 관련 업종	●	○	○	○	◉	○	○	○
G. 잡화·소모품		전기·청소용품, 세제 관련 업종	●	○	○	○	○	○	○	○
H. 문구·도서		문구·완구, 참고서·잡지 등 일반서적, 팬시용품 관련 업종	◉	◉	○	○	○	○	●	○
I. 교양·오락		카메라·피아노, 음반, 등산용품 등 전문 취미용품	○	○	●	○	○	◉	○	○
J. 안경·장신구		시계·가방·핸드백, 악세사리, 귀금속, 취미 관련 업종	○	○	●	○	◉	○	○	○
K. 아동학습		교육용 학습지, 영·유아학원 등 학원 관련 업종	●	○	○	○	○	○	◉	○
L. 기술·기능학원		학생·성인기술학원, 어학학원, 성인 관련 업종	○	○	○	●	○	●	◉	○
M. 기타서비스업		M1. 세탁·수선업	●	○	○	○	○	○	○	○
		M2. 패스트푸드 간이 음식업 관련 업종	○	○	○	●	○	◉	●	○
		M3. 화원·인테리어 관련 업종	◉	○	○	○	○	○	○	○
		M4. 편의점	○	○	●	◉	○	◉	○	○
		M5. 숙박업(Room Rental관련) 관련 업종	○	○	○	●	○	○	○	○
		M6. 즉석사진관·Photo Shop	○	○	●	●	○	◉	◉	○
		M7. 주점·커피전문점	○	○	●	◉	○	○	○	○

※ ● 최적입지 ◉ 중간입지 ○ 부적합한 입지를 의미

a형 : 주택가 및 Apt.밀집형　　b형 : 노변형
c형 : 번화가형　　d형 : 역세권형
e형 : 쇼핑타운형　　f 형 : 오피스형
g형 : 학교 주변형　　h형 : 휴게소·휴양지형

2 입지 분석

1) 업종의 입지특성

어떤 업종은 옹기종기 모여 있어야 장사가 잘되고, 어떤 업종은 주거지에서, 또 어떤 업종은 특정기관 주변, 어떤 업종은 소비자와 밀착되어 있을 때 장사가 잘되는 특징을 가지고 있다.

- 전문군집형 입지 업종 : 공구상가, 의류상가, 먹자골목 등과 같이 성격이 비슷한 업종의 여러 점포가 군을 이룰 때 장사가 잘되는 업종을 말한다.
- 복합군집형 입지 업종 : 상이한 성격의 여러 업종의 점포가 복합적으로 운집해 있는 도심상권을 말한다.
- 업무보완형 입지 업종 : 세무서와 세무사 사무실, 법원과 법무사 또는 변호사 사무실, 인쇄소와 카피라이터 및 광고사, 자동차 등록소와 등록대행업소, 복사집, 도장집 등과 같이 업무를 보완하는 업종끼리 함께 군을 이루고 있을 때 장사가 잘되는 업종이다.
- 의존형 입지 업종 : 이란 관공서 주변의 식당가처럼 기관 또는 특정업체의 종사자와 이용자들을 대상으로 영업활동 하는 업종을 말한다.
- 주거지형 입지 업종 : 주택가나 오피스가를 중심으로 한 주거상권에 위치해야 장사가 잘되는 업종으로 상주인구가 주요 판매활동 대상이다.

2) 최적입지의 선정

소자본 점포인 경우 좋은 입지란

① 소비 대상 인구가 많고 장래에도 인구증가가 예상되는 지역

② 소득 및 소비수준이 높은 지역

③ 고객을 유인할 수 있는 시설이 존재하는 곳

④ 편리한 교통체계로 소비자의 근접성이 높은 곳

⑤ 경쟁점포가 없는 곳(전문상가 제외) 등을 들 수 있다.

좋은 입지의 선정에는 먼저 좋은 상권 선정이 전제되어야 한다. 이를 부연 설명하면, **첫째**, 계획하고 있는 업종이 무엇이며 대리점·체인점·할인 판매점·소매점 등 다양한 사업형태 중 어떤 형태로 영업을 할 것인가에 따라 입지를 다르게 선정해야 한다. 예를 들어, 전자제품 대리점은 차량의 접근이 용이한 교차로 부근의 주차시설이 있는 비교적 넓은 면적의 점포가 유망한 입지가 된다. 그리고 체인업종은 도로변이 적합하고, 할인매장은 주차시설이 잘 갖춰져 있다면 상대적으로 후미진 곳도 입지로써 선정할 수 있는 것이다.

둘째, 주거지역 이외의 상업지역은 동종업태가 모여 있는 곳이 좋다. 고객들은 특정 지역을 해당 업종지역으로 인식하기 때문에 한 곳에 점포들이 모여 있으며 잠재고객의 유인효과가 크며 즉 A점포에 없는 상품인 경우 고객에게 어느 점포에 있는가를 안내하거나 또는 실시간에 다른 점포에서 구매하여 제공할 수 있는 등 상호보완성이 강해진다. 상호경쟁관계가 형성되기보다도 상호보완성이 강해지므로 동반자로서 좋은 영업 효과를 볼 수 있다. 그러나 아파트단지 지역에서는 인근에 경쟁점포가 있으면 오히려 불리하며 은행과 같은 점포는 시장 길목에 위치하는 것이 좋고 또 차량통행이 많은 곳보다는 주택가 어귀가 오히려 나은 영업효과를 가져올 수도 있다.

셋째, 사업자의 조건 즉, 투자자금 등을 고려하여 적합한 점포를 구해야 한다. 아무리 좋은 입지가 있다 해도 자기 분수에 넘치면 무리가 될 수밖에 없다.

넷째, 지역과 업종에 따라 다르겠으나 유통업과 외식업 등은 가능한 한 1층, 2층에 사업장 위치를 선정하는 것이 소비자의 접근이 용이하므로 좋은 입지라 할 수 있다.

다섯째, 사업장 위치는 가능한 한 넓은 시야를 확보하는 것이 좋은 바, 이는 시야가 넓은 곳이 잠재고객에 대한 광고효과를 가져오기 때문이다.

< 입지선정 시 고려 사항 >

구 분	검 토 내 용
주관적요소	1) 계획하고 있는 업종 및 업태와의 적합성 2) 사업자 거주지 및 기타 여건 고려 3) 자금조달능력과의 부합 여부 4) 계획하고 있는 점포규모, 업태, 업종, 매장구성, 조직 및 인력구성 5) 계획중인 영업 전략, 판매촉진 활동 등
객관적요소	1) 후보지역의 상권구조상 특성(도심, 부도심 구분, 상권 지구특성등) 2) 후보 지역, 후보 점포의 환경특성에 대한 조사(지리·지형적 조건, 교통조건, 주변 건물특성, 통행인구 특성) 3) 후보 건축물 여건조사(건물용도, 평수·면적, 노후화 정도, 화장실 편의성 등) 4) 인접 점포의 호황·불황업종 여부 확인조사(1일 매출액, 1일 수익 정도 등) 5) 후보지, 점포 건물의 장래성 및 발전성 검토(도시개발계획 등) 6) 주차장 시설, 시각성 확보가능성 검토

따라서 좋은 입지란 높은 수익을 올릴 수 있는 좋은 점포를 의미한다. 시장형 창업의 경우 고객과의 직접적인 대면을 통해 영업이 이루어지는 특성을 가지고 있기 때문에 여러 가지 변수가 있으나, 좋은 입지를 선정하기 위해서는 점포 탐색 과정을 필히 거쳐야 한다. 점포탐색방법(1)은 예비 창업자가 창업업종을 정한 후 적합한 점포를 고르는 형태이며, 점포탐색방법(2)는 좋은 입지라 생각되는 입지를 먼저 분석, 평가한 후, 그 점포가 매물로 나오기를 기다렸다가 확보하는 방법이다.

< 점포 탐색 방법의 장·단점 비교>

점포 탐색방법(1)	점포 탐색방법(2)
선점포 매물 포착 후 입지분석	선입지 분석 후 점포 매물 포착
【장 점】 짧은 시간 내에 점포 확보 가능. 【단 점】 최상의 점포선정에는 한계가 있음.	【장 점】 최적의 점포 확보가 가능 【단 점】 최적 점포 확보까지 많은 시간이 필요함.
• 빠른 시일 내에 사업을 시작해야 하는 사람이 점포를 확보하는 방식	• 사업시작까지 아직 시간적 여유가 있는 사람이 점포를 확보하는 방법

3 수지 분석

상권은 소비자의 위치를 기준으로 했을 경우, 주거상권과 도심상권으로 크게 구분할 수 있다.

- 주거상권 : 주거 또는 업무단지에 형성되는 상권으로 상주인구에 의해 매출규모 결정된다. 도심상권 : 도심의 번화가 등 상업지역에 형성되며 유동인구에 의해 매출규모 결정된다.

1) 주거상권내의 총매출 산출 방법

주거지역 1차 상권(반경 500미터 이내)내에 취급 예정 상품의 잠재소비자가 얼마나 되는지를 파악한 후, 소비자 1인당 일정기간 동안(보통 1개월 단위) 어느 정도의 상품을 소비하는지 추정하여 다음과 같이 계산한다.

※ 주거상권내의 총매출액
= 취급할 상품의 소비자 수 × 소비자 1인당 소비액(원)

[계산항목 산출방법]

1차 상권내 상주인구 가운데 자신이 취급할 상품의 소비층 구성비율을 측정하여 취급상품의 소비자수를 추정한다.

- 취급상품에 대한 소비자 1인당 월평균 소비액을 산출하는 특별한 방법은 없다. 그러므로 경쟁 점포의 매출현황을 조사하거나 통계청의 월간산업소비 동향등 자료를 분석하는 등의 다각적인 노력을 기울여 합리적으로 산출해야 한다.

[주거상권내 예상 총매출액 산출의 예]

▶ 업종 : 문구점 ·주거상권내 위치(서울) : 반경 500미터 대상
▶ 주거인구 : 2,000세대×3.8명 =7,600명
→ 세대당 평균 인구수는 통계청의 인구통계연보를 활용함
▶ 문구류 소비자수 : 7,600명 × 30% = 2,180명
→ 전체 주거인구 가운데 문구류의 주소자인 6~20세 연령층의 비율을 30%로 추정함. 이는 통계청의 인구조사 통계자료에 연령별 구성을 참조하면 알 수 있음.
▶ 문구류의 소비자 1인당 월평균 소비액 : 5,000원
→ 문구류의 주소비자를 6~20세 연령층으로 보고, 동 연령층의 점유비율을 30%로 추정함. 이는 경쟁업체 조사를 통해 파악해야 함.

이상에서 상권내 문구류의 예상 총매출액 = 2,180명 × 5,000원 = 10,900,000원

자기점포의 예상매출은 상권내 예상 총매출액을 경쟁업체수로 나누어 보면 알 수 있다. 즉, 5개의 경쟁업체가 있다면 자기점포의 예상매출은 10,900,000원 ÷ 6(5 + 1개소) = 1,816,666원이 된다.

2) 도심상권내의 총매출 산출 방법

상권 내에 있는 동일 업종의 경쟁업체에서 일정기간(1개월) 동안의 총매출액을 추산하여 해당 상품의 총매출 규모를 파악하는 것으로 정확도는 경쟁업체에 대한 조사를 얼마만큼 정확히 수행했는가에 달려있다.

먼저, 취급예정 상품에 대한 객단가를 산출한 후, 경쟁대상 업체를 제일 잘되는 업체, 보통인 업체, 가장 안 되는 업체로 구분한 다음 고객수가 제일 많을 시간 가장 영업이 잘되는 시간, 보통인 시간 그리고 가장 영업이 안될 것으로 예상되는 시간을 설정하고 각 시간대별로 1시간씩 방문 조사하여 파악한다. 조사 횟수는 3회로하고 평일, 공휴일, 월요일 등으로 날씨를 고려하여 조사해야 한다.

※ 상권 내 총매출액(월)
= 총합계(A+B+C) ÷ 9 × 경쟁업체 수 × 영업시간 × 객단가 × 월개점일 수

[도심상권내 예상 총매출액 산출의 예]

▶ 업종 : 경양식·상권(도심지형) : 인구이동 중심도로변 500M(중심도로 양옆 2블록)
▶ 후보입지에서 유동인구의 이동경로 및 폭 관찰하여 상권범위를 결정함.
▶ 상권 내 경쟁업체 수 : 15개소 → 자기 업종과 동종 업체수를 파악함.
▶ 영업시간 : 오전 11시~오후 10시까지 11시간 : 대부분 10시부터 문을 열지만 11시까지는 손님이 없으므로 11시부터 계산
▶ 월평균 영업일수 : 28일
▶ 객단가 : 9,000원
→ 객단가는 고객 1인당 1회의 평균구매금액으로 경쟁업체 조사를 통해 파악한다.

상기 예에서 상권내 총매출액을 산출하면 다음과 같다.

※ 상권 내 총매출액
= 64÷9×11시간×9,000원×15개소×28일=291,060,000원

그러므로 상권 내 1개 업체당 평균매출액은 291,060,000원÷16개소 = 18,191,250원으로 추산할 수 있다.

상권내 1시간씩 조사	제일 잘되는 업체(A)			보통인 업체(B)			잘 안되는 업체(C)		
	공휴일	월요일	평 일	공휴일	월요일	평 일	공휴일	월요일	평 일
고객이 제일 많을 때	16명	12명	18명	10명	8명	10명	8명	7명	10명
보통일 때	8명	8명	10명	6명	6명	5명	6명	5명	4명
가장 적을 때	4명	6명	8명	2명	4명	4명	4명	3명	3명
평 균	30명			18명			16명		
합 계	30명			18명			16명		
총 합 계	64명								

CHAPTER 9

시장형 창업

1. 시장형 창업유형
2. 시장형 창업과정

1 시장형 창업유형

시장형 창업은 크게 유통형 창업과 서비스 창업으로 구분할 수 있다. 그러나 점포의 소유유무 등 특성상으로 구분하면 시장형 창업은 최근과 같은 경기 침체기에 특별한 기술과 자본이 없는 사람들이 꿈꾸고 있는 일반적인 창업유형인 무점포 창업, 소점포 창업, SOHO 창업, 프랜차이즈 창업 등을 포괄하는 의미이다.

< 시장형 창업의 유형 >

시장형 창업의 유 형	**무점포 창업**	정보 제공업
		번역사업
		소규모 통신 판매사업
		기 타
	소점포 창업	각종 소매점
		이발소, 세탁소
		부동산 중개업
		기 타
	소호 창업	결혼준비 대행업
		반짝탁아(노인외출 동행서비스) 전문점
		인력파견 중개업
		오토바이 택배서비스
		할인쿠폰업
		PC출장수리
		간판, 카펫청소
		욕실 코팅
		IP(정보산업)
		쇼핑대행업
		기 타
	프랜차이즈 창업	레귤러 체인(Regular chain)
		프랜차이즈 체인(Franchise chain)
		임의 가맹형 자율 체인

시장형 창업은 기술형 창업에 비해 창업절차가 비교적 간단하고 기술이 없어도 적은 자본으로 창업할 수 있다는 장점이 있으나 창업자의 적성분석 등 창업자 스스로의 철저한 자기분석과 시장수요 및 사회 환경 변화를 고려하여 치밀한 사업계획을 수립치 않으면 성공이 쉬운 것만은 아니라는 점을 명심해야 한다.

2 시장형 창업과정

1) 무점포 창업

창업을 하게 되는 경우에는 공장을 설립하거나 점포를 가지는 등 일정한 격식을 갖춘 공간을 중심으로 하는 경우가 많다. 한편, 이와는 달리 점포나 공장이 없거나 거주지의 공간을 이용하여 격식을 갖춘 공간이 없어도 창업할 수 있는 경우가 있다. 이런 형태의 창업을 무점포 창업이라고 한다. 무점포 창업은 점포를 확대하는 데 자금이 소요되지 않으므로 자금 면에서 매우 효율적인 창업이 될 수 있다. 예를 들면, 정보제공업, 번역사업, 소규모의 통신판매사업 등은 점포가 없이도 창업할 수 있는 사업들이다. 무점포 사업은 사업자금 조달이 어려운 처지에 있는 사람들은 특별한 관심을 가지고 고려할 가치가 있는 창업형태로서 SOHO[19]도 무점포 사업의 일종이다.

SOHO창업은 물론, 모든 창업에는 자본, 기술, 인력, 시간, 아이디어 등 5가지 요건을 갖추어야 하는데 요소 가운데 다른 것은 자본만 충분하다면 어느 정도 부족해도 보충할 수 있다. 이러한 관점에서 소호창업은 자본이 많이 소요되지 않는다는 점에서 유리한 조건에서 출발한다고 할 수 있다. 그러나 소호창업을 통해 성공하려면 나름대로의 노력과 사업원칙이 있어야 한다. 다음은 소호를 통한 성공조건을 정리한 것이다.

SOHO의 출발점은 집이며 가장 든든한 동료는 가족이다.

가장 가까이서 자신을 믿고 용기를 줄 수 있는 동료가 있다면 무슨 일을 하더라도 힘을 얻을 수 있는데 소호의 경우 그 동료는 가족이다. 소호는 자신의 모든 것을 걸고 시작하는 사업이다. 따라서 성공하려면

19) 소호(SOHO)란 Small Office Home Office의 약어로 "작은 사무실, 집(혹은 가정), 사무실"의 의미이다. 그러나 "중소기업/재택근무"라는 뜻은 아니다. 여기서 말하는 Small Office Home Office는 임대료를 내지 않는 공간을 일컫는다. 소호사업은 자신의 방이나 임대료를 내지 않는 공간을 활용하므로 비용압박 요인이 비교적 적다는 장점을 가지고 있다.

무엇보다 가족의 도움이 절실히 요구된다. 적극적인 가족의 지원을 받는다면 성공의 가능성도 높아지고, 성공할 경우 만족도 그에 비례해서 높아진다.

SOHO의 출발점은 집, 가장 든든한 동료는 가족이다.

자신의 사업장 즉, 집주소를 명함에 밝힐 수 있어야 한다.

과거와는 달리 이제 집도 하나의 사업장으로 인식되고 있다. SOHO의 장점은 사무실 유지관리비, 인건비 등 비용 압박요인이 적다는 데 있다. 그러므로 자신의 방이나 임대료를 내지 않는 공간을 활용한다고 해서 자신의 사업장 주소를 밝히지 못할 이유는 없다. 사업은 자신감에서 출발한다.

이용 가능한 모든 것은 SOHO의 자산이다.

고가의 컴퓨터를 구입해 놓고도 전기료가 아까워서 사용하지 않거나, 낡은 기종으로 일하는 것은 절약이 아닌 청승이다. 새로운 차원의 활용을 위해서는 자신이 가지고 있는 자원을 최대한 이용할 수 있어야 한다.

아이디어를 행동으로 옮기는 실천력이 필요하다.

모든 사업이 그러하나 SOHO사업에는 폭넓은 인적 유대의 구축과 참신한 아이디어가 가장 중요한 요소이다. 아이디어만 있고 행동이 없다면 아무리 좋은 아이디어라 할지라도 무용지물이다.

자신의 생각을 구체화시켜 문서로 표현하라

SOHO 성공을 위해서는 다음 2가지 기술이 필요하다. 그 하나는 읽기이고 다른 하나는 쓰기이다. 남이 쓴 글을 읽고, 자신이 이를 가공하여 새로운 글을 창작해야 하는 것이다. 인간은 읽고 난 모든 내용을 기억해 두었다가 필요할 때마다 사용할 수 없기 때문에 필요한 자료를 정리하고 메모하는 습관을 가져야 한다.

2) 소점포 창업

창업의 일반적인 과정은 사업아이디어 탐색, 사업성 분석, 사업계획작성, 계획의 실행과 같은 절차에 따라 진행되는 것으로 설명할 수 있으나 소점포 창업에 있어서는 고객과의 인접성이 가장 중요한 요소이다. 즉, 입지선정이 무엇보다도 중요하다.

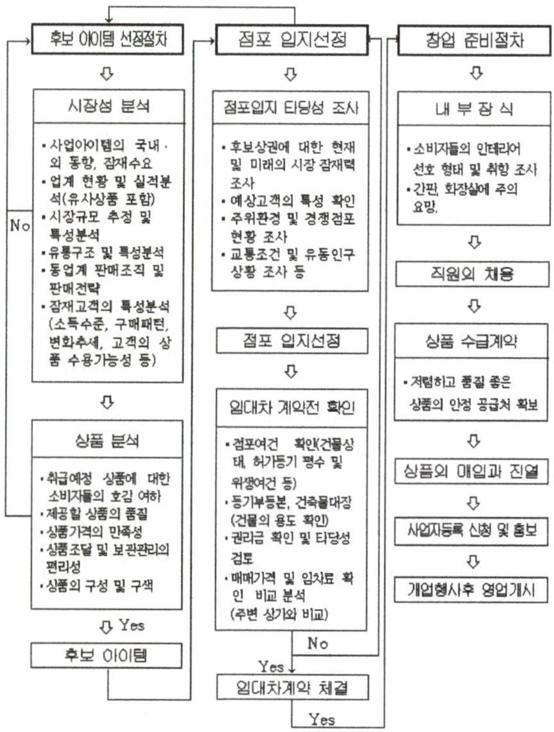

< 소점포 창업과정 >

소점포 창업과정은 후보 아이템을 결정하지 못한 경우, 후보점포를 결정하는 경우, 후보점포가 결정된 경우 등 세 가지 경우로 구분하여 설명할 수 있다. 후보 아이템을 결정하지 못한 경우에는 맨 먼저 아이템 선정과정을 거쳐 최종적으로 사업 아이템을 선정한다.

그리고 후보사업장 또는 점포를 선정하고 그에 따른 사업성 분석을 실시한다. 물론 후보 아이템을 선정하는 과정에서 사업에 대한 수익성 등을 고려했겠지만, 소점포 사업에서 가장 핵심적인 요소 중의 하나인 점포요소가 고려되지 않은 사업성 분석은 불충분한 것인 경우가 많으므로 후보점포와 아이템을 중심으로 사업성분석이 필요하다. 사업성분석의 결과가 긍정적이면 사업계획을 수립하고 이에 따라 새로운 점포 창업을 수행한다. 만약 사업성분석의 결과가 만족스럽지 못하다고 판단되면 새로운 업종을 탐색하거나 새로운 점포를 탐색하는 과정으로 되돌아간다.

후보 아이템을 결정 못하고 후보점포를 결정한 경우가 있다. 이 경우는 아이템을 정하지 않은 상태에서 상사를 분양받은 경우, 거주지를 개조하여 소규모 점포를 마련할 수 있는데 적당한 업종이 무엇일까 하고 찾는 경우이다. 이런 경우에는 미리 정해진 점포에 적합한 아이템을 선정하고 그에 대한 사업성분 석을 실시하여 결과가 긍정적이면 사업을 추진하고, 그렇지 못하면 새로운 아이템을 선택하는 과정으로 되돌아간다.

마지막으로 기존사업장을 승계하는 경우로써 점포와 아이템이 동시에 결정되는 경우이다. 이 경우에는 사업성 분석을 통하여 그 결과가 긍정적이면 사업을 추진하고 그렇지 못하면 극복해야 될 문제점을 파악하고 대처해 나가야 한다.

모든 소점포 창업은 반복과정을 거치며 필요에 따라 절차를 생략 또는 우회할 수도 있다.

3) 유통업 창업

일반적으로 소규모로 사업을 시작하기 때문에 법인 설립이 필요 없는 경우가 많다. 또한 개업 준비절차도 기술형 창업에 비해 매우 단조롭다는 특징을 가지고 있다. 특히, 고객과의 인접성이 중요한 도·소매업의 경우에는 상점입지가 매우 중대한 문제로 대두된다.

점포입지 즉, 점포가 어디에 위치하느냐에 따라 사업성패가 좌우되기 때문에 각별한 주의를 기울여야 한다. 이는 유통업의 성격상 고객과의 직접적 대면에 의해 매출이 발생하기 때문으로 고객과의 인접성을 무엇보다 먼저 고려해야 할 사항이다. 입지선정 시 고려사항은 다음과 같다.

- **후보입지와 계획업종 및 업태와의 적합성** : 일반적인 관점에서 아무리 좋은 입지라도 계획업종 및 업태와 연결되지 않는다면 좋은 입지라 볼 수 없으므로 창업자가 선정한 계획업종과의 적합성을 평가해 봐야 한다.

- **후보입지에 대한 구체적인 환경조사** : 해당 상권의 인구수, 인구 구성, 세대수, 소비수준, 목표 소비자의 수 등에 대해 창업자가 직접 현장조사를 통해 동일제품 또는 관련제품의 판매처와 고객 수 등을 분석해 볼 필요가 있다.

- **후보입지의 장래성 조사** : 후보입지의 현황만으로는 최종입지를 결정하는 것은 위험성이 크다. 그러므로 시가지의 형성 상황, 주변 도시의 인구증가 속도, 신도시 계획 및 도시개발 계획의 유무, 도로의 신설, 변경, 대형점의 진출계획 유무 등을 사전에 파악한 후 입지를 결정해야 한다.

- **자금조달 능력의 검토** : 실제 입지 선정에 있어서는 좋은 점포입지의 경우 보증금이 높고 상당한 권리금도 존재하므로 자기자본 수준에 맞는지의 여부를 신중히 검토해야 한다.

- **사업장 규모의 적합성 및 경쟁성** : 아무리 좋은 위치라 하더라도 인접한 다른 점포와 비교하여 규모가 작다면 소비자의 심리상 작은 가게에는 들어오지 않게 되므로 취급하고자 하는 상품을 보기 좋게 진열하고, 판매할 수 있을 정도의 적정규모 매장확보가 필요하다.

이외에 사업규모와 기업형태의 결정문제가 있다. 유통업에 있어서 투자 자본은 점포구입비 또는 점포임차료, 운전자금, 기타 특수자금(권리금) 등으로 구성되며 이들을 모두 합산해 보면 예상외로 많은 창업자본이 필요하게 된다.

4) 서비스업 창업

서비스업은 크게 개인 서비스업과 사업 서비스업으로 구분할 수 있다. 개인 서비스업은 일반 소비자를 고객으로 하여 각종 서비스 및 용역을 제공하는 것을 말하며 부동산 관련 서비스업, 여행알선 관련업종, 보수 및 수리관련 업종, 음식점 등 요식업관련 업종 등이 여기에 해당된다. 사업 서비스업은 주로 사업체를 주된 고객으로 하여 각종 서비스 및 용역을 제공하는 사업을 말하며 전기 통신업, 보관 및 창고업, 고용알선관련 업종, 엔지니어링 및 관련 기술 서비스업, 교육 서비스업 등이 여기에 해당한다.

그러므로 규모면에서 보면 개인 서비스업보다 사업 서비스업이 규모가 크며, 업무자체도 전문적이고 복잡하다. 따라서 사업 서비스업은 법인 형태로 설립되는 경우가 많고 그에 따라 제조업과 같이 법인 설립절차가 필요할 뿐만 아니라, 사무실 입지도 고객의 왕래가 용이한 곳으로 선정해야 한다.

서비스업 창업의 특성은 다음과 같다.

창업자 자질·능력 등이 그대로 사업에 반영된다.

즉, 창업자의 지식, 경험, 노하우 등이 사업에 적용되어 수익력의 원천이 된다. 따라서 서비스업 창업자는 해당 분야에 대한 전문지식을 폭넓게 가지고 있어야 한다.

인간 중심형 산업이다.

서비스업은 경영자와 직원의 지식을 바탕으로 운영되며, 종업원의 능력은 사업성장의 관건이 된다. 그렇기 때문에 서비스업의 성패는 바로 구성원의 자질에 달려있다.

무형의 재화를 생산하므로 소비자(이용자)의 동의가 필수요건이다.

즉, 보이지 않는 무형의 재산을 상품화하기 위해서는 이용자가 그 무형의 재산 가치를 인정해 주어야 하며, 창업자가 제시하는 조건과 일치되어야 거래가 성사된다. 따라서 마케팅 전략 수립이 필수적이다.

창업에 소요되는 자금이 비교적 적게 든다.

서비스업은 사업거점 즉, 사무실 개설비만 필요하며, 운영관리비의 대부분이 사무실 유지관리비와 인건비이다. 그러므로 쉽게 창업할 수도 있고, 쉽게 폐업할 수도 있어 사업의 신축성이 아주 높다.

경제여건 등 경영 환경변화에 민감하다.

서비스업은 직·간접적으로 환경변화와 연계되기 때문에 불경기인 경우에는 매출감소 등 직접적인 영향을 받게 된다. 또한 수주 자체가 불규칙적이며, 용역 및 서비스 제공에 대한 수수료(용역비)도 내용 및 수주처의 성격에 따라 큰 차이가 난다.

창업 후 영업기반 확보까지 다소 긴 시간이 소요된다.

우선 영업내용을 홍보하고, 이를 이용자가 인식하기까지는 상당한 기간이 필요할 뿐만 아니라 종업원의 사무능력 및 업무추진능력 제고에 많은 시간이 소요되기 때문에 창업초기 영업기반이 확충될 때까지 자금력의 뒷받침이 있어야 성공할 수 있다는 제약이 있다.

CHAPTER 10

프랜차이즈 창업

1. 프랜차이즈의 개념
2. 프랜차이즈 본사와 가맹자들의 역할과 임무
3. 프랜차이즈 개점 준비 및 절차
4. 프랜차이즈 사업시 주의사항
5. 프랜차이즈 가맹에 따른 피해사례 및 유의사항

1 프랜차이즈의 개념

1) 프랜차이즈의 정의

프랜차이즈는 일반 개인인 체인점주가 스스로는 터득하기 어려운 사업 운영에 관한 각종 개점 및 경영 노하우를 본부가 먼저 구축, 제공해 줌으로써, 점주에게는 편리성과 안전성을 부가해주고, 일반소비자에게는 동일한 브랜드 이미지로 신뢰성을 심어 궁극적으로는 본사, 점주 양자의 공동 이익을 추구해 가도록 한 획기적인 사업지원 시스템이다.

현재 국내에는 약 250개 업종, 3,000여개 가맹본부, 10만여개 가맹점이 운영되고 있는 등 프랜차이즈(Franchise)창업을 하려는 사람들이 많이 늘어나고 있다. 특히, 소점포 창업의 한 형태로서 창업을 꿈꾸는 예비 창업자는 누구나 한번 정도 고려하는 형태의 창업이다.

프랜차이즈 본부를 프랜차이저(Franchiser)라고 하며, 특권을 받는 기업을 프랜차이지(Franchisee)'라고 부르며 이러한 특권 내지 권한 자체를 '프랜차이즈(Franchise)'라 한다.

따라서 프랜차이즈란, 프랜차이저(본부)가 프랜차이지(가맹점)에게 프랜차이저의 상호, 상표, 서비스 마크(Service mark), 노하우(Know-how), 기타의 기업운영방식을 사용하게 하여 제품이나 서비스를 판매할 수 있도록 해주든 '모든 경영양식의 허가(Licencing of an entire business form)'라고 할 수 있다. 사업자 또는 본부가 타사업자 또는 가맹점과의 사이에 계약을 체결함으로써 자기의 상호·상표·가타 경영의 상징 및 경영기술과 정보를 사용하게 하여 동일한 이미지(Image)하에서 상품의 판매 등 기타 사업을 행할 권리를 주며, 한편으로 프랜차이지는 그에 대한 보증으로서 가입금, 보증금, 로열티(Royalty : 본부에게 주는 정기 납입금)를 지불하고 사업에 필요한 자본을 투입해서 본부의 지도 및 원조 아래 사업을 행하는 양자간의 계속적인 관계를 말한다.

2) 프랜차이즈의 역사

(1) 프랜차이즈의 태동

프랜차이즈의 시작은 1863년 미국 싱거 재봉틀 회사(Singer Sew Machine Co.) 로 보는 견해가 지배적이다. 당시 싱거 Corporation 은 자신의 재봉틀을 전국에 판매하기 위해 소매업자들과 계약을 맺고 프랜차이즈 개념을 도입하게 되었다. 그런데, 이때는 총체적인 프랜차이즈 비즈니스라기 보다는 일종의 판매방식에 가까왔다고 볼 수 있다. 본격적인 프랜차이즈 사업의 시작은 1898년 미국의 GM 으로 당시 거대 자동차 회사가 광활한 자국내 영토안에서 자동차를 판매하기 위한 독립지점을 만든 것이 본격적인 시작이다. 이러한 프랜차이즈 형태는 그 효율성이 인정되면서 1910년대 이후 패스트 푸드, 자동차 부문으로 더욱 확대 되었다. 여러 종류의 상품이 프랜차이즈 형태를 통해 판매되었으며 심지어 서비스 분야에서도 프랜차이즈 개념을 도입하게 되었다.

(2) 프랜차이즈의 발전

프랜차이즈 판매형태는 꾸준한 발전을 계속해서 마침내 1950년 대에 프랜차이즈 붐을 일으켜 1960년 대 초반에는 프랜차이즈 회사가 미국내에서 2000개에 이르를 정도였다고 한다. '켄터키후라이드 치킨(KFC)', 전 세계적 호텔 체인 '홀리데이 인(Holiday Inn)', '맥도널드 햄버거', '피자헛' 등이 모두 1950년 대 등장한 프랜차이즈들이다.

(3) 국내외 프랜차이즈 현황

현재 미국 전역에서 약 3~4000 프랜차이즈 본사가 있다고 전해지며, 점포 수가 58만 여 개로 전체소매업의 38%를 차지하고 있다. '맥도널드', 에서 'Molly Maid', (집안 청소일을 대행하는 프랜차이즈)등 그 분야는 대단히 많고 광범위하다. 연간 매출액은 8000억 달러에 이르며

종사하는 종업원 수도 900만명 이상인 것으로 알려져 있다. 일본의 경우도 1995년 말을 기준으로 755개의 프랜차이즈 본사에 약 16만 여 점포수가 있는 것으로 집게 됐다.

우리나라의 경우 1979년 '롯데리아'가 본격적이며 총체적인 프랜차이즈 비즈니스를 시작했으며 현재는 외식업을 비롯해 편의점, 부동산 중개업, 세탁업, 사설학원, 헤어 샵, 그리고 육아를 위한 전반적인 프랜차이즈등 다양하고 광범위하게 발전되고 있다.

3) 프랜차이즈 형태에 의한 분류

(1) Direct Unit 프랜차이즈

일정기간, 일정기간 내에서 어떤 개인이나 집단에게 하나의 영업점포에 한해 모든 영업권을 부여한다. 동일 지역내에서 프랜차이즈 회사가 운영하는 상점이나 다른 프랜차이즈를 허가하지 않는 독점구역을 가질 수 있다.

(2) Area 프랜차이즈

일정기간, 일정지역 내에서 어떤 개인이나 집단에게 여러 개(Multiple)의 영업 점포에 대한 영업권을 부여한다. 프랜차이즈 회사와 area development agreement를 맺고 development fee를 지불한 후 일정 지역의 개발에 대한 권리를 사게 된다. 만일 프랜차이지가 약정대로 개발하지 못하면 계약을 취소하여 프랜차이즈의 권리를 박탈할 수도 있다.

(3) Master 프랜차이즈

일정기간, 일정지역 내에서 어떤 개인이나 집단에게 프랜차이즈 회사의 권리를 부여하여 이 권리를 부여받은 서브프랜차이저(subfranchisor)가 다시 프랜차이즈 권리를 서브프랜차이지(subfranchisee) 에게 부여하는 형태로서 subfranchisor 는 subfranchisee 에게 교육을 포함한 프랜차이즈 회사로서의 서비스를 제공하고 franchise fee를 받게 된다. 서브프랜차이저(subfranchisor) 자신의 franchisee 가 될 수 있다.

4) 프랜차이즈 체인 형태에 따른 분류

프랜차이즈에는 레귤러 체인, 프랜차이즈 체인, 임의가맹형 자율체인 등 3가지가 있다.

레귤러 체인은 직영 체인점으로 본사가 직접 자본을 투자하고 직원을 직접 파견, 관리하는 형태이며 브랜드 이미지가 강력하고 일관성 있는 통제가 가능하고 강력한 경쟁력의 확보가 가능하다는 장점이 있다. 그러나 초기 자본이 많이 들고, 종업원들에 의해 모든 것이 이루어지는 만큼 100% 노동효과를 기대하기 어렵다는 단점이 있다. 대표적인 형태로는 피자헛, KFC, 코코스, 베니건스 등이 있다.

프랜차이즈 체인은 흔히 우리 주위에서 볼 수 있는 일반적인 체인점, 즉 프랜차이즈 체인점을 말한다. 개인의 직접 투자에 의한 자기만의 사업이므로 운영에 있어 점주의 노동력이 200% 이상 발휘된다는 장점이 있다.

(1) 단일 자본에 의한 직영점(Regular Chain)

단일자본.동일 경영자에 의해 설립된 체인점을 말한다. 이는 회사가 독자적으로 자기자본 전액을 출자하여 체인형태를 확장해 가는 방식을 말하며 동일 경영자와 단일 자본에 의한 다점포화를 의미한다.

(2) 프랜차이즈 체인

체인 본사와 각 가맹점이 모든 독립 자본에 의한 사업자이지만 운영의 주체는 체인 본사에 있으며 가맹점은 체인경영의 의사 결정에 적극적으로는 참여하지 않는 프랜차이즈 시스템이다. 가맹점과의 수평적 연결보다는 체인 본사와 가맹점간의 수직적 관계가 중시된다.

(3) 임의적 체인점(Voluntary chain)

독립자본에 의한 다수의 소매점이 모여서 각자가 갖고 있는 기능의 일부를 체인 본사에 위탁하여 프랜차이즈 시스템을 갖추고 영업을 하는 방식이다. 체인 본사가 도매업자라 할지라도 조직의 주체는 어디까지나 소매업자이며 전 소매점이 체인 경영의 의사결정에 참여하는 등 소매업자간의 수평적 관계가 중시된다.

5) 프랜차이즈의 장·단점

(1) 프랜차이즈의 장점

① 실패의 위험성이 상대적으로 낮다.

제품 공급 뿐만 아니라 판촉 및 운영에 관련된 모든 노하우를 본사가 지원하기 때문에 개인이 단독으로 시행하는 타 사업에 비해 상대적으로 실패의 위험성이 적다. 특히, 경험이 전혀 없는 개인이 독자적으로 처음 시작하는 경우 여타 사업에 비하여 실패 가능성이 비교적 적다고 할 수 있다. 실례로 미국의 경우 개인이 사업을 시작해서 1년 이내에 실패할 확률이 38% 인 반면 프랜차이즈 사업의 경우 대략 3%인 것에 불과하다고 한다. 결론적으로 프랜차이즈 사업 성공률은 여타 개인 사업의 경우 보다 10배의 성공률을 가지고 있다고 할 수 있다. 한편, 우리나라의 경우 프랜차이즈의 성공률이 미국보다 낮은 것이 현실인데 이는 프랜차이즈의 짧은 역사로 말미암아 아직 프랜차이즈 시장이 정착되지 않은 것으로 여겨진다.

② 비교적 소규모 투자로 사업 시작이 가능하다.

본사로부터 장비 지원을 비롯해서 초기투자비 및 운영에 필요한 여러 가지를 받을 수 있기 때문에 상대적으로 소액의 자본으로도 시작 할 수 있다. 개인이 소규모 투자로는 생각할 수 없는 전국 규모의 광고, 수준 높은 인테리어와 간판 홍보까지 프랜차이즈 시스템은 이를 가능하게 한다.

③ 상대적으로 저렴한 원자재 공급이 본사로부터 이루어진다.

프랜차이저는 여러 프랜차이지들에 공급할 물품들을 일괄 구매해 각기 프랜차이지에게 공급하기 때문에 비교적 저렴한 비용으로 구매 및 공급을 가능케 한다.

④ 현재 성공적으로 운영중인 프랜차이지들로 부터 높은 인지도를 얻을 수 있다.

프랜차이즈의 경우 이미 시장에서 알려진 상품을 취급하기 때문에 별다른 광고.홍보 전략 없이도 고객들에게 높은 인지도를 가지게 되어있다. 예를 들어 맥도널드 햄버거의 경우 세계적인 브랜드 인지도를 가지고 있기 때문에 새로운 곳에 점포가 생긴 경우에도 국내외 할 것 없이 맥도널드 햄버거를 찾게 될 것이다.

⑤ 본사로부터 경영에 필요한 일체의 노하우(Know-How)를 전수 받을 수 있다.

대부분의 프랜차이즈의 경우 본사에서 경영에 필요한 일체의 노하우를 전수한다. 사업시작 착수부터 시작해서 물품공급, 홍보, 자금관리, 심지어 시행착오로 인한 기존의 실패 사례등도 전수해 주고 있다.

⑥ 시장 흐름 변화에 대해서 신속하게 대응할 수 있다.

본사에서는 각종 전문가들에 의해 지속적으로 시장의 흐름과 변화를 탐색하며 관찰하기 때문에 이를 통한 대처 능력과 신제품 개발을 발빠르게 진행시킬 수 있다. 이러한 대처 능력과 상황에 맞는 신제품 개발을 개인이 혼자서 수행한다는 것은 상대적으로 무리가 따르기 마련이다.

⑦ 본사가 복잡한 관리 업무를 대행해 준다.

개인이 직접 창업을 시도할 경우 각종 인허가 절차와 법률 문제등으로 난관에 봉착하게 마련이다. 그러나 프랜차이즈의 경우 본사에서 구성된 법률 전문가 및 각 부분의 전문가들이 사업자 등록에서 인허가 절차등 복잡한 업무를 대행해 준다. 또한 본격적인 사업 추진시 생길 수 있는 문제에 대해서도 이를 사전에 예방할 수 있게 인지시키며, 만일의 문제 발생에 대해서도 신속하게 처리할 수 있도록 지원하다.

(2) 프랜차이즈의 단점

① 독립적인 사업경영이 어렵다.

프랜차이즈는 본사에 의해 짜여진 기본적인 틀에 따라 사업을 추진해야 하기 때문에 독립적인 운영 노선을 갖는다는 것은 어렵다. 특히,

운영자의 신제품과 판매방식의 변화등 새로운 아이디어를 실현시키기 어렵다. 그리고 자신의 독특한 아이디어를 본사에 보고해 이를 실현, 관철시키려 해도 묵살당하는 경우가 대부분이다.

② 여타 프랜차이지들로 부터 인하여 좋지 않을 이미지를 받을 가능성도 있다.

똑같은 상호를 걸고 여러 프랜차이지 영업을 하기 때문에 어느 한 프랜차이지가 저지른 실수라도 공동으로 이미지가 손상당할 수 있다. 예를 들어, 어느 한 프랜차이지가 변질된 제품을 팔 경우, 공동의 브랜드로 영업을 하는 다른 프랜차이지들도 변질된 제품을 파는 것으로 인식하게 된다.

③ 지속적으로 로얄티를 지출해야 한다.

프랜차이지는 계약과 동시에 정기적으로 프랜차이저에게 로얄티를 납부해야 한다. 이러한 로얄티는 사업 초반에 여러 가지 지원에 대해 정당하게 납부해야 될 금액이라고 생각할 수 있으나 시간이 지남에 따라서는 적지 않은 부담으로 남게 될 수 있다. 특히 사업의 호경기.불경기에 관계없이 일정액의 로얄티를 정기적으로 납부하는 것은 금액의 차이에 관계없이 프랜차이지들에게 거부감을 갖게 된다.

④ 거래처를 임의로 바꿀 수 없다.

대부분의 프랜차이저는 공급되는 상품뿐만 아니라, 인테리어, 광고용 전단, 간판등 일률적인 공급을 주로 한다. 따라서, 각기 프랜차이지가 보다 유리한 조건으로 구입할 수 있는 물품을 발견하더라도 구매선을 변경할 수 없다.

⑤ 계약해지가 어렵다.

일단 체결된 계약을 해지하기는 결코 쉽지 않다. 계약을 해지 하기 위해서는 복잡한 문제가 발생되며, 설싸 계약 해지 후에도 적지 않은 문제가 발생된다. 결과적으로 일단 체결된 프랜차이즈 계약은 해지하지 않는다는 전제조건이 따른다고 보아야 한다.

⑥ 일정 지역이상 판매확장을 할 수 없다.

판매지역은 프랜차이즈 사업 시작부터 본사와의 계약에 명시되어 있다. 프랜차이즈 본사는 여러 프랜차이지들과 사업을 하므로 판매지역을 제한하는 것은 어찌 보면 당연한 일이다. 따라서 점포 개설 후 예상외로 판매가 잘 된다고 해서 임의로 판매지역을 확장할 수 없다. 그리고 프랜차이즈 본사와의 사전 협의 없이 가맹자 마음대로 매장을 확장시킬 수 없는 경우가 대다수 이다.

6) 프랜차이즈의 성공을 위한 요건

프랜차이즈는 판매나 관리를 허락 받은 경영특권이다. 본점은 부족한 자본과 인력자원을 빠른 시일내에 가맹점으로부터 해소시킬 수 있으며, 가맹점은 본점이 쌓아온 상품의 이미지와 제조기술 또는 마케팅 기술 등의 노하우를 전수 받아 영업의 활력을 갖출 수 있는 상호 보완적 매력의 공통점을 찾을 수 있기 때문에 협력체제가 공존할 때 성공을 기대할 수 있다. 특히, 본점은 철저한 준비가 완료된 상태에서 가맹점을 모집해야 하고 것이고, 가맹점은 자신의 임무를 다하지 못하고 기대이상으로 본점에 의존하거나, 도움이 되지 못해서는 안된다. 프랜차이즈는 그 종류가 다양하고 광범위하다. 일반적인 대리점, 특약점, 체인점, 전문 판매점등도 경우에 따라서는 프랜차이즈와 유사한 유통방법으로 상품이 판매되는 것을 종종 볼 수 있다.

성공할 수 있는 프랜차이즈는 본점이 직접 운영하는 직영점과 같이 동일된 경영 모습이 고객 눈에 비추어 질 때이며 고객은 이를 선호하고 다시 찾게된다. 그리고 그 결과과 프랜차이즈 본점과 가맹점 성공의 시발점이 된다. 결론적으로 프랜차이즈 비즈니스는 본점과 가맹점간에 충분한 사업 준비가 성공의 관건이다.

2 프랜차이즈 본사와 가맹자들의 역할과 임무

1) 가맹본부의 역할과 임무

가맹본사는 각 가맹자 대해 지시권과 통제권을 갖는다. 그러나 그 권한은 목적에 맞아야 하며, 신중히 행사 할 의무도 있다. 가맹본부는 가맹자들의 이익을 최대한 보장하기 위해 모든 노력을 아끼지 말아야 한다. 다음 나열된 몇 가지는 가맹 본부가 가맹점을 위해 행사하여야 되는 몇 가지 의무이며, 그 기준은 국제 프랜차이즈 윤리 강령에 의한다.

- 가맹 본부는 각 가맹점에 상품 및 서비스를 강제로 제공하거나 판매해선 안되며 판매촉진을 위해 부당한 요구를 해서는 안 된다.
- 가맹본부는 기존의 유명 프랜차이즈의 상표, 상호, 회사명, 슬로건 등을 모방해서 소비자들을 현혹하거나 혼동을 주어서는 안 된다.
- 가맹본부는 보다 많은 가맹자들을 만들기 위해 피라미드 방식이나, 다단계 판매 방식을 이용해선 안 된다.
- 이미 제정 되어 공포된 프랜차이즈 관련 법률, 규칙, 규정, 명령 지시 등을 준수하는 방향으로 운영해야 한다.
- 광고를 할 때는 최종 소비자게 미치는 영향을 고려해야 한다. 그리고 가맹점의 이익, 실질소득에 관한 데이터 계산 방식등 과학적인 자료를 근거로 광고를 해야 한다. 마지막으로 프랜차이즈 가맹을 희망하는 사람들을 위해 프랜차이즈 사업에 대한 최소 투자액을 상세히 알려주어야 한다.
- 가맹을 희망하는 사람이 관련 정보를 문의해 온다면 가맹본부는 프랜차이즈 사업에 대한 모든 정보를 문서로서 정확히 작성해 보여주어야 한다. 다만 기밀사항에 대해서는 계약체결이 결정되는 적절한 시점에서 공개하겠다는 의사 표시를 할 수 있다.
- 가맹점과 가맹본부와 관계는 계약서상 정확히 명시되어야 하며 이때 상호간의 권리와 의무를 명확히 규정해야 한다.

- 가맹본부는 가맹점을 선정할 때 가맹기준을 정해야 한다. 이는 가맹 희망자가 프랜차이즈 사업을 잘 수행할 수 있는지 예측하는 것으로 기초적인 기능, 교육, 인격, 개인적 자질, 자금능력 등을 고려해 기준을 선정한다.
- 가맹본부는 필요에 따라 가맹자 및 이에 관련된 사람들을 교육시킬 의무가 있는데 이는 가맹점의 사업 경영능력의 향상과 운영기법 개선을 위함이다.
- 가맹본부는 소비자의 이익 보호와 프랜차이즈 시스템 전체의 동질성 유지를 위해 가맹점을 지도해야 한다.
- 가맹본부와 가맹점 상호간의 거래는 공정해야 하며 가맹본부는 가맹점이 계약 위반을 할 경우에 우선 가맹점을 위반사항을 통지해 시정 또는 개선토록 해야하며, 가맹점이 시정할 수 있도록 충분한 여유를 주어야 한다.
- 가맹본부는 가맹점들과 수시로 연락을 실시해야 하며 보다 원활한 의사소통을 위해 노력 해야 한다.
- 가맹본부는 가맹점들이 겪을 수 있는 각종 불평, 불만을 경청해야 하며 그들이 겪는 모든 문제 해결에 노력해야 한다.

2) 가맹점의 권리와 임무

가맹본부의 의무는 한편으로 가맹점의 권리라 할 수 있다. 대다수 프랜차이즈 계약은 가맹점에게 적극적으로 판매를 수행할 의무를 부담시키고 있다. 즉, 가맹자는 기본적으로 최선을 다하여 가맹점을 운영할 의무가 있다. 가맹자가 회사나 동업조합의 형태일 때에는 대표적인 관리인을 지명할 수 있으며, 개인인 경우에는 자신이 가맹점을 직접 운영하거나 관리인을 임명하여야 하다. 가맹점을 관리하는 자는 최선을 다하여 가맹점을 운영하여야 하며, 매일 영업 실적에 대하여 책임을 진다. 결론적으로 독립 채산체인 가맹자는 판매활동과 관계되는 모든 비용을 스스로 부담해야 한다.

(1) 광고비 분담의무

가맹점주는 가맹본부에 의해 실시되는 전 지역에 대한 광고 비용을 정해진 규정에 따라 부담한다. 그리고 가맹자는 자신의 지역에 대한 광고 의무를 지지만 그 범위와 규모는 가맹본부와 정한 기준에 따른다.

(2) 가맹본부가 제공하는 운영 매뉴얼(Manual)준수 의무

가맹자는 가맹 본부측이 제시하는 운영 매뉴얼을 통하여 프랜차이즈 시스템에 가입한 가맹자들이 전국적으로 단일한 기업의 외관과 통일성을 유지하고 양질의 상품이나 서비스의 품질을 유지하게 된다. 구체적인 운영 매뉴얼은 각 가맹본부의 특성에 따라 다르나, 대체적으로 점포의 입지선정, 점포의 내외장, 집기, 비품, 간판, 유니폼등은 동일하며, 영업시간, 종업원의 태도, 구매 및 판매방법, 로얄티 지급 방법, 정기적인 보고서의 작성과 제출, 상품의 품질관리 기준등도 같다고 볼 수 있다. 가맹자는 가맹본부의 상표가 차지하는 지위를 토대로 영업표준의 동일성 유지를 위하여 운영 매뉴얼에 일치하도록 행동해야 한다. 이러한 운영 매뉴얼의 준수 의무는 영업 표지의 보호 의무, 영업 비결의 비밀 준수 의무와 함께 가맹본부가 프랜차이즈 시스템 전체의 마케팅 전략에 따라 가하는 통제의 내용이 된다. 또 이 통제가 가맹본부와 가맹자간의 결합을 촉진하여 독점금지법과의 관계가 제 3자에 대한 어려운 법적 문제를 제기한다.

(3) 계약상품 매입 및 계약 서비스 공급의 의무

상품 프랜차이즈의 경우 가맹자는 재고 관리에 의하여 즉각적인 공급 준비를 갖추어야 한다. 또한 가맹자는 가맹 본부의 상품 혹은 가맹본부에서 제공하는 서비스만을 공급하고 경쟁상태에 있는 생산품의 주문, 제조, 판매를 중지할 의무를 부담한다.

(4) 지시 준수와 통제 용인의 의무

가맹본부는 통일적으로 판매정책을 실시함으로 가맹자를 지시할 수 있는 권한은 필수적 인 것이다. 그러나 그 권한이 가맹자를 가맹본부가 구속할 수 있다는 약관을 포함하고 있는 경우는 드물다. 프랜차이즈 관계에서는 동적이며 지속적인 결합이 중요하므로 지시권은 필수적인 것이고 그 방식은 언제나 고정되어 있는 것이 아니라 계속적으로 변화하는 영업조건에 적응시켜야 한다. 또한 지시권의 범위와 한계는 가맹본부의 의무에서 구하고 있는데 가맹자의 이익을 침해하는 지시권 행사는 금하고 있다. 가맹자는 지시에 구속될 뿐 아니라 통제를 용인할 의무를 부담한다. 가맹자는 가맹본부와 그의 대리인이 통제할 수 있는 방법을 언제나 허락해야 한다.

(5) 영업비밀의 보장 의무

가맹자는 가맹본부가 제공하는 상표, 상호등 각종 영업 표지와 특허권, 저작권등을 보호하여야 하고 노하우나 영업비밀 등에 대하여 비밀을 유지해야 한다. 특히 영업비밀 보장 의무는 다른 의무와는 달리 프랜차이즈 계약이 종료된 후에도 계속적으로 부담하도록 하는 경우가 대부분이다.

(6) 프랜차이즈 사용료 지급 의무

가맹자는 가맹본부에 대하여 로얄티를 지급해야 한다. 이는 사업을 시작하기 위하여 본사에 가입하는 가맹비(Initial Fee)와 영업을 하는 동안 계속적으로 지급하는 로얄티로 구성되어 있다. 계약 초기 지불하는 가맹비는 가맹자가 프랜차이즈 계약 후 즉시 사업 개시를 위한 노력의 댓가이다. 이는 비용으로 처리하는 경우로 프랜차이즈 가입 종료후에도 반환되지 않는다. 가맹본부가 사용을 허가한 영업표지의 댓가나 계속적으로 제공하는 각종 서비스의 댓가로서 가맹자가 지급하는 것이 로얄티이다. 대개 일정기간 매출액(순매출액)이나 이익을 기준으로 일정 비율로 계산하는 방식이 보편화되어 있으나, 때로는 상품 대금이나 설비 등의 임대료 등에 포함시켜 지급하도록 하는 경우도 있다.

(7) 가맹자의 경업 피지 의무

프랜차이즈의 양도, 해지, 경신 등과 밀접한 관련을 가지는 조항이 가맹자의 경업피지 의무에 관련된 조항이다. 이는 통상 경업금지 특약에 나타나 있는데 계약 종료 사유에 관계없이 일단 프랜차이즈에 가맹한 경우 금지된 지역내에서 일정기간 동안 경쟁적인 영업을 할 수 없다. 대개의 경우 가맹자들은 특약 조항에 의하여 영업비밀이나 특별한 공식 기타 가맹본부의 상호나 상표에 관련된 독자성을 나타내는 징표의 도용이 금지된다. 그리고 때로는 가맹본부에게 불리한 행동을 할수 없도록 정하기도 한다. 이러한 특약조항은 우선 계약종료 원인이나 귀책 당사자가 누구냐에 관계없이 적용된다. 그리고 그에 따라 아무런 과실이 없는 가맹자에게 불리한 결과를 초래할 수 있다.

(8) 운영권 양도 금지 의무

가맹자는 자신이 취득한 프랜차이즈 운영권을 가맹본부의 사전동의 없이 타인에게 양도할 수 없다. 프랜차이즈 운영권은 본부와 가맹자간의 기본적인 신뢰관계를 바탕으로 함으로 운영권의 일방적인 양도는 할 수 없다.

(9) 프랜차이즈 계약 해지시 지켜야 할 의무

가맹자가 가맹본부와의 계약을 해지할 경우 영업표지의 사용을 할 수 없으며 기타 영업 운영과 관련된 양식이나 교범, 선전문구, 간판 기타의 표지문을 사용할 수 없다.

3) 성공을 위한 프랜차이즈 가맹본사와 가맹점의 자격 요건

(1) 본사의 자격

- 유망업종으로 시장규모가 큰 소비성 상품을 준비하여야 한다.
- 충분한 자본금, 신뢰성 있는 기업, 좋은 브랜드를 준비한다.

- 빈틈없는 마케팅 전략을 기획한다.
- 제1차 직영판매점을 먼저 창업한다.
- 1차 직영판매점을 분석검토 한다.
- 1차 검토에 따라 제2차 직영판매점을 창업한다.
- 2차 직영판매점을 분석 또는 보완한 후 가맹점 모집을 한다.
- 가맹점을 위한 창업, 경영마케팅 교육계획을 수립한다.
- 광고와 홍보마케팅 전략을 수립한다.
- 가맹점 모집은 충분한 준비가 될 때까지 서두르지 않는다.
- 광고와 홍보 마케팅전략을 수립한다.
- 가맹점 모집은 충분한 준비가 될 때까지 서두르지 않는다.
- 마케팅 전략을 수시로 점검, 보완한다.
- 본점은 가맹점 판매매출에 모든 경영을 의존해서는 않된다.
- 가맹점을 위한 사업경영에 초점을 맞춘다.

(2) 가맹점의 자격

- 충분한 준비를 하여야 한다.
- 적성에 맞는 업종을 선택하고 해당분야에 지식을 습득하여야 한다.
- 100% 자기 자본을 준비한다.
- 창업전 시장조사를 철저히 하고 확실한 사업계획을 세운다.
- 본점 분석검토를 세밀하게 한다.
- 유행보다 유망업종을 선택한다.
- 힘있는 자신을 만들고 성공확신을 갖는다.

3 프랜차이즈 개점 준비 및 절차

1) 프랜차이즈 창업과정

프랜차이즈 창업과정에는 ① 업종선정부터 시작하는 경우, ② 사업장이 먼저 정해진 경우, ③ 점포와 업종이 동시에 결정되는 경우, ④ 본부업체를 결정한 후 점포를 선정하는 경우 등 4가지로 나누어 볼 수 있다.

(1) 먼저 후보 아이템을 선정하는 경우

후보 아이템 선정 후 그에 적합한 프랜차이즈 본부(대리점 본부)를 탐색한다. 다음에는 여러 본부들의 조건(물자공급조건, 반품처리, 대금결제, 점포 평수, 보증금의 종류와 유무)을 조사하여 비교·검토하고 가장 유리하다고 판단되는 후보본부업체를 선정한다.

예를 들어, 음식점 분야에 관심이 있다고 하자. 음식점분야의 프랜차이즈도 만두집, 두부요리 전문업체, 피자 전문업체 등 많은 프랜차이즈 사업본부가 있다. 또한 하나의 음식에 대하여도 여러 개의 프랜차이즈 본부가 있는 경우가 있으므로 자세한 조사를 실시하여야 한다. 하나의 프랜차이즈 본부만 방문하고 결정해 버리면 후회할 수도 있다.

후보 본부업체가 선정되면 그에 대하여 사업성분석을 실시하여 희망적인 결과가 예상되면 사업계획을 수립하고 사업을 추진한다. 그렇지 못한 경우에는 새로운 후보업종의 탐색 또는 새로운 후보본부업체의 탐색과정으로 되돌아간다.

(2) 사업장이 먼저 정해진 경우

점포에 적합한 업종과 본부업체를 선정하고 그에 대한 사업성 분석을 실시한다. 사업성분석의 결과가 희망적이면, 사업계획을 수립하여 사업을 추진한다. 만약 그렇지 못하다고 판단되면 새로운 후보업종의 탐색이나 새로운 본부업체의 탐색단계로 되돌아가서 앞의 과정을 반복한다.

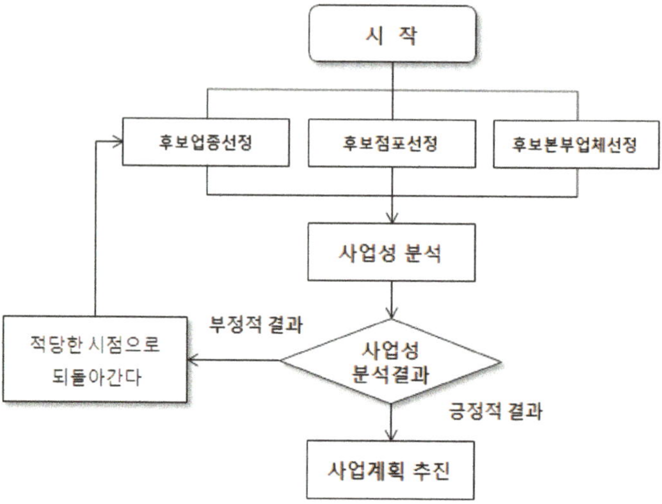

< 프랜차이즈 창업과정 >

(3) 프랜차이즈 가맹 순서

① 정보수집 → ② 본사방문, 상담을 통해 계약여부 결정 → ③ 가계약 → ④ 상권분석을 통한 후보점포 탐색 → ⑤ 손익계산, 점포계약 여부 결정 → ⑥ 가맹계약 → ⑦ 인테리어, 설비 납품 → ⑧ 초도물품 입고 → ⑨ 개점교육 및 개점

2) 프랜차이즈 계약 패키지

본사 → 체인점주	체인점주 → 본사
• 상표 및 상호·영업 및 관리매뉴얼 • 각종 지도 및 통제·경영관리 교육 • 상권분석에 의한 지역 영업권 보장 • 판촉지원·신상품 개발과 공급	• 가맹비·보증금 • 로열티·인테리어비 • 설비비·초도물품비 • 개점비·교육비

3) 프랜차이즈 본부의 가맹점에 대한 지원

모든 가맹점들은 계속적으로 본부의 제품과 서비스를 제공받기를 원하는데 이런 상품과 서비스의 제공은 전통적 유통기관들에 의하여 제공되는 것과는 달리 양적·질적으로 일관성을 가지며 본부는 촉진활동을 통해 시장개척·이미지 개발 등으로 가맹점이나 소비자로부터 자동적이고 즉각적인 반응을 기대하고 있다.

본부가 제공하는 서비스는 다음과 같다.

< 프랜차이즈 본부가 가맹점에게 제공하는 지원 >

초 기 지 원	계속적인 지원
① 시장조사와 위치선정	① 현장감독
② 설비설계와 배치	② 판매와 촉진활동의 자료제공
③ 임대협상의 자문	③ 관리자 고용인의 재교육
④ 재무자문	④ 품질검사
⑤ 영업방식	⑤ 전국광고
⑥ 관리자 교육훈련에 관한 프로그램	⑥ 중앙집중구매
⑦ 가맹점 종업원에 대한 교육	⑦ 시장정보와 지도
	⑧ 감사와 장부기록
	⑨ 관리자 보고서 작성
	⑩ 조직의 보험계획

이와 같은 프랜차이즈 본부의 초기 및 계속적 서비스에 대해 대부분의 본부들은 현장서비스에 대한 계속적인 프로그램을 가지고 있으며, 감독자들이 점포를 방문하여 경영원조 및 상품과 서비스의 질을 검토하고 경영성과에 대해 보호·감독하고 있다.

4) 가맹점의 의무

가맹점의 의무를 들면 매월 1~2월에 걸쳐 주간판매액, 지역광고, 종업원 인사이동, 이익, 재무구조 및 상태, 마케팅 정보를 본부에 보고해야 하는데 이는 정기 보고로서 재무 및 영업적 측면에서 마케팅의 일괄적 통제를 하고자 함에 그 목적이 있다.

5) 체인본부에 지불해야 하는 비용의 성격

- **보증금** : 개업 후 채무보증을 위해 통상적으로 계약약관에 따라 예치하고 해약시 대금정산 후 반 환받음.
- **가맹비** : 본사의 상호 표식 등을 사용하는 조건으로 지불하게 되는 소모성 비용
- **로열티** : 본사의 지속적인 지원에 대한 수수료로 수입이 없어도 지불의무가 있는 경우가 많음
- **인테리어비 및 설비비** : 체인본부에서 사업의 통일성을 유지하기 위하여 본사나 본사가 지정한 공급자에게 공사 및 설치를 하도록 하나 강제할 수 없음. 단, 계약에 의해 상호간 양해하면 예외

6) 체인점에 대한 본사의 권리

계약 후 체인 본사가 체인점에 대하여 갖게 되는 통상적인 권리는 필요 범위를 벗어나지 않고 일반적 거래관행에 비추어 무리가 없도록 해야 함.

- 체인점 디자인과 내부시설의 통일, 또는 계절별로 개조 변경하도록 요구할 수 있는 권리
- 취급상품 및 서비스를 제한할 수 있는 권리
- 지정된 공급자에게 재료나 상품을 구매하도록 강제하는 권리
- 가맹점의 영업 지역을 제한하고 이전이나 추가 개설을 막을 권리
- 체인점이 본사에 지불해야 할 로열티를 연체하거나 판매 지역을 벗어나 영업하는 등 계약을 위반했을 때 계약 기간이라도 계약을 해지할 수 있는 권리 및 계약 만료시 계약갱신에 대한 보장을 피할 수 있는 권리

4 프랜차이즈 사업시 주의사항

1) 가맹계약시의 주요 점검사항

(1) 계약기간과 약관 확인

계약기간은 몇 년이며 재계약시 추가 요구사항의 유무 그리고 계약해지시의 불이익 여부와 가맹비의 환불 여부 등을 반드시 확인해야 한다. 대부분의 국내 체인본사는 약관에 가맹비는 환불해 주지 않는 것으로 규정해 놓고 있으며 개점 전에 계약을 해지한 때도 이미 지불한 가맹비를 환불하지 않는 본사도 있는데 이는 잘못이다.

가맹계약의 종료시에는 가맹점주의 해약의사가 없으면 자동으로 연장되며 추가 가맹비는 받지 않는 것이 관행이나 외국 체인업체는 업체에 따라 계약 연장시 1/2 정도의 가맹비를 받기도 한다.

(2) 일정 지역 내의 독점 영업권 보장여부

가맹점 개설시 일정 지역에서의 영업권을 보장해 주는지를 확인해야 한다. 보장해 주는 것이 원칙이나 일부 업체에서 지키지 않는 경우가 있으므로 꼭 확인해 두어야 한다.

(3) 경영 노하우 유무 및 교육훈련 지원여부

교육내용, 강사의 수준, 교육비 부담 정도와 교육기간 및 대상을 확인한 후 지원부서의 인원과 능력을 점검해야 한다. 본부의 영업능력이 사실상 여기서 판가름이 난다. 즉, 우수한 체인본사는 노하우가 풍부하고 가맹점 관리프로그램이 충실하다. 확인할 사항으로는 매장 인테리어 및 상품·재료 공급, 판촉 홍보활동, 영업장소의 선정이나 마케팅, 인력관리 지원, 점포 인테리어 디자인, 종업원 유니폼, 간판, 회계 절차 등의 통일된 규격이 있는지 등이다.

(4) 가맹점의 운영과 매매에 관한 조항의 확인.

가맹점을 직접 운영치 않고 대리인을 세울 수 있는지, 가맹점의 매매는 자유로운지 아니면 본사가 거부권을 가지고 있는지를 확인해야 하며 일부 본사에서 일정 조건을 명시해 제한적으로 허용하고 있다.

(5) 상표 등 특허 유무의 파악

국내에서는 아직 이런 분쟁이 많이 발생하지는 않고 있으나 프랜차이즈사업이 활성화하면서 본사와 가맹점간에 상표사용과 관련한 분쟁이 자주 발생할 것으로 예상되고 있다.

예를 들어, 개점 후 본사의 상표가 등록되지 못하는 경우 피해는 가맹점에 돌아가게 되므로 상표등록 여부를 파악한 후 문제의 소지가 없을 때 계약을 체결하는 신중성이 요구된다.

(6) 영업중인 가맹점 방문 조사

3군데 이상 직접 방문하여 체인점 경영자를 만나 보아야 정확한 정보를 얻을 수 있다. 이 때 확인할 사항은 다음과 같다.

- 본사에서 약속한 지역내 독점 영업권 보장이 되고 있는지의 여부
- 상품 및 재료의 공급과 반품이 제때 이루어지고 그 납품가격은 적정한지
- 월매출과 수입이 기대를 충족하고 있는지의 여부
- 본사에서 제공한 설비나 기계가 제대로 작동되고 있는지
- 본사의 광고 판촉지원은 만족한지
- 각종 본사 지원내용이 계약 전 본사 약속과 일치하며, 기타 본사의 횡포는 없는지

2) 계약서 작성시의 유의사항

반드시 본사 담당자와 계약하되 각종 특약사항은 반드시 서면으로 작성, 계약한다.

계약내용과 본사의 의무 및 책임사항을 세부적으로 확인한다.

어려운 한자나 영어로 되어 있을 경우에는 서로 이해할 수 있는 내용으로 고쳐서 계약하고 불가능한 경우에는 계약치 않는다.

불이익 우려가 있는 부분이 있거나 본사의 책임 회피성이 짙어 수정을 요구했는데 받아들여지지 않는 경우는 계약치 않는다.

< 계약서 작성시 점검사항 >

점 검 사 항	내 용
1. 가맹시의 가맹비, 보증금,기타 금전징수 관련 사항	• 세부 항목별 징수금액과 그 산정방법 • 가맹비, 보증금, 비품대금, 기타 비용의 성격 • 징수시기·징수방법 • 보증금 등 반환되는 비용의 경우 환불조건 및 시기
2. 상품공급조건 관련 사항	• 체인점주에게 공급(판매)하는 상품의 종류 • 상품 대금의 결제방법
3. 경영지도 관련 사항	• 가맹시 연수 또는 강습회 개최 유무 • 강습회 개최의 경우 세부 교육내용과 일정 • 지속적인 경영지도 여부와 구체 횟수
4. 체인점주가 사용할 상표, 상호, 기타 표시에 관한 사항	• 사용 가능한 상표, 상호, 기타 표식 • 사용에 따른 별도 조건이 있는 경우 구체적인 내용
5. 계약기간 갱신, 해지관련 사항	• 계약기간·갱신조건 및 절차 • 해지조건 및 절차 • 계약 해지로 인한 손해배상금 지급과 기타 의무사항
6. 체인점주로부터 정기적으로 징수하는 금전에 관한 사항	• 징수금의 세부항목, 기타 비용의 성격 • 상호 사용료, 경영 지도료, 기타 비용의 성격 • 징수 시기·징수 방법

3) 부실징후 프랜차이즈 본사

다음과 같은 프랜차이즈 본사는 위험성이 매우 높으므로 절대로 계약해서는 안된다.

- 본사 직영점이 없고 유행하고 있는 인기 아이템을 모방해 가맹점을 모집하는 곳
- 가맹점 모집을 시작한지 3개월이 되었는데도 가맹점이 없는 곳
- 가맹점이 급속히 증가하여 300곳 이상인 경우
- "초기자금 부담 전혀 없음" 등 파격적 조건을 내세우고 계약 만료기간을 정하여 가계약을 서두르는 경우 등

4) 계약전 체인본사에 요구할 수 있는 사항

공정거래위원회에서 고시한 '프랜차이즈의 불공정 거래 행위 기준'에 따라 체인점 희망자는 계약 전에 체인본사의 주요 정보를 서면으로 제출토록 요청할 수 있는데 다음은 그 요구사항들이다.

- 재무구조 및 자본규모 현황
- 본사 경영진의 경력과 직원 수
- 가맹점 수
- 연간 매출액(영업 실적)
- 영업 개시일(설립시기)
- 직영점 보유 여부 및 직영점의 수
- 경영방침 등

5) 체인본사 방문시의 조사항목

최소 3군데 이상의 체인 본사를 선정하여 직접 조사, 확인을 통해 신뢰성과 조건이 좋은 체인본사와 계약해야 한다. 다음은 체인본사를 직접 방문조사할 때 확인해야 할 사항이다.

- 본사 가맹 담당자 또는 대표자를 만날 것
- 사업장 규모와 운영상태, 영업실적, 브랜드의 지명도 확인
- 원자재·부자재의 신속한 배송체계 구축여부
- 사업자등록상의 대표자와 실제 대표자의 동일인 여부
- 본사 직원이 10명 이상일 것과 영업직보다 관리직이 많은지 여부
- 계약수익보다 영업수익이 본사의 주요 수입원인지의 여부
- 체인점 모집과정이 적법한지의 여부
- 독점 판매지역이 명확하게 규정되어 있고 충분히 넓은 지역인지
- 본사의 장기 경영계획 등 사업계획서 검토

6) 본부업체의 수익원

< 프랜차이즈의 수익원천 >

수 익 원 천	내 용
1. 초기의 프랜차이즈 수수료 (Initial franchise fee)	보통 1,000만원 정도의 초기 수수료가 든다. 이 수수료는 가맹점의 입지선정·교육·운영·통제·착수 등의 초기비용과 프랜차이즈를 정립시키기 위한 개발비용 등 제경비로 사용된다. 수수료는 프랜차이즈 사업이 성공적일 때는 증가하는 경향이 있다.
2. 사용료 (Royalty fee)	가맹점이 매출액 비율에 근거를 두어 산정하는데 보통 계약에 의해 매출액의 5%를 징구한다. 이외에 매출단위기준으로 청구하기도 하는데 예를 들어 모텔사업체는 실(Room)당 사용료를 청구하며, 자동차 세차업의 경우 세차 1대당 사용료를 청구한다.
3. 상품매출 (Sales of products)	도매상 기능으로 본부가 완제품을 가맹점에 공급할 경우에 해당한다.
4. 대여·임대수수료 (Rental and lease fee)	건물·장비·설비 등의 임대에 따른 사용료 징수를 말한다.
5. 허가수수료 (Licence fee)	프랜차이즈 본부의 상표이용과 전시에 관한 수수료를 말한다.
6. 경영수수료 (Management fee)	드문 경우로서 상담 서비스를 할 경우 경영보고서 작성이나 교육에 소요되는 수수료이다.

프랜차이즈 본부는 가맹점 지원을 위해 첫째, 가맹점에 약속한 재료와 서비스를 제공하는데 필요한 경비, 둘째 개발되어야 하는 조직을 위한 행정적인 경비, 셋째, 가맹점을 선발하고 시스템을 운용하는데 필요한 촉진적 운영경비, 넷째, 사업을 수행하는데 있어 따르는 위험을 고려한 기회비용으로 사용되는 경비가 지출된다. 그러므로 본부업체는 이러한 경비의 충당을 위해 일정한 수익을 확보해야 한다. 프랜차이즈 수익의 구성내용은 다음과 같다.

- 프랜차이즈 로열티(Franchise royalty) : 31.2%
- 초기의 프랜차이즈 수수료(Initial franchise fee) : 22.7%
- 설비판매(Equipment sales) : 1.3%
- 부동산 임대수수료(Real estate fee) : 14.0%
- 상품매출(Salse of products) : 4.4%
- 기타 수익원천(All other revenue sources) : 26.4%

5 프랜차이즈 가맹에 따른 피해사례 및 유의사항

1) 프랜차이즈 가맹에 따른 피해사례

97년 12월부터 소비자보호원에 접수된 체인점 관련 상담피해사례는 468건으로 97년 대비 33%나 증가하는 등 최근 급격히 프랜차이즈 창업이 늘어나면서 피해사례로 급증하고 있다. 다음은 피해 유형별로 사례를 분석한 것이다.

(1) 가맹점계약 체결 및 창업과정에서의 피해

- **영업허가를 받지 못함** : 마땅한 직업이 없었던 차에 무조건 영업허가를 받아낼 수 있다는 가맹점 영업사원 말만 믿고 인테리어비 및 설비비 일부를 지급하면서 체인점 계약을 체결하였으나 시청에서 환경문제로 허가를 받을 수 없게 됨.

- **가계약금의 선지급 유인** : 한식집을 운영하다 업종전환을 해보려고 체인점 개설을 상담하는 과정에서 "전국적으로 체인점 모집이 완료되는 단계에 있으니 빨리 서두르라"는 가맹본부측의 말에 가계약금 30만원을 지급하였는데 좀 이상해서 계약해제를 요구하지 가계약금 환급을 거절함.
 또한 모씨는 체인점 개설 상담을 하다가 "독점영업권을 주겠다, 경쟁이 치열하다, 2~3일 후면 모집이 마감되니 빨리 결정하라"는 가맹본부측의 말에 가계약금 100만원을 온라인 송금한 후 성급한 결정을 후회하여 해약을 요구하자 거절함.
- **잘못된 입지선정** : 체인점 상담시 "시장조사를 거쳐 시설 및 점포를 알선해 주고, 2개월내에 개점할 수 있도록 해 주겠다"는 가맹본부의 말을 믿고 카드결제 등을 통해 가계약금 500만원을 지급하였으나, 너무 외진 곳이거나 미입주 신도시 지역 등 전혀 영업이 될 수 없는 장소를 알선해 중 본사를 도저히 믿을 수 없다고 판단 해약을 요구함.
- **인테리어 및 설비 강제** : 체인점 개설을 상담할 때 인테리어는 본인이 해도 좋다는 약속을 받았으나 막상 200만원의 가계약금을 지급한 후에는 본사가 해야 된다고 강제하여 해약을 요구하자 가계약금 반환을 거절함.
- **독점적 영업권의 미보장** : 계약금 100만원에 체인점 계약을 체결하였으나, 매장오픈 일자가 지연되면서 확인한 결과 동일 상권 내에 이중계약 사실을 파악, 해약을 요구함. 또한, 상권분석이 제대로 안된 곳에 점포를 개설하여 매출이 너무 적은 관계로 가맹본부와 충분히 협의하여 장소를 옮겨 다시 개점하였음에도 불구하고 건너편에 1개소, 200~300m거리에 다시 1개소가 개점되는 등 독점적 영업권이 보장되지 않아 피해를 당함.
- **가맹사업 관련 정보 제공 미흡(이익현황, 매출현황, 임원경력 등)**
- **가맹계약서의 내용 부실**

(2) 가맹점 운영과정의 피해사례

주문치 않은 물품의 강제 할당, 공급품의 수량미달, 납기지연 등 무성의한 관리

레코드가게를 운영하다가 업종전환을 위해 문구가맹계약을 체결하였으나 가맹본부가 아동용품이 잘 팔리는 상권특성을 무시하고 일방적으로 성인용품만 공급, 반품도 거절하면서도 매 15일마다 대금결제를 요구하는 등 횡포가 심하여 해약함.

개량한복을 판매관련 가맹점 계약을 하였으나 공급품목의 품질분량, 납기지연은 물론 주문하지도 않았던 치수의 한복을 일방적으로 떠맡김으로써 해약함.

하자물품·재고품의 처리 강제

아이스크림 가맹점을 운영하는 과정에서 가맹본부가 유효기간이 1년 정도 지난 상태의 미국 수입 아이스크림 원료를 유효기간을 변경하여 가맹점에 공급해 주는 등 공급물품의 품질불량으로 영업손해가 심해지자 가맹본부를 고소함.

한복체인점의 경우 공급한 한복이 가격에 비해 품질이 조악하고, 가게 디스플레이, 제품교환 약속이 영업사원의 잦은 교체로 이행되지 않아 해약함. 의류가맹점의 경우 타사 제품이 섞여 있고 주 1~2회 반품이나 교체 등 판매관리 지원 약속이 이행되지 않자 해약함.

계약기간내 추가적 금전 부담

일정 보증금을 지불하고 3년 계약으로 영업을 시작하였으나 3개월만에 보증금 인상을 요구함.

광고 및 판촉활동, 예상매출액, 마진율의 심한 차이발생

즉석인쇄 체인점 계약을 체결한 후 계약내용과 달리 상권보장이 안되고, 예상매출액이 700~800만원은 된다고 하였으나 실제는 200만원도 안되며, 컴퓨터 및 프린터가 자주 고장나는 등 문제가 속출하는데도 불구하고 A/S도 안되어 다른 기계를 구입하는 등 상당한 피해를 당함.

가맹본부의 판매지원 불충분

보증금 700만원에 유아방 체인점 계약을 체결하였는데 지역광고는 가맹점주가 해야 함과 아울러 전국적 광고도 가맹점이 광고비를 분담해야 하는 등 본사의 판촉지원이 전무하며 1년 이내에 해약시 보증금 중 300만원만 환급받을 수 있고, 계약기간 중에도 가맹본부에 일방적으로 유리하게 재계약을 요구하는 등 가맹본부의 행태에 불만.

생활용품을 판매 체인점계약 후 영업하고 있으나 공급물품의 품질이 조악함을 물론 계약서에 반품거절 조항이 없는데도 반품을 거절하고, 공급물품의 납기가 지연되며, 공급단가를 높게 책정하여 마진이 30%도 안되는 등 가맹본부의 행태에 불만.

2) 프랜차이즈 창업의 유의사항

프랜차이즈 창업의 경우, 브랜드의 인지도가 낮아 판촉효과도 거두지 못하고, 본부가 가맹점 교육이나 신상품 개발에도 소극적이며, 계약사항을 잘 이행치 않음으로써 타인의 의해 치명적인 피해를 입게 되는 경우가 많이 있다. 피해를 예방하기 위한 방안을 들어 보았다.

가맹본부에 대한 철저한 사전조사 실시

계약내용 특히 특약사항의 철저한 확인

가맹점 유치 담당자와 계약 체결 당사자가 상이한 경우 가맹 유치담당자의 약속내용이 계약서에 포함되어 있는지 확인해야 한다. 구두약속은 가맹계약 후 효력이 없기 때문에 본사와 계약시에 약속한 내용을 문구화해 놓아야 한다.

본사의 지원 항목과 결제조건의 점검

본사가 지원해 줄 항목의 내용과 지원 항목에 대한 비용부담 등 추가할 내용은 없는지 확인해 두어야 한다. 예를 들어 입지선정, 실내구조나 인테리어, 시설물의 유지보수, 상품배송과 같은 비용처리 등 본사에서 지원해 주는 내용이 어떤 것들이 있고 이 비용은 얼마나 발생하는지를 꼼꼼하게 챙겨두는 것이 좋다. 체인 본사에 따라서는 판촉과 광고비용 일부를 가맹점에 전가하는 사례도 있다. 물론 본사와 지역본부 및 가맹점간에 광고비를 분담하는 것이 프랜차이즈 정신에 위배되지는 않는다.

그러나 일방적으로 가맹점에 광고비나 판촉비를 전가하는 사례도 있는 만큼 사전에 분담내용을 살펴봐야 한다.

- 고소득 보장 등 광고에 현혹되지 마라
- 계약을 서두르거나 가계약금을 요구하는 업체는 의심하라
- 가맹비·로열티·보증금 없는 등 파격적인 조건을 내건 곳은 부실하다는 증거이다.
- 본사가 지정해준 가맹점 외에 다른 곳을 직접 방문하여 정보를 수집하라.

< 가맹본부의 견실성 분석차트 >

체 크 항 목	매우 그렇다				전혀 아니다
	5	4	3	2	1
• 본부의 재정· 운영상태 건전성	건전함				건전치 못함
• 직영점의 유무(개소)	10개 이상	6~7개소	5 개소	3~4 개소	없음
• 가맹점의 수	30개 이상	25~29개	20~24개	11~19개	10개 이하
• 안정적 제조· 유통망의 구축	안정적임				불안정함
• 가맹점 지원체계의 구축 정도	견실함				견실치 못함
• 법률적 관계	법적 제재 가능성 있음				법적 제재가능성 없음
• 발전가능성 여부	있음				없음
• 소비자의 브랜드 인지도	높음				낮음

※ 총점이 32~40점 안정적, 24~31점 검토 대상, 23점 이하 요주의

○ 가맹점 수가 너무 적거나(20개소 이하) 너무 많아도 위험하다.

○ 행정규제가 강한 업종을 피하라

○ 업종이나 점포주가 자주 바뀌는 가맹점은 일단 주의

○ 체인 가맹비가 유난히 저렴하거나 아예 없는 곳은 조심하라.

3) 분쟁시의 처리방안

분쟁이 발생하는 경우, 대부분 약자인 가맹점이 불이익을 당하게 된다. 이 경우 비교적 간단하게 분쟁을 해결할 수 있는 방법으로는 다음을 들 수 있다.

- 법원에 소액심판 청구(분쟁금액이 1천만원 이하일 경우 가능하다)
- 대한상사중재원에 중재 신청
- 공정거래위원회에 불공정 거래 행위에 대한 고발
- 한국프랜차이즈협회의 피해자 신고센터에 중재 및 구제 신청 (☏02-447-6094)
- 가맹사업(프랜차이즈)의 불공정 거래에 관한 기준 지정 고시 참조 (인터넷에 공시되어 있음)

4) 프랜차이즈 관련 인터넷 사이트

http://www.franchise.co.kr

http://www.franchiseplaza.co.kr

http://www.sohobusiness.co.kr

http://www.ihappy.co.kr

http://www.pcg.co.kr → 프랜차이즈 관련 컨설팅

http://www.lawMarket.co.kr → 프랜차이즈 관련 법률 자문

http://www.wall-fc.com → 프랜차이즈 관련 종합 정보지

Http://www.delcoi.com → 프랜차이즈 창업정보 서비스

CHAPTER 11

기술형 창업

1. 기술형 창업유형
2. 기술형 확보 방법
3. 기술 사업화 과정
4. 기술사업화 요인의 분류

1 기술형 창업유형

지식기술 창업의 범주는 IT 융합 분야의 콘텐츠, 소프트웨어, 제조업 융합 분야, 지식 기반 서비스업 등이다. 통계청의 한국 표준 산업분류상 중분류 기준에 입각하여 지식기술 분야를 간추린 것이다[20].

< 한국 표준 산업 분류에 입각한 지식기술 산업 현황 >

코드 번호	산업(중분류)	코드 번호	산업(중분류)
211	기초 의약 물질 및 생물학적 제제 제조업	651	보험업
212	의약품 제조업	653	연금 및 공제업
213	의료 용품 및 기타 의약 관련 제품 제조업	661	금융 지원 서비스업
261	반도체 제조업	693	산업용 기계 및 장비 임대업
262	전자 부품 제조업	701	자연 과학 및 공학 연구 개발업
263	컴퓨터 및 주변 장치 제조업	702	인문 및 사회 과학 연구 개발업
264	통신 및 방송 장비 제조업	711	법무 관련 서비스업
265	영상 및 음향 기기 제조업	712	회계 및 세무 관련 서비스업
266	마그네틱 및 광학 매체 제조업	713	광고업
271	의료용 기기 제조업	714	시장 조사 및 여론 조사업
272	측정, 시험, 항해, 제어 및 기타 정밀 기기 제조업(광학 기기 제외)	715	회사본부, 지주회사 및 경영 컨설팅 서비스업
273	안경, 사진 장비 및 기타 광학 기기 제조업	721	건축 기술, 엔지니어링 및 관련 기술 서비스업
285	가정용 기기 제조업	729	기타 과학 기술 서비스업

20) 박동 외(2010), 청년 지식기술 창업 연구, 한국직업능력개발원

코드 번호	산업(중분류)	코드 번호	산업(중분류)
289	기타 전기장비 제조업	732	전문 디자인업
291	일반 목적용 기계 기계 제조업	733	사진 촬영 및 처리업
292	특수 목적용 기계제조업	739	그 밖에 기타 전문, 과학 및 기술 서비스업
301	자동차용 엔진 및 자동차 제조업	759	기타 사업 지원 서비스업
302	자동차 차체 및 트레일러 제조업	841	입법 및 일반 정부 행정
303	자동차 부품 제조업	842	사회 및 산업 정책 행정
311	선박 및 보트 건조업	843	외무 및 국방 행정
312	철도 장비 제조업	844	사법 및 공공 질서 행정
313	항공기, 우주선 및 부품 제조업	845	사회 보장 행정
467	기타 전문 도매업	851	초등 교육 기관
473	정보통신장비 소매업	852	중등 교육 기관
476	문화, 오락 및 여가 용품 소매업	853	고등 교육 기관
582	소프트웨어 개발 및 공급업	856	기타 교육 기관
591	영화, 비디오물, 방송 프로그램 제작 및 배급업	857	교육 지원 서비스업
592	오디오물 출판 및 원판 녹음업	861	병원
601	라디오 방송업	862	의원
602	텔레비전 방송업	863	공중 보건 의료업
612	전기 통신업	869	기타 보건업
620	컴퓨터 프로그래밍, 시스템 통합 및 관리업	901	창작 및 예술 관련 서비스업
631	자료 처리, 호스팅, 포털 및 기타 인터넷 정보 매개 서비스업	902	도서관, 사적지 및 유사 여가 관련 서비스업
639	기타 정보 서비스업	911	스포츠 서비스업
641	은행 및 저축 기관	941	산업 및 전문가 단체
642	투자 기관	952	자동차 및 모터사이클 수리업
649	기타 금융업	990	국제 및 외국 기관

지식기술 분야의 구분에 입각하여 기술형 창업은 "제조업 및 서비스업 중 지식기술 분야로 분류되는 산업 분야에서 본인이 소유한 지식과 기술을 기반으로 창업을 하거나 창업 활동에 참여하는 행위를 의미한다."

이러한 기술형 창업을 창업시점에서 좀 더 세분화하여 정리하면, 벤처창업, 기술창업, 기술벤처창업으로 구분해 볼 수 있다.

<기술형 창업 형태 >

구분	형태	정의
창업시점	벤처창업	반드시 기술보유를 전제로 하지 않음. 유통.서비스 분야의 Item도 포함되며 High Risk - High Return에 충실
	기술창업	기본적으로 기술 Item을 전제. 그러나, 초기 Risk와 창업멤버의 구성에 따라 벤처창업과 구분된다. 예컨대 대기업 또는 일정규모 이상의 자본이 참여되는 Spin-Off 도 기술창업의 하나
	기술벤처창업	우리가 흔히 기술 Item을 기반으로 High Risk-High Return을 추구하는 전형적인 벤처형 창업
창업후	벤처	초기에 기술을 기반으로 창업하였다가 경영환경의 변화 또는 전략적 선택에 의해 기술외적인 부분에 집중하는 기업으로 변화하는 형태를 포함(기술, 유통, 서비스, 기타)
	기술벤처	초기 기술벤처창업의 형태를 그대로 유지하는 기업. 우리가 말하는 벤처의 전형적인 모습

2 기술형 확보 방법

기술형 창업은 기술의 개발 방법과 획득 방법 사이에서 선택(make or buy)하여야 한다. 특히 기술의 자체개발 이외 획득할 수 있는 방법은 외부의 기술을 양도, 실시권허락, 기술지도, 공공연구, 기술창업, 합작 투자, 인수·합병 등을 통해 사업(창업)이 가능하다. 이를 기술매매, 기술라이센싱, 기술 합작투자, 기술직접투자로 그룹핑 해 볼 수 있다. [표 2-3참조].

< 기술사업화 전략 유형과 주요 내용 >

기술사업화전략		주요 내용	기술개발
기술 매매 (거래)	공동연구	기술보유자가 기술도입자에게로의 기술이전을 목적으로 공동연구를 수행	기술획득
	양도	기술보유자가 기술도입자에게 기술의 소유권을 이전(기술료 받음)	기술획득
기술 라이센싱	실시권	기술보유자가 기술도입자에게 기술의 실시권 허락	기술이전
	기술지도	기술보유자가 기술도입자에게 기술의 적용을 위한 교육/훈련을 제공함. 양도 혹은 라이센스와 병행	기술이전
기술 합작투자	기술제휴	기술보유자와 기술도입자가 합작하여 제3의 기업을 설립하고 사업화를 추진함. 기술보유자가 공공연구기관인 경우는 주로 보유기술을 현물출자하여 참여	기술소화
	기술 인수·합병 (협의적)	기술도입자가 사업화 추진을 위해 필요한 기술과 경영인프라를 보유한 기술보유자를 인수·합병	기술소화
기술 직접투자	spin-off	소속직원(기술보유자, 연구원 등)이 직무발명 등을 이전받아 창업하거나 창업에 참여	기술변용 기술창조
	기술지주 회사	기술보유자(공공연구기관 등)가 기술지주회사를 설립하고, 보유기술을 자본금 형식으로 출자하여 기술사업화를 목적으로 하는 자회사를 운영	기술창조

출처: 박종복(2008)[21]의 내용 수정.

기술보유자가 민간기업일 경우, 전략적으로 기술읅 활용하는 반면, 기술보유자가 공공연구기관인 경우, 기술이전을 통한 간접사업화를 추진하거나 연구소기업 등의 스핀오프를 통해 기술사업화 직접 추진하기도 한다. 최근에는 기술의 적용과 확산 차원에서 최근에는 합작투자, 기술지주회사 설립 등의 기술출자 방식 등 다양하게 응용되고 있다.

3 기술 사업화 과정

1) 선형모형

(1) 해외

기술사업화의 이론적 뿌리는 연구개발론, 신제품개발론, 기술혁신론 등 다양하다. 그 이유로 기술사업화는 Utterback(1971)[22]의 기술혁신론, Cooper(1980, 1984)[23], Crawford(1991)[24], Hisrich and Peters(1991)[25]의 제품개발론, Kokubo(1991, 1993)[26]의 연구개발론 등을 참고하기도 한다.

---

21) 박종복(2008), 『한국 기술사업화의 실태와 발전과제 : 공공기술을 중심으로』, 산업연구원 Issue Paper 2008-233.
22) Utterback, J. M. et al.(1971), "The Process of Innovation in Five Industries in Europe and Japan," *IEEE Transactions on Engineering Management*, 23 : 3-9.
23) Cooper, R.G.(1980), "How to Identify Potential new Product Winners," Research Management, 23(5) : 10-19. ; Cooper, R.G.(1984), The Strategy-Performance Link in Product Innovation, R&D Management, 14(4) : 247-256.
24) Crawford, C. (1991) New Products Management (3rd edn). Irwin, Homewood, IL.
25) Hisrich, R.D. and M.P. Peters(1991) , Marketing decisions for new and mature products. , Macmillan Publishing Company, New York
26) Kokubo, Atsuro(1991), 국제기술이전에서의 기술상업화, 한국과학기술정보연구원 워크숍. ; Kokubo, Atsuro(1993), "Core-Technology-Based Management: The Next Japanese Challenge", Prism, First Quarter,: 13-21

< 기술사업화 선형모형 >

구분	Utterback(1971)	Hisrich and Peters(1991)	Kokubo(1992)
특징	기술혁신의 과정	customer pull	연구개발론
사업화단계	① 아이디어 창출 ② 문제해결 ③ 효용 및 확산	① 아이디어 창출 ② 평가 ③ 연구개발 ④ 평가 ⑤ 시제품 생산	① 구상 및 가능성 조사 ② 기초연구 ③ 응용연구 ④ 실용화 연구 ⑤ 상용화 연구 ⑥ 상품화 모델 설계 ⑦ 실제 제조

이 중에서 기술사업화의 선형 프로세스의 대표적 형태는 신제품개발론이라고 할 수 있다. 이재희(2000)[27]는 신제품개발 단계에 대한 연구를 종합한 바 있다. 그는 신제품개발 프로세스에 대해 다음과 같이 말하고 있다. "신제품개발 과정에 대한 기존 연구결과들은 신제품개발 과정이 순차적인 여러 단계들로 구성되어 있으며, 이러한 과정들을 개념화하기 위해서 흐름도 모형(flow diagram) 등의 도구가 필요하며, 신제품 개발 관리측면에서 이러한 표준화 또는 정형화된 과정을 따르는 것이 성과에 도움이 된다는데 의견의 일치를 보여주고 있다. 그러나 한편으로 신제품개발 과정의 모든 단계들이 모든 신제품에 적용되는 것이 아니며, 신제품개발 과정을 설명하는데는 하나가 아닌 여러 가지 형태의 과정이 존재한다"[표 3-2참조].

27) 이재희(2000), "한국과 미국의 신제품개발 성패요인에 대한 국제비교 연구," KAIST 테크노경영대학원 박사학위논문.

< 기존연구의 신제품 개발 과정 단계 구분 >

<table>
<tr><th></th><th>탐색단계</th><th>개념개발단계</th><th>시제품개발단계</th><th>시제품시험단계</th><th>시장개발단계</th><th>생산단계</th></tr>
<tr><td>Myers and Marquis(1969)</td><td>인식</td><td>아이디어 형성</td><td colspan="2">문제해결활동, 해결방안</td><td colspan="2">사용 및 확산활동</td></tr>
<tr><td>Utterback(1971)</td><td colspan="2">아이디어 창출</td><td colspan="2">문제해결</td><td colspan="2">활용 및 확산</td></tr>
<tr><td>Urban and Hauser(1982)</td><td colspan="2">기회정의</td><td>설계</td><td>시험</td><td colspan="2">시장출시</td></tr>
<tr><td>Booz, Allen & Hamilton(1982)</td><td>전략개발, 아이디어 창출</td><td>탐색, 평가, 사업분석</td><td>개발</td><td>시험</td><td colspan="2">상업화</td></tr>
<tr><td>Cooper(1983)</td><td>아이디어 창출</td><td>예비적 평가, 개념설계</td><td colspan="2">제품개발</td><td>시장시험, 예비적 출하</td><td>시장출하</td></tr>
<tr><td>Cooper(1986)</td><td colspan="2">초기 선별</td><td>제품개발</td><td>내부시험</td><td colspan="2">상세시장조사, 사업분석</td></tr>
<tr><td>Crawford(1991)</td><td>전략계획, 아이디어 창출</td><td>선별</td><td colspan="2">개발</td><td colspan="2">상업화</td></tr>
<tr><td>Hisrich and Peters(1991)</td><td>아이디어 창출</td><td>평가</td><td colspan="2">실험실 개발</td><td>평가</td><td>시험생산-평가-출시-성장</td></tr>
</table>

출처: 이재희(2000)

그리고 이재희(2000)는 "신제품개발 과정 상의 각 단계에서의 능숙도와 성과와의 관계에 대해 크게 두 가지 상반된 연구결과가 제시되고 있는데 어떤 연구자들은 신제품개발 과정의 모든 단계를 충실히 수행하는 것이 시장에서의 성과를 개선시킨다는 주장인 반면, 다른 연구자들은 일부분의 단계만 충실히 수행되었을 때에도 신제품의 성공확률이 증대한다고 주장하고 있다. 최근에 들어서는 후자의 의견이 우세한 경향을 보이는데 이는 개발하고자 하는 신제품의 특성이나 목표로 하고 있는 시장의 불확실성과 같은 요인들에 따라 신제품 개발 과정의 중요한 단계가 다르다는 상황론적인 관점이 우세함을 의미한다"고 소결하고 있다.

(2) 국내 : 스핀오프 형 사례

한국과학기술연구원(KIST)의 TLO(Technology Licensing Office)를 들 수 있다. KIST가 비록 정부지원사업과 연계하는 등의 상호작용이 있으나, 기술이전형 TLO라는 목적에서 선형적인 형태에 가깝기 때문에 선정했다. 달리보면 국가공급형 연구라는 측면에서 TLO의 지향은 적합하다고 할 것이다. 내용은 다음과 같다.

KIST의 TLO는 기술개발→기술이전 및 사업화에 이르는 전주기적 기술사업화프로세스를 지원한다. 주로 국가미래기술수요에 따라 전략적으로 추진되는 국가 R&D 사업수행을 통해 개발된 KIST의 원천기술을 사업화대상으로 삼고 있다.

보유기술의 가치평가, 시장성 및 기술성 평가를 수행하고 있고, 기업 맞춤형 대형 기술이전을 위한 기술패키징 등 차별화된 기술이전 마케팅을 수행하고 있으며, 원천기술의 사업화를 위한 추가 연구개발 및 공동연구개발 등의 프로그램을 지원한다. 더불어 기술이전 후 시작품 제작, 사업화 자금, 경영컨설팅 등 이전기술의 사업화 과정에서 필요한 수요자 니즈를 정부지원사업과 연계하는 등 사업화 성공률 제고를 위한 노력을 기울이는 편이다[그림 참조]. 최근 주요 기술이전 성과로는 '인간형 로봇의 팔 기구 및 제어기' 등이 있다.

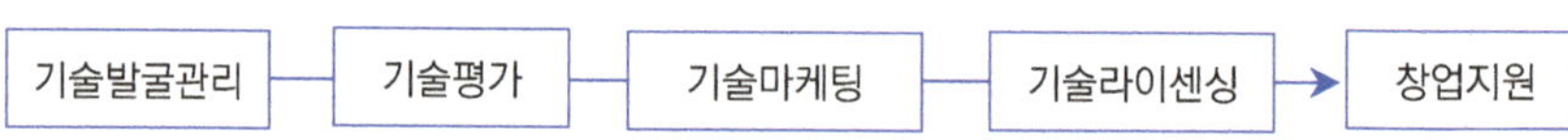

< KIST 기술사업화 프로세스 >

더불어서 KIST는 기술사업화를 효과적으로 수행하기 위해 'Active 라이센싱' 전략을 추진하고 있다. Active 라이센싱이란 상업적 가능성이 있은 기술을 선별하여 기술적 완성도 수준에 따라 추가개발 기술숙성 등의 사업화 가능성을 높이기 위한 추가적인 활동을 수행하는 것을 의미한다. 이에는 기술숙성 프로그램(Technology Maturing Program)을 통해 KIST가 보유한 기초원천 기술의 상용화 연구를 지원하여 기술이전의 성공률을 높이고, 기술상용화지원프로그램(Commercialization

Support Program)을 통해 KIST가 보유한 유망사업화 기술이면서 기업의 참여가 필요한 기술들의 추가 R&D를 지원하고 있다.

한편, KIST는 자체 성과확산 프로세스인 PIPE(Product based IP Exercise) 시스템을 구축 중에 있으며, 기술이전 성과 목표를 부여하는 적극적인 전략을 추진하고 있다. PIPE란 KIST의 IP(지식재산권)를 하나로 연결시켜 주는 도구이자 IP의 활용을 전제로 한 관리방안으로서, 수요기업 입장에서의 IP 관리, 연구원 개인차원이 아닌 KIST 기관차원에서의 IP관리를 원칙으로 한다. KIST의 특허보유현황(2007년 기준, 출원 및 등록 각 338건, 442건)에 따르면 이미 양적으로는 어느 정도의 수준에 도달해 있어 질적인 관리가 필요한 단계에 진입한 것으로 판단되고 있다.

2) 상호작용 모형

(1) 해외

상호작용 모형은 Jolly(1997)[28], Olson et al.(2001)[29], Cooper와 Edgett(2005)[30] 등이 있다.

Jolly의 연구

Jolly(1997)는 신기술의 상용화에 관한 저술에서 개발기술의 상용화 적용가능성의 선별기준으로 1차 기준과 2차 기준으로 구분하였다. 1차 기준은 주로 사업관심도에 관한 것으로 시장의 매력도와 기존기술 및 인프

28) Jolly, Vijay K. (1997) *Commercializing new technologies: Getting from mind to market* Boston, Massachusetts: Harvard Business School Press.

29) Olson, E.M., O.C. Walker Jr., R.W. Ruekert, J.M. Bonner(2001), "Patterns of Cooperation during New Product Development among Marketing, Operations and R&D : Implications for Product Performance," *The Journal of Product Innovation Management,* 18(4) : 258-271.

30) Cooper, R.G., and S. J. Edgett (2006), "Stage-Gate® and the Critical Success Factors for New Product Development", BPTrends, Product Development Institute.

라에 대한 레버리지 등이 해당된다. 2차 기준은 상용화 가능성에 관련된 것으로 상용화의 용이성, 적용의 독특성, 제기된 문제들의 범위 등이 해당된다. 이러한 기준들에 대한 자세한 요인들을 보면 다음 표와 같다.

< Jolly의 상용화 영향요인 >

<table>
<tr><th colspan="2">기 준</th><th>변 수</th></tr>
<tr><td rowspan="2">1차 기준 : 사업관심도</td><td>시장매력도</td><td>• 크기
• 성장성
• 고객의 소득수준
• 혁신에 대한 고객의 수용정도</td></tr>
<tr><td>기존기술 및 인프라에 대한 레버리지</td><td>• 기술적 시너지
• 상업적 시너지
• 미래전략의 적합성</td></tr>
<tr><td rowspan="3">2차 기준 : 상용화 가능성</td><td>상용화의 용이성</td><td>• 상용화의 용이성
• 현안문제의 해결
• 해당분야의 이용가능한 자원
• 상용화하는데 있어서의 장벽들</td></tr>
<tr><td>적용의 독특성</td><td>• 가장 비용-효과적 해결책
• 유일한 기술적 해결책</td></tr>
<tr><td>제기된 문제들의 범위</td><td>• 제품의 범위를 확장시키는 수단
• 핵심기술의 확장과 특허범위의 확장 수단</td></tr>
</table>

자료 : Jolly(1997)

Jolly(1997)에 따르면[31], 기술사업화는 기술의 가치를 증대시키는 일련의 단계활동을 수행하는 것을 의미한다[그림 참조]. 이러한 단계는 다음과 같다.

31) 이하는 박종복(2008), "기술사업화 이론과 기술경영 적용방안 : Jolly의 이론을 중심으로," KIET 산업경제 2008년 2월 : 26-37.

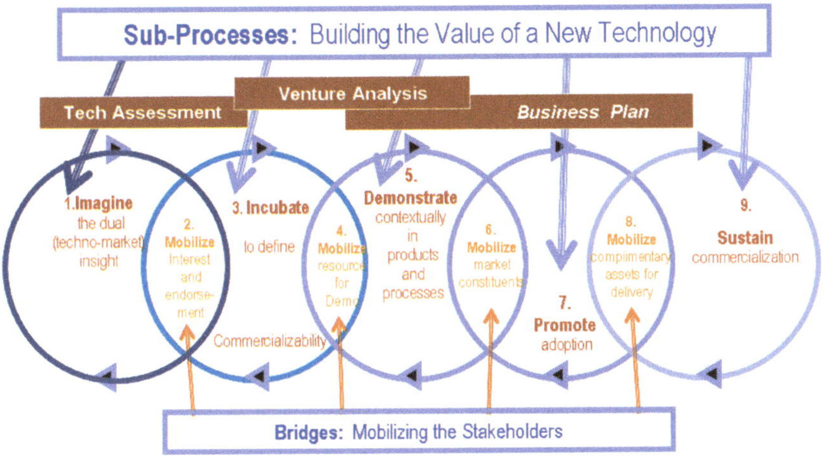

< Jolly의 기술사업화 모형 >

출처: Jolly(1997)

- ① 착상(imaging) 단계 : 기술적 성과를 매력적인 시장기회와 접목시키는 단계로서, 대부분의 발명이 시장의 관심을 얻지 못하여 사업화가 착수되지 못하고 있다. 또한 자원을 공급하는 이해관계자(stakeholder) 그룹이 아이디어의 상업적 가치를 주관적으로 판단하는 경향을 보이며, 어떤 시점에서는 특정 아이디어만 편파적으로 선호하기도 한다.
- ② 배태(incubating) 단계 : 새로운 아이디어의 사업화 가능성을 기술 측면과 시장수요 측면에서 구체화시키는 단계로서, 주로 독립 발명가, 대학 및 연구기관, 그리고 중소기업 등이 주된 역할을 수행하고 있으나, 이해관계자를 설득하는 과정에서 많은 경우 실패한다. 이해관계자가 사업화 가능성을 판단하는데 어려움을 주는 원인으로 기술적 원리의 불완적인 규명, 신기술의 미래 발전경로 및 속도의 불확실성, 그리고 시장기회의 실현시점 추정이 어려움 등이 있다.
- ③ 시연(demonstrating) 단계 : 신기술을 시장에서 판매 가능한 제품 혹은 공정으로 구현하는 단계로서 단순히 기술적 가능성을 입증하는 것으로 끝나지 않는다. 시연은 시장진입 시점에 해당 제품의 개념이 시장의 수요에 부합해야 하는 것까지 내포하고 있다. 따라서 많은 경우에 이 단계에서 시간 지연이 발생한다.

- ④ 촉진(promoting) 단계 : 신기술 제품의 시장진입에 따른 시장 수용성을 높이는 단계로서, 고객에 대한 구체적인 설득 과정과 사회·경제적인 인프라의 조성을 포함한다. 잠재 고객이 새로운 제품을 수용하기 위하여 관련된 기법, 절차, 기준 등을 완전히 새로이 습득해야 한다면 설득 과정이 쉽지 않을 것이다. 또한 신기술을 이용하기 위해 새로운 인프라를 구축해야 하는 것도 시장수용성을 저해하는 도전요인이 된다.
- ⑤ 지속(sustaining) 단계 : 신기술을 이용한 제품 또는 공정이 시장에서 오랜 기간 동안 존속하며 거기에서 발생하는 가치의 상당부분을 전유하는 단계이다. 그러나 제품 또는 기술의 급격한 진부화와 새로운 경쟁자의 진입이 위험요소가 되고 있으며, 많은 신생기업이 실해하는 단계이기도 하다. 이 단계에서는 비용절감, 제품개선, 그리고 경쟁기술 출현 등에 주의해야 한다.

이와 같이 기술의 가치를 시장의 가치로 증대시키는 과정을 담고 있는 있는 것이 Jolly의 모형이다. 그 이유로 각 단계의 전이 활동의 성공 여부가 곧 기술사업화의 성공과 직결되어 있다.

Cooper와 Edgett(2005)의 연구

Cooper와 Edgett(2005)은 기업자원의 약 46%는 세로운 프로젝트로 이어지지 못하는 신제품 개념화, 개발과 런치에 소요된다고 한다. 대체적으로 제품혁신 과정을 과대평가하느 문제점을 확인하였다. 이를 개선하기 위해 그들은 Stage-Gate를 제시한다. 활동은 Stages이며, 의사결정 포인트는 Gates이다.

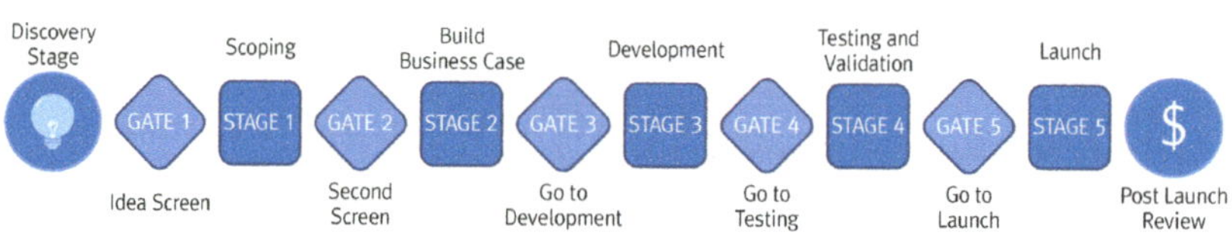

< Stage-Gate Process >

Stage-Gate System은 아이디어에서 런치까지 신제품프로젝트를 선도하는 개념적 및 운영적 로드맵이다. 일반적으로 의사결정 게이트들은 gatekeeping으로 말한다. 보통 CFT(Cross-functional teams)을 구성하여 프로젝트를 진행한다고 할 때, 각 스테이지는 CFT활동이 명시되어 있으며, 이 기준을 판단한다. 스테이지를 설명하면 다음과 같다.

< 핵심적 다섯 단계 five key stages >

Stage 0 -	발견: 활동은 기회를 발견하고 새로운 제품 아이디어 창출하기 위해 설계된다.
Stage 1 -	범주화: 프로젝트와 그 시장 관점의 기술적 이점을 빠르고 싸게 평가
Stage 2 -	비즈니스 사례 구축: 이 단계는 프로젝트를 만들거나 깨뜨리거나 하는 중요한 단계임. 기술, 마케팅, 비즈니스 타당성은 제품과 프로젝트 정의, 프로젝트 계획 등 3가지 요인에 의해 평가됨
Stage 3 -	개발: 계획을 실행할 수 있도록 공고히 함. 제품의 실제 디자인과 개발, 제조 및 활동 계획의 맵핑, 마케팅 런칭과 운영 계획의 개발, 다음 계획을 위한 검토 계획 등
Stage 4 -	테스팅과 타당성 : 완전한 프로젝트, 완전한 제품, 생산과 제조과정, 고객접근, 프로젝트의 경제성 등 최종 타당성임.
Stage 5 -	런치 : 제품의 완전한 사업화 - 생산과 상업적 런칭이 시작됨

상술한 기술사업화 상호작용 프로세스의 주요모형을 정리하면 다음과 같다.

< 기술사업화 상호작용 프로세스의 주요 모형 >

구분	Jolly(1997)	Cooper & Edgett(2005)
특징	**비선형적 5단계 사업화 과정**	**Stage-gate 프로세스**
사업화단계	① 아이디어 가시화 ② 사업화 가능성 탐색과 배태 ③ 제품/프로세스 시연 ④ 마케팅 촉진 ⑤ 사업화 유지 존속	① 아이디어 창출 ② 아이디어선별 : 범위설정 ③ 사업선정: 2차 선별 ④ 개발진입 : 개발 ⑤ 시험진입 : 시험과 확인 ⑥ 시장진입 : 시장진출 ⑦ 사후검토

(2) 국내

우리나라의 기술사업화 연구 중 프로세스를 나름대로 제시한 연구는 이영덕(2002, 2004, 2005),[32] 박종복(2008)[33] 등이 있다.

이영덕의 모형

이영덕(2005)[34]은 기술사업화 프로세스 모형을 3국면으로 나누었던 바, 주 프로세스는 연구개발계획→연구→창업보육/시작품제작→테스팅/엔지니어링→테스트마켓/생산→시장판매→지속성장의 단계를 거치는 것으로 보았다. 이 모형의 주 프로세스는 실제로 연구개발 계획의 수립에서부터 개발기술을 활용하여 제품화가 이루어지고 시장에서 판매되어 수익이 발생하는 과정을 일컬으며, 보조 프로세스는 단계별 진행에 따른 단계간의 갈등 및 갭을 의미한다. 그리고 제도/정책 인프라를 그 기반으로 구성하였다.

한편 이영덕(2002, 2004)은 기술개발 및 상용화관련 인프라가 제대로 구비되어 있지 못한 개도국의 경우에는 Jolly의 모형을 그대로 적용할 수 없으며, 특히 정부자체의 목적이 아닌 정부지원 개발기술에 대한 상용화의 경우에는 상당한 부분의 수정이 필요하다고 제시하였다.

① 연구개발주도화(Initiating) : 연구개발에 대한 제안과 계획설정 과정에 사용자와 개발자가 공동으로 참여하여, 연구개발을 제안하고 제안서를 작성하는 연구개발 주도과정이 필요하다. ② 공장입지의 결정 및 대량생산(Locating & Producing) : 시작품의 제작과 테스트 마케팅에 성공한 경우 실제 사업을 위한 공장입지의 확보와 양산을 위한 생산설비가 필요하다. ③ 상용화 인프라 환경의 구축 : 개도국에서 기술상용화를 촉진하기 위한 전통적인 사간접자본의 확충, 기술인프라나 정보인프라가 구비되어야 한다.

즉 생산활동과 관련된 엔지니어링 기술, 표준 및 테스팅 기술, 측정기술 등과 같은 인프라 기술이 확립되어야 하며, 인프라의 확립과 관련된

32) 이영덕(2002), 정보통신기술 상용화 ; 전략 및 제도, 정보통신부 : 61-65. ; 이영덕(2004), "정보통신기술의 상용화 성공요인 분석," 기술혁신학회 12(3) : 1-18.
33) 박종복(2008), 한국기술사업화의 실태와 발전과정, 산업연구원 Issue paper 2008-233.
34) 이영덕(2005), 공공기술 상용화의 문제점과 활성화 방안 세미나, 충남대학교.

제도 및 정책과 각종 프로그램을 정비와 아울러 기술상용화를 효율적으로 추진할 수 있는 기관과 조직의 구비를 중요하게 판단하였다.

박종복의 모형

박종복(2006)은 한편, 기술혁신의 전주기적 관점에서 '개발된 기술의 이전, 거래, 확산과 적용을 통해 부가가치를 창출하는 제반활동'을 프로세싱하였다. 그는 기술사업화 정책의 범위라는 측면에서 접근하였던 바, 기술사업화 과정에서 시장실패와 시스템실패 등이 발생하는 모든 영역을 대상으로 해야 하며, 이에 따라 지식재산 부문, 연구관리 부문, 기술이전 부문, 초기사업화 부문, 민군기술이전 부문 등을 포함하고 있다. 따라서 해당 주무부처가 함께 참여하게 되어 상호간에 효율적인 역할 배분과 협력 체제가 중요하며, 기술사업화의 촉진수단은 실패영역에서 정부가 적절한 유형의 프로그램을 통해 투자하거나 법령 및 제도를 개선하여 관련 주체들의 인센티브의 제고에 있다고 주장한다[표 참조].

< 정부의 기술사업화 촉진수단 >

	기술사업화 촉진 수단
제도개선 및 사업화 투자	• 정부의 국정 우선시책으로 공표 • 국가 차원의 기술사업화 프로그램 추진 • 기술사업화 공로자의 훈포장 수여 • 관련 규제의 개선
기술시장 조성	• 기술이전(거래) 시장 조성 및 활성화 • 기술 및 시장분석 정보의 창출과 보급 • 기술시장 참여자 간 네트워크 구축
신기술제품의 시장진입 촉진	• 신기술 및 신제품 인증 활성화 • 신기술 제품 구매시 세금 혜택 부여 • 공공구매 제도 활성화 • 기술 및 제품의 표준화 확립 지원
사업화 잠재역량 확충	• 민간 연구개발의 사업화 지원 • 국공립 및 정부출연연구기관의 기술사업화 활성화 • 공동연구개발 장려 • 인프라 시설 및 시험분석 기법 등 확충

출처: 박종복(2008)

4 기술사업화 요인의 분류

선형모형은 다양한 기술개발단계가 존재하여 전략적 선택이 가능하지만, 기술의 내부개발만을 전제로 할 경우이다. 이것은 기술개발 가능 주체가 제한적이어서 협력의 시너지가 전혀 없을 경우, 또는 독보적 기술을 확립하고자 하는 강한 신념의 조직이 시행하게 된다. 하지만 동시대의 기술사업화란 짧은 수명주기 및 복잡성 등에서 위험요소가 상존하기 때문에 기술과 시장 간의 협력, 즉 상호작용 모형인 CFC(Cross-Functional Collaboration)가 보편화되어 있다. 이에 더 발전하여 조직 내에서 기술개발, 기술사업화를 고집하는 것이 아니라, 내외부 조직의 경계와 상관없이 기술사업화 프로세스의 통합 머케니즘 만들어 그 성과를 조절하는 상호학습 모형에 이르고 있다. 상호학습모형은 전술한 네트워크의 외부성(network externalities), 개방형 기술사업화(Open innovation)와 동일형이다.

따라서 기술사업화 프로세스 모형은 기술개발, 기술 그 자체 또는 기술응용 및 활용이라는 1차원적인 측면이 아니라, 최소한 기술 ↔ 시장 간의 상호작용, 혁신환경 ↔기술사업화, 효과적 추진을 위한 내외부 조직 간 협력을 전제로 하는 제3의 조직화인 상호학습형 등 3차원으로 설계되고 있다. 이러한 관점을 제공하고 있는 연구에서 주요 범주를 분리해 내면 다음과 같다.

우선 미국의 기술사업화 연구에서, Eittle(1976)[35]은 6개의 정부 연구개발프로그램에 대한 상용화에 관한 연구에서 기술상용화에 영향을 미치는 요인으로 사용자의 니즈와 기술적 변화를 추구하는 형태에 있어서 위험부담 환경의 존재나 창출과 같은 유리한 위험요인을 지적한다. Bear et al.(1976)[36]은 24개의 연방시범프로젝트를 기반으로 연구개발 프로젝트의 성공적인 확산 촉진요인에 대한 조사를 하였다. 이 조사에

35) Ettlie, J. E.(1982), "The commercialization of Federally Sponsored Technological Innovations", *Research Policy,* 11 : 173-192.

36) Bears, E. C.,et al.(1976), Analysis of Federally Funded Demonstration Projects, Executive summary, R-1926, Rand Corp., April 1976.

서 제시된 중요요인은 ① 시연 전에 해결해야 할 중요한 기술적 문제, ② 연방지원자와 위험 및 비용의 공동부담, ③ 민간부문에서 제안되고 주도되는 프로젝트, ④ 잠재적 시장과 제조업자를 포함한 기존의 강한 산업시스템, ⑤ 잠재적 구매자, 제조업자, 규제자 및 관계당국을 포함한 계획과 ⑥ 외부적으로 강요되는 타이트한 시간제한의 부재 등이 있다. McEachron(1978)[37]는 집중적 면담을 통하여 11개 연방정부부처의 각종 프로그램에 있는 46개 프로젝트에 대한 조사를 실시하였다. 본 조사에서 정부연구개발의 시장에 대한 이전을 촉진하는 중요 요인들로서 ① 생산자와 소비자 요구조건을 충족시킬 수 있는 연구개발부서의 성향, ② 주된 당사자 간의 의사소통과 협력, ③ 연구개발관리의 시장적응성 등을 제시하였다.

개인 연구수준에서 Rothwell(1992)은 포괄적인 문헌조사를 기반으로 1990년대 성공적인 산업혁신에 영향을 미치는 요인에 관한 연구에서 21개의 영향요인을 제시하였다. 이 요인들 중에서 처음 8개는 1950년대에서 1970년대까지 수행된 9개의 연구결과에서 추출된 것이다. ① 양호한 내/외부 의사소통의 수립, ② 전 기업수준의 과업으로서 혁신을 처리, ③ 세심한 계획과 프로젝트 통제절차의 시행, ④ 개발작업과 높은 품질 생산에서의 효율성, ⑤ 강한 시장지향성, ⑥ 고객에 대한 훌륭한 기술적 서비스의 제공, ⑦ 확신한 핵심인력의 존재, ⑧ 높은 관리의 질 등이다. 또한 6개의 변수는 전략적 차원에서 추가되었다. ① 최고경영자의 참여와 가시적인 지원, ② 장기 기업전략의 중요성, ③ 주요프로젝트에 대한 장기적인 관여의 욕구, ④ 기업의 유연성과 변화에 대한 적응성, ⑤ 위험에 대한 최고경영층의 수용, ⑥ 혁신 승인 및 기업가- 적응조직문화의 창출 등이다. 또한 그들은 지속적 혁신의 필수적인 선행조건으로 제5세대 혁신 시스템 통합 및 네트워킹 모형에서 7변수를 추가하였다. 관련변수는 기업간 통합 및 네트워킹, 기술적 촉진, 통합된 생산 및 제품전략, 조직의 유연성, 제품품질 및 성과, 환경, 및 시장에 대한 속도 등이다.

---

37) McEachron, N.B.(1978), "Management of Federal R&D for Commercialization, Executive Summary and Final Report", Menlo Park, CA: SRI International.

우리나라의 경우, 김광두(1991)는 일반적인 개발기술의 사업화에 대한 영향요인에 관한 조사를 수행하였다. 이 연구에서 신기술의 사업화를 결정하는 요인으로 기술적 요인, 경제적 요인, 기업특성요인 등 세 가지로 구분하여 아래와 같이 관련변수들이 제시되었다. ① 기술적 요인 : 기술정보능력, 기술선택 능력, 기술의 흡수·소화·개선 능력, 기술의 상품성제고 능력, 생산기술 능력, ② 경제적 요인들 : 시장조사능력, 시장조건, 상품의 특성, 마케팅 능력, 자금능력, 유통경로와 조직, ③ 기업의 특성적 요인 : 기업주의 특성, 기업의 크기, 기업의 경험, 기업의 자금능력, 기업의 기술능력, 기업의 관리능력 등이다.

한편, 기술사업화의 성과를 분류할 때, 성공요인으로 접근하면 그 구분이 명확하지 않은 경우가 있다. 제 2장 사업화의 정의에서 논하였던 바와 같이, '생산조직화의 무능력 및 시장조직화의 무능력'으로 실패로 파악한 것과 같은 맥락이다. 한국산업기술진흥협회(1997)는 국내기업을 대상으로 상용화에 실패한 사례의 분석을 통하여 실패요인을 도출하였다. 첫째, 기술요인에서 연구개발과제의 성공적인 수행을 위하여 필요한 기술수준이 확보하지 못한 상태에서 과제를 추진하는 경우 기술적 난관에 봉착하여 이를 극복하지 못하고 실패하는 경우가 있다. 둘째, 시장요인에 의해 실패하는 경우가 있다. 대부분의 기업들이 직면하고 있는 문제로 과제개발 초기에는 일반적으로 시장에 대한 낙관적인 예측을 통하여 충분한 시장성이 있다고 오판한다거나 또는 소비자에 대한 잘못된 판단으로 기대한 소비자에 부흥하지 못하는 경우에 실패하게 된다. 또한 제품도입 시기가 부적절하여 제품성능의 우수성이나 시장규모의 크기에도 불구하고, 시장경쟁력 상실에 의해 중단되는 경우이다. 셋째, 조직요인으로서 영업부문과의 연계성이 부족하여 기술적으로 성공한 과제가 상업화로 연결되지 못하는 경우가 있으며, 개발착수 시기에는 낮은 목표원가를 제시하여 사업성이 좋아 보인 과제가 원가문제로 채산성을 맞추지 못하여 중단되는 경우도 있다. 넷째, 전략적 요인으로 연구팀의 개발의욕이 부족하여 과제의 진행과정에서 직면하는 난관을 극복하지 못하는 경우에 대부분의 과제는 중단될 수 밖에 없다. 또한 팀장이 무능력하거나 팀원들의 선망을 얻지 못하는 경우도 요인으로 작용한다. 아울러 유사과제를 동시에 추진하는 경우 투자의 중복을 막기 위하여 어느 한 과제를 중단하거나, 또는 회사전략의 변화로 과제가 목표로 하고 있는 사업을 철수하는 경우 전략적으로 과제를 중단시키는 경우도 있다.

한편, 정부연구개발기술의 사업화 영향요인의 연구에서 이영덕(2002)은 기술사용자, 기술개발자, 환경/정책측면 그리고 기술측면의 4가지 범주로 분류하고 각 범주에 대하여 세부항목을 제시하였으며, 손소영과 소형기(2002)는 연구개발능력, 기술활용능력, 경영관리능력, 기술이전기관, 시장적 요인, 제도적 요인의 6가지를 제시하였다. 김태현(2006)은 연구자들의 기술사업화 영향요인을 연구하여 24개 변수를 제시하였다.

< 정부연구개발 기술사업화 영향요인 >

	이영덕(2004)	**김태현(2006)**
구분	세부항목	세부항목
기술사용자	• 경영자의 의지/지원/참여 • 위험감수회피 • 연구기관(자)에 대한 신뢰 • 기술 및 관련프로그램 정보 • 기술이전과 사업화 전문가	• 경영자의 상용화 지원의지 • 경영자의 신기술에 대한 위험부담능력
기술개발자	• 산학연 연계체계 능력 • 기술이전/사업화 체계/경험 • 현장 기술감각 • 연구개발목표의 일치 • 기술이전 및 상용화 인식 • 기업의 자금/기술 능력	• 사전연구경험, 연구자의 경험 • 기술축적 정도 • R&D전문인력능력 • 사업화자금조달능력 • 공동연구경험 • 상용화에 대한 인식수준 • 기술제공능력, 상용화 전문성
환경/정책 제도 측면	• 신제품 초기시장 보호 • 기술/신제품 보호 • 표준, 검사, 테스팅, 인증 • 기술이전/사업화 네트워크 • 정부 R&D투자의 일관성 • R&D 및 사업화에 이르는 정부정책의 연계성/계속성 • 정부기술이전/사업화프로그램 • 국책연구소 기본임무와 사업화 활동간 우선순위 설정	• 상용화 절차(간소화, 효율성) • 기업애로기술, 마케팅 지원능력
기술측면	• 기술의 성숙도 • 기술의 신뢰성 • 사용기술의 투자기간 • 기존기술과 연계/공유성 • 사업화 인프라 기술	• 시장(수요)지향적 기술개발 • 기술개발수준 • 기존기술과의 연계성 • 기술의 성숙도

이와 같은 연구결과를 통해 성공적인 기술사업화를 위해 처리해야 할 범주를 분류해 낼 수 있다. 그것은 기술, 시장, 제도 요인의 처리에 따라 혁신이 이루어지고, 기술사업화의 위치와 속도가 정해지면, 그 조직의 경영관리범위가 내부인가 외부인가에 따라 네트워크, 요소자원(기축생산요소) 정도에 따라 기술사업화의 속도가 결정된다고 하겠다.

CHAPTER 12

마케팅 전략기획

1. 배경 및 필요성
2. 마케팅 전략기획 유형
3. 마케팅 전략기획 프로세스
4. 마케팅 전략기획 프로세스 방법론

1 배경 및 필요성

1) 개념

마케팅의 개념은 다양하고 변화한다. 마케팅은 첫째, 조직의 내부역량이라는 관점에서 생산개념으로 본다. 생산개념은 수요가 공급을 초과하는 상황에서 소비자들이 제품의 장단점을 따지기보다 제품의 구입가능성과 가격에만 관심이 있다고 보는 것으로서, 기업은 생산 효율성을 높이고, 유통망을 확장하는 데에 노력을 집중한다.

둘째, 잘 만들면 잘 팔린다는 제품개념과 동일시한다. 제품개념은 소비자들이 우수한 품질이나 효용을 제공하는 제품을 선호한다는 개념이며, 기업은 제품품질을 개선하는 데 주력한다. 제품만 좋으면 이를 원하는 시장은 있다고 믿는 것이다.

셋째, 강력한 판매활동에 의존하는 판매개념으로 본다. 판매개념은 소비자에게 경쟁제품이 아닌 자사제품을 구입하도록 하기 위해 설득을 해야 하며, 이를 위해 효과적인 촉진활동과 판매활동을 해야 한다는 관점이다. 기업은 판매할 수 있는 제품을 만들기 위해 노력하지 않고, 만들어진 제품을 판매하는 데에만 집중한다.

넷째, 고객만족을 통한 이윤창출이라는 본연의 마케팅 개념으로 이해한다. 고객지향개념은 마케팅개념이라고도 하며, 기업은 시장에 있는 소비자의 욕구를 파악하여 이들을 만족시키는 활동을 경쟁자보다 얼마나 효율적으로 수행할 수 있느냐에 따라 기업 목표 달성 여부가 결정된다고 보는 것이다. 고객 없는 기업은 없으며 기업 가치 창출의 근원이 바로 고객이므로 고객 지향 경영은 큰 장점이 있으며, 고객지향성, 경쟁고려, 통합적 마케팅, 수익성이 구성 요소이다. 더 나아가 시장지향적 개념은 기업이 최종고객들과의 원활한 교환을 통하여 그들에게 최상의 가치를 제공해 주기위해 시장에서 활동하고 있는 기업내외의 모든 구성요소들 간의 상호작용을 관리하는 기업의 총체적 노력을 의미한다. 물론 고객이 답을 알고 있을 것이란 가정에서 만족을 마케팅의 최상개념으로 놓은 것이다. 하지만 고객이 자신의 니즈와 욕구도 모를 수 있기 때문에 논쟁의 여지를 제공하고 있다.

다섯째, 최근에는 사회 전체의 이익과 혜택을 고려해야 한다는 사회지향적 마케팅 개념까지 발달해 왔다. 사회적 마케팅개념은 기업이 장기적으로 소비자 및 사회와 더불어 공생하고 번영하도록 마케팅이 유도해야 한다는 개념이다. 공해를 줄이는 제품 생산 및 기업의 공해방지시설 설치 등을 강조하는 그린마케팅과 판매수익의 일부를 공익재단에 기부한다는 공익마케팅 등이 있으며, 사회전체의 효용극대화를 지향한다.

이러한 마케팅개념의 변화는 과거에서 현재로의 변화를 의미하기도 하지만, 기업의 성장과정 상에서 대응해야 할 전략적 포인트를 말하기도 한다. 학술적인 마케팅 개념도 단순하지 않다. 개인과 조직의 목표를 만족시킬 수 있는 교환을 창출하기 위하여 아이디어, 재화 및 서비스에 대한 개념정립, 가격결정, 촉진 및 유통에 대한 계획을 수립하고 이를 수행하는 과정, 또는 조직과 이해관계 당사자에게 이익이 되는 방법으로 고객에게 가치를 창조하고, 알리고, 전달하며, 또한 고객관계를 관리하기 위한 조직의 기능과 일련의 과정으로 보기도 한다. 따라서 마케팅은 기업과 시장의 복잡하고 다양한 변화에 대응해 가는 과정을 포괄해야 한다.

한편 마케팅은 시장창출 활동계획 또는 시장에 접근하는 방법론으로 이해되기 때문에 사실상 기획(planning) 또는 전략(strategy) 의미를 포함하고 있다. 즉 마케팅 기획의 N. B. C. D 법칙을 보면, New(새로운 것), Better(더 나은), Cheap(저 비용의), different(차별화 된) 것을 만들어 내는 것으로서 기업의 마케팅 이유를 의미한다. 전술하였던 사업타당성 분석과도 맥을 같이한다.

2) 배경

마케팅에는 접미사가 많이 붙는다. 그린마케팅, 지역마케팅, 관광마케팅, 소셜마케팅, 칼라마케팅, fun마케팅 등 이루 헤아릴 수 없는 용어와 개념들이 창조된다. 그 이유는 시장에 접근하는 방법과 창출방법이 다양할 수 있기 때문이다. 시장을 구분하는 기준도 다르고, 시장의 니즈도 다양하기 때문에 관련시장에 적합한 마케팅 개념이 만들어지는 것이다.

따라서 특징적인 특성 또는 기준에 민감한 시장은 독립적인 접근법을 개발할 필요가 있으며, 마케팅 기획은 당연하게 여겨진다. 더욱이 마케팅을 추진하고자 하는 기업의 수준이나 역량에 따라서도 기획방향은 많이 달라진다. 고도의 영업망 확보가 마케팅을 좌우한다면 기획은 네트워크적 접근이 필요한 반면, 과학적 결과나 연구개발 결과가 마케팅을 좌우한다면 유수의 전문지(ex. Nature誌 등)에 실린 것만으로도 그 효과가 나타나게 된다. 궁극적인 시장창출이라는 목적에 도달하기 위한 경로선택과 과학적 방법은 다양한 편이다.

그 연유로 마케팅 기획 및 전략이 발달하고 있으며, 지금의 마케팅은 마케팅 전략 또는 마케팅사이언스(marketing science)와 동일한 의미를 내포하고 있다. 마케팅 전략 및 사이언스는 기업의 내외부적인 환경변화에 따른 시장기회의 모색을 통하여 자사의 강점과 약점을 파악하고, 기업의 전략방향을 설정하여 경쟁우위를 확보하고자 활동으로 사업타당성 분석이나 비즈니스 모델 분석과 맥을 같이한다.

2 마케팅 전략기획 유형

1) 신상품 마케팅 전략 유형

마케팅 유형은 다양한 만큼 분류하기가 쉽지 않다. 다만 우리가 관심을 갖는 마케팅이(기술기반) 신상품마케팅이라고 할 때, 신상품은 스마트폰과 같이 완전히 새로운 제품일 수도 있고, 개인서비스용 지능형로봇과 같은 혁신적 제품일 수도 있으며, 무형의 가치를 의미화 하는 화장품과 라인확장형, 그리고 모델을 바꾸면서 시장을 같은 시장창출 및 접근형으로서 신상품마케팅 전략은 신규시장개척, 시장 확장, 소비가치 재정의, 브랜드 차별화의 4가지로 구분할 수 있다.

< 신상품마케팅 전략형태 >

[신규 시장 개척]	[시장 확장]
[소비 가치 재정의]	[브랜드 차별화]

출처: 박남우(2008), 신제품마케팅 전략, Creworld.

신규시장개척은 신규시장최초로 제품 Category群을 형성하여 신규 시장을 개발 또는 창출을 의미하며, 시장 확장은 성장이 정체된 시장에서 돌파구 마련(新용도, 新소비층), 기존 시장의 Volume을 확대하는 전략이다. 소비가치재정의는 제품 개념을 재 정의하거나 새로운 가치전달을 통해 新소비문화를 정립하고, 브랜드 차별화는 브랜드에서 연상되는 새롭고 독특한 가치를 만들어 내고자 하는 전략이다.

2) 마케팅 대상에 따른 유형

전자상거래의 발달과 함께 비즈니스 유형을 B2B(Business-to-Business), B2C(Business-to-Customer) 등으로 구분해왔으나, 굳이 e-business의 유형이라고 한정할 필요는 없다. B2B는 기업 간 발생하는 주문조달, 생산, 판매, 물류 등의 기업 활동을 네트워크화 하여 수행하는 것을 말한다. B2C는 기업이 고객에게 제품, 서비스를 전달하는 수단으로서 유통구조는 이용하는 것이다. 한편 공공부문(B2G, G2C 등)은 정부가 민원업무 및 행정서류를 처리하거나 기업 또는 개인과의 거래활동을 할 때 인터넷 등의 네트워크를 통해 처리하는 것을 말한다.

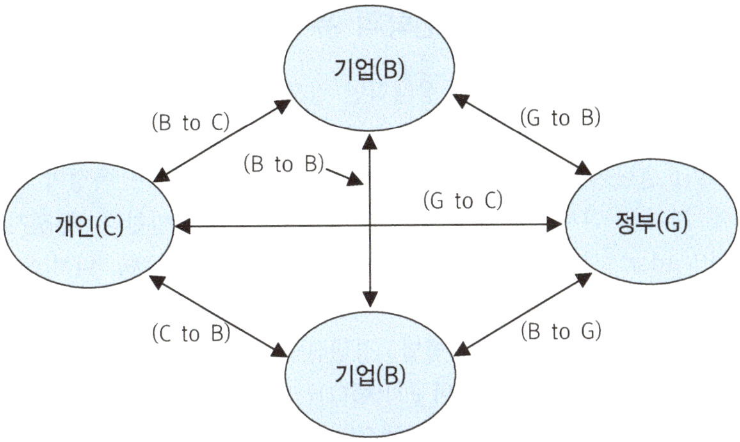

< 마케팅 대상에 따른 유형 >

출처: 김기종(2007), e-비즈니스산업연구, KDB 산업·경제이슈.

이와 같이 대상에 따라 여러 마케팅 유형이 존재할 수 있지만, 사실상 기술기반창업기업이나 신제품마케팅의 상황에서는 B2B 1:1 마케팅이 그 시발점이 된다. 그 이유는 B2B 마케팅의 특징에 있다. 첫째, B2B산업은 B2C에 비해 주문량이 크며, 지속적인 거래 관계 유지가 가능하다. 둘째, 대형 고객과의 관계가 기업의 존폐를 좌우하기 때문에 긴밀한 유대관계가 중요하다. 셋째, B2B 산업은 전방 산업의 수요에 종속되기 때문에 전방산업의 니즈와 최종 고객의 니즈를 고려하여야 한다. 넷째, 글로벌화 및 초 경쟁이 가속화되어 선택의 범위가 확대되고 있기 때문에 차별화된 가치제안이 요구된다. 다섯째, B2B제품은 기술이 복잡하고 전문성이 높기 때문에 합리성/전문성 등의 이성적 요인이 중요하며, 신뢰와 혁신의 관계가 요구된다. 여섯째, B2B산업은 B2C보다 복잡하고, 각 의사결정과정을 수행하는 구매조직에 대한 니즈를 정확히 파악하고 대처할 수 있는 고객 대응력이 필수적이다.

3) 시장지위별 마케팅 경쟁전략의 유형

경쟁전략에는 시장에서의 상대적인 경쟁지위에 근거하여 보다 바람직한 전략을 탐구하고자 한다(신문식·김경환, 2002)[38]. 이를 경쟁지위별(시장지위) 전략이라 한다. 이는 마케팅 점유율에 근거하여 특정의 경쟁지위에 자기를 위치 정립시킬 수 있다는 관점에서 출발한다. 경쟁지위를 리더(leader, 시장점유율 40%), 챌린저(challenger, 30%), 니쳐(nicher, 10%) 및 폴로워(follower, 20%)의 네 가지 유형으로 분류할 때, 각 유형에 위치되는 기업은 유형별 경쟁전략을 전개하여야 한다(Kotler, 1990)[39]. 이를 기반으로 시마구치(嶋ロ)는 상대적 경영자원의 질과 양이라는 두 개의 축을 이용하여 경쟁지위를 네 가지 유형으로 분류하고 있다[그림 7-2 참조]. 횡축(橫軸)에는 경영자원력을 나타내는 양(量)을, 종축(縱軸)에는 경영자원의 독자성을 나타내는 질(質)을 취하여 매트릭스를 작성함으로써 리더, 챌린저, 니쳐, 폴로워 라는 시장 내 경쟁지위의 형태를 도출하고, 각각의 기업은 어떠한 형태에 해당하는가를 명확히 하고자 하였다(嶋ロ充輝·石井順藏著, 1989)[40].

< 상대적 경영자원에 따른 경쟁지위의 유형 >

상대적 경영자원		양: 대	양: 소
질	고	리더형	니치형
질	저	챌린지형	폴로워형

출처: 嶋口充輝·石井順藏著(1989).

38) 신문식·김경환(2002), 생명보험회사의 시장지위별 마케팅 경쟁전략: 판매채널을 중심으로, 보험개발원 보험연구소 연구보고서 2002-4.
39) P.Kotler(1990), Marketing Management, 7th ed ., Prentice-Hall, : 374-398.
40) 嶋口充輝·石井順藏著(1989), 現代マーケティング, 有斐閣, : 169-172.

각 경쟁지위에 있는 기업이 그 지위에 있어서 성공을 거두고 보다 나은 지위의 향상을 목표로 하기 위해서는, 해당지위에 대응하는 마케팅 경쟁전략이 필요하다고 주장하고 있는 것이다. 여기서 양적인 경영자원이란 영업소, 영업직원 수, 투입자금력 등 시장 내의 축적된 능력을 나타내며, 질적인 경영자원이란 기업 또는 브랜드의 이미지, 로열티, 품질, 영업노하우, 마케팅 판매채널의 관리정도 등 기업이 가지고 있는 무형의 능력을 말한다(신문식·김경환, 2002).

구체적으로 살펴보면, 리더란 양적인 경영자원에도 질적인 경영자원에도 뛰어난 기업으로서, 일반적으로 업계의 시장점유율 1위의 기업을 일컫는다. 챌린저란 양적인 경영자원은 뛰어나지만 질적인 경영자원이 리더에 비하여 상대적으로 떨어지는 기업으로서, 리더의 지위를 넘보는 입장의 기업을 말한다. 일반적으로 업계의 2~4위 기업을 지칭하는 경우가 많다. 니쳐는 질적인 경영자원은 뛰어나지만 양적인 경영자원이 리더기업에 비하여 상대적으로 떨어진 기업으로서, 리더와 같은 풀라인(full line)정책이나 양적인 확대를 꾀하지 않는 기업을 말한다. 폴로워란 현재는 양적인 경영자원도 질적인 경영자원도 갖추지 못한 기업으로서, 얼마간은 리더의 지위를 넘볼 수 없는 기업을 말한다.

3 마케팅 전략기획 프로세스

1) 협의적 접근

코틀러에 의하면 효과적인 마케팅은 조사로부터 출발한다. 시장을 조사하면 각기 다른 욕구를 가진 소비자들로 구성된, 서로 다른 세분시장들(S)이 드러난다. 기업은 자신들이 경쟁자 보다 탁월하게 충족시킬 수 있는 세분시장을 설정(T)하는 것이 현명하다. 기업은 각 표적시장별로 상품을 포지셔닝(P)하여, 자사 상품이 경쟁상품과 어떻게 다른가 하는 것을 알려야 한다. STP는 기업의 전략적 마케팅 사고를 대표한다. 이제 기업은 STP를 바탕으로 하여 제품, 가격, 유통, 촉진결정들의 믹스로 구성된 전술적 마케팅 믹스인 MM을 개발한다. 그런 뒤 기업은 마케팅 믹스를 실행(I)한다. 마지막으로 통제 측정치(C)를 사용하여, 결과를 모니터 및 평가하고, STP전략과 MM 전술을 개선한다.

2) 광의적 접근

마케팅전략기획 프로세스 중 시장조사는 보통 Research 단계이며, 성공적인 사업추진을 위해서 중요한 부분이다. 고전적 개념의 시장 진입은 시장-제품 매트릭스에서 제품개발, 시장개발, 시장침투, 제품다각화 전략으로 구분되기도 하고, Technology Push - Market Pull의 함수로도 설명할 수 있다. 최근에는 시장을 창조하는 경우, 시장 장악을 위한 아이디어 창출 후, 기술개발과 마케팅 전술을 치밀하게 수립한 후, 시장을 일시에 창출하는 경우도 있다. 이와 같은 마케팅의 전략성 때문에 기획 프로세스는 좀 더 정교하게 발전되어 왔다. R-STP-MM-IC와 맥을 같이 하기도 하지만, Research단계에 상황분석, 목표수립, 전략대안 파악(기본방침, 달성과제 도출)이 이루어지며, STP이후 전략선택 및 결정단계(4C)[41]가 들어가 고객관점에서 출발하는 MM의 결정을 부드럽게 만든다.

41) 4C란 고객 가치(Customer Value), 고객측의 비용(Cost to the Customer), 편리성

상황분석	목표수립	전략대안 파악	시장세분화 표적시장 선택	전략선택 및 결정	마케팅MIX 결정	실행 프로그램 수립
• 시장의 거시적인 환경분석 • 자사·경쟁사의 강약점 분석	• 사업 미션 및 문제 해결에 맞는 목표수립	• 목표수립에 따른 전략의 기본적인 대안요소 파악	• 시장세분화 및 표적시장 결정에 따른 시장경쟁우위 선정	• 고객/자사/시장에 적합한 전략을 결정한 후 마케팅 전략 실행을 위한 마케팅 4p 의 Mix를 결정하여 고객의 니즈에 적합한 마케팅 프로그램의 개발 및 실행		
• 외부환경 • 내부환경 • 소비자분석 • 경쟁자분석 • 거시환경 분석 • SWOT 전략	• 측정가능 • 달성가능 • 현실성 • 수용가능	• 기본방침 선정 • 달성과제 도출	• 시장세분화 • 타겟 시장선정 • 시장 포지 선닝	• Consumer • Cost • Convenence • Communication	• Product • Price • Promotion • Place	• 상품기획 • 이벤트 • 광고 • 판매

[마케팅 전략기획 프로세스]

출처: 김형택(2005), 기획서 작성 및 마케팅 전략기획, Market Cast.

따라서 마케팅전략기획 프로세스는 첫째, 시장환경 분석을 토대로 마케팅 목표를 수립하여 타켓 시장 공략을 위한 체계적인 마케팅 프로그램을 설계한다. 둘째, 기업의 경쟁우위 확보 및 실시된 마케팅 효과 및 반응을 통제하여 새로운 마케팅 전략전개를 위해서 지속적인 feed back을 진행하는 것으로 크게 구분된다.

(Convenience), 고객과의 커뮤니케이션(Communication)을 의미한다. 상품을 고객 가치로, 가격을 고객이 지불해야 할 비용으로, 유통을 고객이 얼마나 편리하게 접근할 수 있느냐 하는 편리성으로, 촉진을 고객에게 적절하게 기업이나 상품을 알리고 고객의 반응을 접수하는 상호간의 커뮤니케이션으로 파악한 것이다.

4 마케팅 전략기획 프로세스 방법론

1) 마케팅 상황분석

상황(situation)을 분석하기 위해서는 환경(environment)을 분류하여 접근해야 한다. 환경은 일반 환경, 사업(산업)환경, 내부 환경으로 구분되며, 환경 간의 경계선 및 경계영역에서 만들어지는 것이 상황이다. 따라서 기업의 마케팅 전략에 영향을 미치는 기업 내외부의 상황분석을 토대로 전략에 필요한 대안을 설계한다. 시장규모, 산업현황(관련 시장의 사회적/문화적/경제적 트렌드의 이슈)을 분석한다.

(1) 거시환경 분석

거시환경 분석은 일반환경 분석을 의미하며, 시장변화요인을 분석한다. 주로 정책, 경제, 기술 등 트렌드(Trend & Pattern) 분석으로 볼 수 있으며, 관련 산업의 현황을 통해 트렌드를 벤치마킹하기도 한다. 방법론으로는 PEST(political, economic, sociocultural, technological), PESTEL(PEST + ecological_environmental, legal), STEEP(sociocultural, sociocultural, ecological_environmental, economic, political_legal), 그리고 NET(needs, technology, environment) 분석 등이 있다.

(2) 수요분석(시장규모_매력도 예측)

시장규모조사는 기업의 R&D결과물과 관련된 시장의 국내외 시장규모 및 성장률 조사를 통해 미래의 시장규모 예측 및 시장성 분석을 통해 향후 기업의 매출가능 규모 파악하고자 하는 것이다. 대부분 그래프 및 차트를 통해 시장의 크기 및 차이를 확인할 수 있도록 해 주어야 설득력이 있을 것이다

주의해야할 부분은 미래예측은 확실한 근거를 토대로 작성해야 하며, 다양한 자료원을 토대로 비교하도록 해야 한다. 또한 비약이 없는 논리

와 대체변수를 찾아가는 창조력, 그리고 각 주청치가 적절한 규모인지 점검해야 한다.

이와 같이 시장수요분석에서 물어보아야 할 내용은 첫째, 시장의 규모는 어떠한가. 현재 성장 혹은 쇠퇴하고 있는가. 둘째, 수요시장의 위치는 어디인가. 셋째, 시장의 특징들은 무엇인가. 예를 들어 성별, 욕구, 지불 능력은 어떻게 되는가. 넷째, 사업에 영향을 끼칠 사회적 추세 및 태도는 무엇인가. 다섯째, 어떤 기술적 진보가 이루어지고 있는가. 대체상품/서비스가 대두하고 있는가. 등이다. 넷째와 다섯째의 경우 거시환경 분석에서 다루어야 할 내용이기는 하나, 거시환경을 시장이 흡수하고 있다는 가정 하에 동시에 같이 파악하기도 한다.

(3) 산업구조분석(고객_경쟁사_제품 등 분석)

업계의 주요 현황 조사.분석을 통해 시장 경쟁강도를 파악하며, 유사기술 및 제품으로 성공한 주요 경쟁업체의 실태를 파악하고 성공 전략을 위한 벤치마킹 기초자료로 활용한다.

좀 더 나아가자면, 경쟁사분석은 자사와 경쟁사 간의 포지셔닝(Positioning)을 위한 사전 조사의 성격도 갖는다. 특정기준을 통해 경쟁사의 위치를 가늠해보기도 한다.

그렇다면 산업분석에서 답을 얻어야 할 것은 무엇인가. 우선 특정기업의 상품/서비스를 구매하도록 고객(B2B, B2C, B2G 등)을 유도하는 요인들이 무엇인가를 물어보는 것이다. 두 번째로 경쟁자가 고객에게 제공하는 것, 경쟁자의 사업 성숙도와 명망, 경쟁자의 강점과 약점, 그리고 성공 비결, 경쟁자의 가격 정책 등이다. 셋째, 고객에게 제공하는 제품을 명철하게 분석하는 것이다. 어떠한 혜택을 고객에게 제공하는가. 고객이 높이 평가하는 나의 상품/서비스의 특징들은 무엇인가. 상품/서비스의 수명은 어떻게 되며 대체물의 위험은 무엇인가.

(4) 자사분석(비전_대상제품_기술인프라, 상품개발프로세스_4P 등 분석)

보통 대상 기업을 방문하여 R&D 및 마케팅전략기획 추진 단계를 검토한다. 보통 기업방문에 앞서, 대상기업에 대한 정보원(Information Source)을 활용하여 대상기업에 대한 기초조사를 완료하고 인터뷰를 실시하여 현재 진행하고 있는 기술개발 사업을 검토.분석한다. 담당자 인터뷰를 통해 현 단계에서 겪고 있는 애로사항과 요구사항을 수렴한 후 마케팅전략기획의 규모 및 범위·형태를 결정하게 된다. 그 이유는 R&D의 진행정도에 따라 마케팅 프로세싱의 시작과 절차가 달라질 수 있기 때문이다.

시장정보수요에 대한 참여 기업 담당자의 인터뷰 결과를 바탕으로 기업 현황, 혁신활동 현황, 네트워크 활동 현황, 사업화 연계활동 등에 대한 검토를 통해 기업의 조직 및 연구 현황을 객관적으로 진단하고, 사업화 성공을 위한 필수 시장정보지식 요건을 도출한다.

보통 기업의 비전, 대상제품, 기술 인프라, 상품개발프로세스, MM (marketing Mix)를 파악한다.

(5) SWOT 분석

내외 부 마케팅 상황분석의 완성은 SWOT(Strengths, Weaknesses, Opportunities, Threats)분석으로 귀결된다. 내부능력의 강약점의 관련하여 각 주요 환경요인들이 자사조직에 유리하게 작용할 것인지 불리한 제약으로 영향을 미칠 것인지 평가하는 것이다. 대부분의 복잡하거나 다양한 기법을 사용한다고 하더라도 궁극적으로는 SWOT 분석의 의미를 벗어나지 않는다. 전략적 차원에서 PESTLE(정치, 경제, 사회, 기술, 법률(정치), 환경(생태)) STEEP(사회, 기술, 경제, 생태, 정치), NET(니즈, 환경, 기술) 등 환경 분석의 다양한 기법이 있지만, 결국은 SWOT 분석과 맥을 같이한다.

절차는 우선 강·약점 및 기회와 위협을 도출하고 전략대안 개발, 그리고 전략적 이슈를 결정한 뒤, 시나리오 분석까지 진행하게 된다.

2) 마케팅 목표 및 전략대안

마케팅 목표는 현실성을 담고 있으며, 실현가능하며 측정 가능하도록 설정해야 하며, 포괄적인 사업 목표에 기반 해야 한다.

< 마케팅목표(즉 예비 마케팅믹스)_예시 >

시장관련목표	제품관련목표
• 상반기 2위시장 진입 및 전체 마켓쉐어의 50%이상차지 • 경쟁사 매출대비 40%상승 및 마켓인지도 확보	• 2015년까지 제품A와 B를 차별화하여 성장기시장에 진입 • 1년 동안 생산비를 3%로 절감함 • 1년동안 특정지역에서 시장침투율 7%를 증대한다.

가격관련목표	촉진관련목표
• 1년 동안 생산비를 3%로 절감함 • 1년동안 특정지역에서 시장침투율 7%를 증대한다.	• 연말까지 제품 A와 B에대한 잠재고객 인지도 50%증대 • 광고비 지출을 40%로 줄여 전체 제품개발에 투자

이러한 목표 하에서 전략대안은 첫째, 어떤 상품/서비스를 어떤 시장 부문에 제공할 것인가를 판단해야 한다. 어떤 시장(산업)에서 활동할 것인지를 결정했다면 이제 그 안에서 소비자의 어떤 니즈를 발굴하고 어떤 제품을, 얼마에, 어떤 경로를 거쳐서, 어떻게 판촉을 해서 니즈를 만족시키고 수익을 얻을 것인가에 관한 전략을 세운다는 의미이다. 다시 말하면, 제공할 주요 혜택이 무엇인가. 둘째, 경쟁적인 이점을 어떻게 취득할 것인가. 셋째, 어떤 시간적인 일정으로 어떤 특정한 목표 (예 시장점유율, 총매출액, 고객의 수 등)를 충족할 것인가 등이다.

3) STP(Segmentation-Targeting-Positionning)

매스마케팅보다 기술마케팅일 경우 시장은 수없이 세분화될 수 있다. 그러나 세분화된 모든 시장을 우리가 공략할 수는 없는 상황이며, 적정한 시장규모와 성장률을 기준으로 세분화된 그룹을 공략하게 된다. 특정 기준에 따라 세분화되었고, 자사가 진출하기에 적정한 시장영역이라면, 그것이 타겟팅 그룹이 되는 것이다. 그런 다음 기업은 자신이 제공하는 제품이나 서비스의 핵심혜택들을 표적 고객에게 알리기 위하여 자사의 상품을 포지셔닝한다.

1단계	세분화 (segemention)
2단계	표적시장의 선택 (target market)
3단계	위치정립 전략 (positioning)

< 시장세분화를 통한 시장전략 수립절차 >

(1) 시장세분화(Segmentation)

시장세분화는 니즈, 특성, 행동양식, 추구가치 등 몇 개의 기준을 사용하여 가치 있는 다수의 시장으로 분류하는 것을 말한다. 다시 말하면, 큰 규모의 이질적인 시장을 작은 규모의 동질적인 시장으로 나누는 것을 말한다. 각각의 마케팅 프로그램은 (일반적으로 다른 제품)각각의 세분 시장의 니즈에 맞춰 개발된다.

< 목적과 세분화 기준 >

목적	세분화 기준
시장의 일반적 특성의 이해	요구, 추구편익, 구매여부, 사용패턴, 상표 충성도와 상표전환 등
제품 포지셔닝	제품의 용도, 제품에 대한 선호도, 추구 편익 등
신제품 콘셉트 개발	신제품 개념에 대한 반응(구매의도, 선호도 등)
가격결정	가격, 가격 민감성, 촉진 민감성 등
광고 의사결정	추구편익, 매체 활동, 라이트 스타일 등
유통 의사결정	상점 충성도, 상점 선택상의 편익 등

하지만 시장세분화 시장조사 비용 증가, 제품 생산 원가 상승, 다른 특정 시장 희생과 같은 단점이 있다. 따라서 상당한 비용을 지불하고서라도 시장과 상품 간의 매칭이 필요하다면 정책적으로 선택할 사안인 것이다.

다만 모든 대상 시장이 세분화되지는 않는다. 즉 각각의 구분된 시장별로 각각의 동일한 특성으로 묶을 수 있을 만큼 그런 특성들을 갖고 있는가를 따져서 시장세분화 여부를 결정해야 한다. 간혹 전체 시장이 전부 유사한 특징을 가지고 있거나, 혹은 개인별로 전부 다 틀려서 도저히 묶을 수 없을 경우도 있다.

시장세분화를 위해서 고려해야 할 사안이 하나 더 있다. 시장세분화를 위한 필수사항으로 볼 수도 있고, 효과적인 시장세분화를 위한 방법이기도 하다. 최상의 전략으로서 만족하기 위해서는 측정가능성, 접근가능성, 다음을 충족하여야 한다.

첫째, 측정가능성이다. 마케터는 세분시장의 크기, 속성, 행동 유형에 대한 정보를 얼마나 확보할 수 있는가를 파악해야 한다. 특정 그룹에 특정 고객을 포함여부에 대한 공통된 기준이 있어야 하며, 이러한 특성들은 측정될 수 있어야 한다. 둘째, 접근가능성이다. 세분시장에서 성공하기 위해서는 시장의 주의를 끌 수 있는 커뮤니케이션의 가능성을 염두에 두어야 한다. 셋째, 지속가능성이다. 시장세분화는 상당한 비용을 극복하고서라도 수익을 올릴 만큼 충분히 크고 매력적인 시장인가를 파악해야 한다. 넷째, 차별성이다. 특정 세그먼트의 고객들은 특정시장에 맞춰 설계된 마케팅 믹스에 반응해서 해당 제품을 구매해야 한다. 다섯째, 실현성이다. 시장에서 마케팅 활동의 효과가 나타나려면 어느 정도 시간을 필요로 하기 때문에 세분시장이 유행 등에 민감할 경우, STP전략은 매우 어렵게 된다.

(2) 타겟시장(Targeting)

시장세분화는 결국 회사가 집중해야 할 타겟시장을 고르는 작업이다. 세분된 시장을 평가해서 회사가 공략했을 때 반응이 쉽게 날 수 있는 시장을 타겟팅 해야 한다.

마케터들은 일반적으로 수익성, 경쟁강도, 시장의 반응성 등 3가지 요소를 기준으로 해서 타겟시장을 고르기 때문에, 세분시장에 대한 SWOT, 5-Force, BCG 등의 기법을 통해 접근하기도 한다.

이에 따라 단일 세분시장에 접근할 것인지, 아니면, 하나의 제품으로 다수의 시장에 접근하거나, 다수의 시장에 하나의 제품으로 접근하는 방법을 고안할 수 있다.

따라서 타겟팅 전략을 수립할 때는 회사의 리소스 정도, 회사 상품의 동질성(이 경우 단일시장 선택), 시장의 동일성 여부, 경쟁자의 전략 등을 염두에 두고 타겟시장을 선택하게 된다.

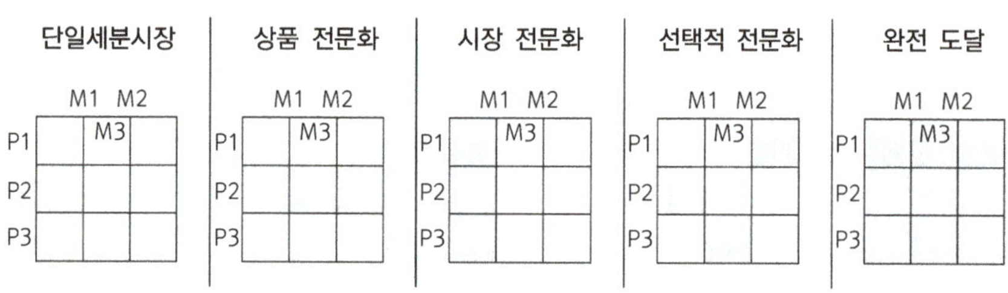

< 타겟팅 유형 >

주: M_Market, P_Product

출처: Abell, Derek F.(1980), Defining the Business : The Starting Point of Strategic Planning, Prentice Hall.

(3) 전략적 포지셔닝(Positioning)

포지셔닝이란 타켓시장에서 제품 속성이나 마케팅 믹스요인을 이용하여 자사제품과 브랜드를 소비자의 마인드에 심어주는 전략을 의미한다. 전술한 바 있는 '산업구조분석'의 포지셔닝이 정태적인 형태라면, 전략적 포지셔닝은 동태적인 형태이다.

이를 구체화하는 방법은 포지셔닝이 단계에서 필수적으로 수행해야 하는 업무 중의 하나는 개념도(concept map)의 작성이다. 모든 비즈니스의 성공확률은 상대적으로 결정되는 것이며, 경쟁기술 또는 경쟁제품과의 차별화를 한눈에 알 수 있도록 시각화 하는 것이 개념도이다. 사업 수행 시 제품의 사양측면에서 차별성을 부여하기 위해 사용될 수 있으며, 원의 크기로 제품의 가격, 품질 등을 결정할 수 있는 2차원의 전략지도를 만든다. 이러한 개념도를 실제 사례에 적용하면 기술의 상품성 및 시장성을 주장하는데 매우 좋은 방법론이 된다.

전략적 포지셔이닝이란 제품과 브랜드에 대한 커뮤니케이션 지각을 말하는데, 지각 이미지를 말하는 것은 아니다. 이미지는 제품에 대한 전체적인 인상인데 반해, 포지션은 경쟁자와 비교된, 고객 마음속의 Reference Point라는 점에서 이미지와는 차별화되는 개념이다. 자사의 제품이나 브랜드를 경쟁자로부터 분리시킬 수 있는 한두 가지 특성을 찾아내는 것이 바로 전략적 포지셔닝이라 할 수 있다.

< 시장 포지셔닝 요소_예시 >

상품	서비스	가격	종업원	채널
형태 특징 성능 내구성 신뢰성 수리용이성 스타일 디자인	주문용이성 배달 고객교육 고객 상담 수리/유지보수	가격수준	전문성 친절 신뢰성 즉응성 커뮤니케이션	커버리지 전문성

4) MM(Marketing-Mix)전략

마케팅 믹스 전략은 마케팅 목표를 실행하기 위한 실행방안으로 제품(product), 가격(price), 유통(place), 촉진(promotion) 등의 4가지 요소를 MIX하여 전략을 실행한다. 마케팅 실행방안은 마케팅 전략과 통합하고 일관되게 전개해야 한다.

다만 MM전략을 추진하기 전에 STP를 체계적으로 실시하는 기업은 많지 않아 MM의 효과성에 의문이 제기된다. 설사 실시한다고 하더라도 모양새를 갖춘 STP전략에 예산을 책정하고, 곧바로 부실한 MM전략을 거론한다(돈 없으면 마케팅은 포기해야 함). MM전략 앞에, STP를 명확히 진행시켜(일례로 포지셔닝을 시도할 때, 시장과 충분한 커뮤니케이션을 먼저 해야 함), 기업이 목적하는 시장을 확인하고 고객에게 제품/서비스 가치를 전달해야 할 것이다.

※ 부록 마케팅기획 체크리스트

단계	체크리스트	분석방법
사전준비	• 마케팅 기획의 정확한 목적은 무엇인가? • 마케팅 기획의 범위는 어디인가? • 마케팅 기획의 주체는 누구인가? • 마케팅 기획의 목표와 효과는 무엇인가? • 마케팅 기획의 시기 및 기간은 언제인가?	RFP 브레인스토밍 인터뷰
환경분석	• 시장의 전반적인 사회/경제/문화적 트렌드를 기술했는가? • 현재시장규모에 대한 객관적인 근거를 제시했는가? • 향후 시장의 성장률에 관한 객관적인 근거를 제시했는가? • 시장이 전체 또는 다양한 세분시장으로 분석되었는가? • 경쟁사의 현재 전략을 분석했는가? • 경쟁사의 시장에서의 주요한 성과를 분석했는가? • 경쟁사들의 강약점을 분석했는가? • 앞으로 잠재적인 경쟁자에 관한 분석이 담겨있는가? • 경쟁사와 차별화된 자사의 경쟁우위요소를 비교했는가? • 다양한 자료를 비교하여 객관적인 분석을 했는가?	BCG매트릭스 SWOT분석 매트릭스분석 시장매력도분석
목표수립	• 현실적이며 달성 가능한 목표를 설정했는가? • 측정 가능한 범위의 구체적인 데이터로 목표를 제시했는가? • 계획기간 동안 합리적인 전략에 의해 달성 가능한 목표 범위인가? • 소비자들의 욕구와 니즈를 평가하여 목표를 수립했는가? • 기업내 다른 부서와 목표수립방향에 관해서 공유했는가?	

STP	• 시장세분화의 명확한 기준과 근거를 제시하고 있는가? • 세부시장별 특성(수익성, 규모, 성장률) 및 향후 전망을 제시하고 있는가? • 마케팅 목적 및 목표를 고려하여 시장을 세분화 했는가? • 세분화된 시장의 고객의 구매행위 및 태도를 고려하여 세분화 했는가? • 세분화된 시장의 크기와 구매력이 측정가능 한가? • 타겟시장이 적절한 시장규모, 성장률, 수익성을 가지고 있는가? • 타겟시장의 현재 및 잠재적 경쟁자를 고려했는가? • 타겟시장이 자사의 기업 목표, 자원 마케팅 믹스와 적합한가? • 타겟시장이 현재 및 미래의 제약적인 요소는 없는가? • 고객을 고려한 차별화된 경쟁가치를 제안하고 있는가? • 경쟁사와 차별화된 경쟁우위의 가치를 제안하고 있는가?	포지셔닝 맵 매트릭스 분석 시장매력도분석
마케팅 MIX	• 제품의 핵심적인 가치를 제안했는가? • 경쟁사의 상품에 관한 전략을 설명하고 있는가? • 가격정책의 방향과 채택배경이 정확하게 기술되어있는가? • 제품/서비스 가격수준이 경쟁제품의 가격수준과 타당한 수준인가? • 가격수준이 Cost 및 적정이익을 보장하고 있는가? • 가격이 전체매출 및 마켓쉐어에 어떠한 영향을 미치고 있는지 분석했는가? • 유통경로의 선택의 근거가 명확히 제시되었는가? • 유통경로별 판매량이 계량화되어 분석되었는가? • 제품/서비스가 고객에게 전달되기까지 전 과정이 분석되었는가? • 고객그룹별로 누가 구매의사결정권을 가졌는지 분석되었는가? • 프로모션 대상을 공략할 가치제안이 담겨져 있는가? • 고객을 획득하고 유지하기 위한 투집자원(기간, 자금, 인원)이 제시 되었는가?	
일정	• 담당업무, 일정 , 시작일, 종료일 등의 단위별 일정계획이 수립되었는가? • 전체 일정이 무리하게 짜여지지 않았는가? • 전체 일정 내에 주요업무범위 및 단위업무가 누락되지 않았는가? • 타부서 및 외부기관과의 업무일정을 고려하였는가? • 통제되지 않은 일정을 고려한 일정계획을 세웠는가?	간트챠트
예산	• 전체 예산범위 내에서 마케팅 예산을 고려하여 책정되었는가? • 마케팅 소요 단위 비용별로 세세한 예산이 수립되었는가? • 예산에 책정된 금액의 객관적인 근거가 제시되었는가?	

부 록

부록 1. 기술시장 정보 분석

부록 2. 실전 창업 매뉴얼

부록 3. 다양한 마케팅 기법

부록 4. 프랜차이즈 계약서 작성 지침

부록 5. 창업관련 이슈

부록 6. 가맹사업거래의 공정화에 관한 법률

부록 1 기술시장 정보 분석

1. 배경 및 필요성

1) 개념

기술과 시장을 독립적으로 보지 않고, 관련지어 이해하는 시도는 다양하게 이루어지고 있으며, 예로서 다음과 같은 직관적 이해가 많이 이루어지고 있다[42]. 기술을 매개로 형성되는 시장을 의미하는가. 기술과 관련된 시장인가. 기술거래 시장인가. 단순히 기술과 시장(Technology + Market)이라는 의미인가. 이를 구분하면, 기술시장 1은 기술이 활용되는 시장, 기술시장 정보 분석은 기술을 분석하고 나아가 그 기술이 활용되는 시장(기술시장)을 동시에 분석하는 것이다. 기술과 해당기술이 응용되는 상품시장을 동시에 지칭한다. 한편 기술시장 2는 기술의 시장 즉 기술이 거래되는 시장을 말한다. 기술시장의 개념은 이론적으로 체계화할 수 있는 개념이 아니며, 이 경우에 있어서 기술시장[43]을 규정하고 분석하려는 목적에 부합되도록 개념을 정립할 필요가 있다.

< 기술시장의 직관적 개념 >

	목적부합성	개념적 오류	관점
기술이 활용되는 시장(1)	상대적으로 높음	있음	기술의 관점
기술이 거래되는 시장(2)	상대적으로 낮음	없음(사실 기술시장은 가장 정확)	기술의 관점

출처: 고병렬 외(2004)

42) 고병렬, 신흥순, 권영일, 구영덕, 노현숙(2004), 기술시장 정보분석 ; 개념 및 분석의 관점, KISTI

43) 기술시장은 특정 기술이 거래되는 시장이라는 의미가 있기 때문에, 이러한 혼돈을 피하기 위하여 기술산업으로 자주 표현되고 있다.

따라서 시대의 흐름에 맞게 기술과 산업 및 시장을 분석하려는 관점에서 볼 때, (1)의 개념이 목적부합성이 매우 높다. 다만 개념이 포괄적이고 용어상의 상충점[44]이 존재한다. 또한 기술의 관점에 치우쳐 있어 기술과 시장의 쌍방향의 관점이 요구되는 경우를 포괄하기가 어려운 개념으로 판단된다. 일례로, 제품이 시장에 출시되기 전 기술의 완성도를 파악해보더라도 기술의 활용단계가 다단하여 시장 요구를 어느 시점에 반영해야 옳은지 묘연할 수 있다. (2)의 경우 개념적으로 오류가 없이 명확하다고 볼 수 있으나, 완전히 다른 접근이다.

< 기술의 완성도 >

TRL1	TRL2	TRL3	TRL4	TRL5	TRL6	TRL7	TRL8	TRL9
Novel Concepts & Emerging Technologies (신개념과 신기술)			Prototype Maturation and Demonstration (프로토타입의 성숙화와 시험)					Production & Distribution
Basic Principles observed and reported	Technology concept and/or application formulated	Analytical and exoertmental critical function and/or characteristic proof of concept	Component and/or breadboard validation in laboratory environment	Component and/or breadboard validation in relevant environment	System/sub-system model or prototype demonstration in a relevant environment	System prototype demonstration in an operational environment	Actual system completed and qualified through test and demonstration	Actual system proven through successful mission operations
기본원리의 발견	기술개념과 적용분야의 확립	분석과 실험을 통한 기술개념 검증	연구실 환경에서 working model 개발	유사 환경에서 working model 검증	유사환경에서 프로토타입 개발	실제 환경에서 프로토타입 데모	상용제품 시험평가 및 신뢰성 검증	시작품 생산

주: 미국 DOD(Department of Defense)의 TRL(Technology Readiness Level)을 참조.

44) 기술이 활용되는 시장은 무엇을 의미하는가? marketplace에서 활용되는 기술로 이해될 소지가 있다. 시장의 개념을 참조해볼 때 가능한 개념으로 볼 수 없다.

그 기반으로 기술시장을 정의하면 제품혁신 및 공정혁신 등의 기술혁신을 통하여 시장이 움직이게 될 경우 이때의 시장을 기술시장이라고 할 수 있다. 따라서 "기술이 체화된 제품의 현 시장 및 잠재시장을 의미하며, 제품혁신과 공정혁신을 포함하는 기술혁신을 통해 창출된 (잠재적) 제품이 교환, 거래되는 시장"을 의미한다.

2) 배경

연구개발을 통해 만들어 내고자 하는 특정 기술이나 제품에 대한 선택은 결국 외부적인 요인과 내부적인 요인의 적합성이란 기준에서 이루어지는 것이다. 기본적으로 외부적 환경에 대한 분석과 내부적 역량에 대한 분석을 토대로 특정 기술에 대한 선택과 개발이 이루어지는 것이라 하겠다.

시장성과 경쟁력을 염두에 둔 R&D 아이템 선택방법은 시장성, 경제성, 기술성 등 외적 요인에 대한 평가와 역량 및 경쟁력이란 내적 요인을 고려해서 이루어지는 것이라 할 수 있다. 따라서 성장가능성이 높은 기술이나 사업을 선별해내는 접근이 필요하며, 기술시장 정보 분석을 통해 시장분석 및 경쟁력 분석, 그리고 기술의 사업성을 평가하는 통합적 접근이 필요하게 되었다.

다시 말하면 시장 정보수요자의 요구는 기술과 시장 정보에 대한 통합적 요구를 지향하고 있다[45]. 이는 비단 연구자뿐만 아니라, 업계에서도 산업이나 시장 자체에 대한 분석만 가지고는 시장을 제대로 파악하기 어려워, 기술까지 분석에 도입하고자 있는 실정이다. 이로 인해 기술분석과 시장분석이 결합되는 현상이 확대되고 있다.

45) 고병렬, 신흥순, 권영일, 구영덕, 노현숙(2004), 기술시장 정보 분석 ; 개념 및 분석의 관점, KISTI

< 주요 정보 분석 주제의 니즈 변화 >

정보분석주제	내용
기술과 시장규모 추이 (시장규모, 성장률)	• 새로운 기술은 어떠한 요인에 의해 시장과 관계를 맺고 어떤 패턴을 보이면서 확산되고 소멸되는가? • 새로운 기술의 확산속도(시장/점유율 성장률)에 영향을 미치는 요인들은 무엇이고 어떻게 전망할 것인가? Domineering Competence는 얼마나 오래 동안 유지될 것인가? 그리고 이 중 기술적 요인만을 분리하는 것이 가능한 문제인가? • 기술의 시장창출 / 확대 능력이 그 기술의 경제성에 기인한다면 이를 어떻게 fomulating하고 또 측정할 것인가?
기술과 시장구조	• 기술 장벽과 시장구조는 어떠한 관계가 있는가? • 예: natural monopoly vs. technology monopoly, product differentiation
기술과 제품수명주기	• 기술수명주기는 왜 산업별로 다르고 기술대체(technology substitution)와는 어떤 관계가 있는가? • Technology dominance determinants는 무엇인가? • Rate of technology components substitution이라는 개념이 성립할 수 있는가? • Technology locating map의 구현이 가능한가?
소비자욕구의 기술적 접근	• 소비자 욕구를 기술적으로 어떻게 표현하고 구현시킬 것인가?
기술선택 (Technology Choice)	• 기존기술 vs. 신규기술, multiple single technologies vs. single multiple technology
기술추세분석 (Technology Trend Analysis)	• 기술트랜드의 특성, 유망기술 • 기술컨버전스, IT-융합기술에 대한 문제

출처: 고병렬 외(2004)

이와 같은 여러 가지 니즈 중에서 가장 종합적이고, 수요자의 니즈가 강하게 나타나는 분석주제는 기술시장에서 시장규모추이(시장규모 및 성장률)분석이다. 시장구조 분석 역시 니즈가 높은 분석주제이다. 하지만 통상적으로 업체동향분석, 시장구조분석, 시장규모 및 성장률 분석, 수요예측, 경쟁기술 분석 등이 분석주제에 해당된다.

2. 기술시장 정보 분석 종류

1) 기술정보 vs. 시장정보 vs. 기술시장 정보 분석

전술한 바와 같이, 기술정보분석은 기술기획이 핵심이며, 시장성과 경쟁력을 염두에 둔 분석이 시장 정보 분석이다. 기술시장은 유형을 어떻게 규정하는가에 따라 재정립될 수 있기 때문에 핵심고객은 차후의 문제이다. 다만 기술시장 역시 시장유형의 하나이기 때문에 시장 정보 분석의 핵심고객과 유사한 측면이 없지 않다[46].

< 기술, 시장, 기술시장 정보 분석의 수요자와 공급자 >

	목적	공급자	수요자	비고
기술 정보 분석	기술기획	유관기관	CEO, CTO, Engineer	유형에 따라 상이한 공급자 형태를 가질 수 있다. 핵심고객의 분리가 가능하다.
	문제해결	분석형 DB	Engineer	
시장 정보 분석	다양한 목적	컨설팅사, 리서치사, 유관기관	CEO, CTO, Engineer	유형에 따라 비교적 상이한 공급자 형태를 가질 수 있지만 이는 철저하게 계층구조를 이루고 있다. 핵심고객의 분리는 할 수 있지만 크게 의미가 없다.
기술시장정보 분석	다양한 목적	컨설팅사, 리서치사, 유관기관	CEO, CTO, Engineer	

출처: 고병렬 외(2004)

그리고 기술정보분석보다 기술시장 정보 분석에서는 기술 자체에 대한 관심보다 그 기술과 관련되어 있는 다양한 이슈들이 더 중시된다. 기술에 대한 설명은 쉽고 짧으며, 오히려 그 기술의 응용분야, 기술/시장 이슈, 필요성, 시장동인 등 주변적인 사항이 더 잘 설명되어야 한다.

46) 고병렬, 신흥순, 권영일, 구영덕, 노현숙(2004), 기술시장 정보분석 ; 개념 및 분석의 관점, KISTI

2) 기술의 시장적 기회(성장가능성 높은 기술 및 사업) 유형

(1) 산업과 시장

가능성이 높은 기회는 주요 고객을 식별할 수 있고 접근할 수 있으며 그들의 욕구에 부합하는 제품과 서비스를 제공할 수 있는 틈새가 있는 시장을 가지고 있는 경우이다. 그리고 제품이나 서비스는 고객에게 쉽게 도달할 수 있어야 하며 사용을 통해 부가가치를 제공할 수 있어야 한다. 시장의 구조적 특징은 판매자의 수, 판매자의 유통망 크기, 제품의 차별가능성, 진입 및 퇴출장벽의 크기, 구매자의 수, 그리고 제조원가 등에 따라서 결정되기 때문에 이들 요인들은 시장선택에 있어 매우 중요한 요인들로 고려할 수 있다.

또한 시장의 크기, 성장률, 점유율, 그리고 원가구조 등도 시장과 관련하여 중요한 평가요인이다. 예를 들어, 시장이 크고 성장률이 매우 높은 경우 기회의 창(windows of opportunity)이 보다 많이 열릴 수 있을 것이다. 마찬가지로 마진율이 높으며 시장에서 점유율을 차지할 수 있는 비중이 큰 경우 그리고 보다 적은 원가구조를 가진 시장의 경우 성공적 기회의 가능성은 보다 높아질 수 있을 것이다.

< 기회평가의 기준 >

(기술의 시장적 기회) 기준	성공가능성이 높은 기회	성공가능성이 낮은 기회
산업과 시장		
고객의 니즈	정확한 파악이 가능	파악하기 어려움
고객에 대한 접근가능성	접근가능	접근 불가능
투자수익 회수기간	1년 이내	3년 이상
부가가치	높음	낮음
제품수명	투자수익환수 이후에도지속	투자비용회수기간보다 짧음
시장구조	불완전경쟁·유망산업	완전경쟁·성숙산업, 사양산업
시장규모	1,000억에서 1조원 시장	피악불능, 100~200억 시장
시장성장율	30~50% 이상, 지속적	10% 이하
시장점유율(5년 이내)	30% 이상 : 선두주자	5% 이하

경제성		
원가구조 세후이익 손익분기시점 ROI 잠재력	적은 원가 투입 10~15% 이상, 지속가능 2년 이내 연 25% 이상 : 높은 가치	많은 원가 투입 5% 미만, 불안한 상태 3년 이상 연 15~20% 미만: 낮은 가치
경쟁우위관련 사항		
생산(고정비와 가변비) 마케팅(고정비와 가변비) 유통(고정비와 가변비)	낮음 낮음 낮음	높음 높음 높음
진입장벽		
특허보호·조정능력 반응·조달기간 법적 이점·계약상 이점 네트워크	가지고 있거나 확보 가능 즉각적 반응 가능 특허·독점적 잘 형성되어 있음: 접근가능	없음 즉각적 반응 불가능 없음 열악한 수준 : 접근 불가능

출처: 현병환 외(2006), 일부만 제시.

(2) 경제성 평가

경제성과 환수가능성도 기회를 평가함에 있어 중요한 변인이 될 수 있다. 이와 관련해서 세후 이익률, 손익분기점과 양(+)의 현금 흐름, ROI(retirn of investment) 가능성, 가치평가, 자금조달, 그리고 퇴출 메커니즘 등이 세부적 고려사항이 될 수 있다. 즉 높은 가능성의 기회는 투자회수와 충분한 이익의 창출이 가능해야 하면 퇴출비용이 적어야 한다. 또한 손익분기점이 가능한 빠른 것이 좋으며 충분한 자금을 확보할 수 있어야 성공가능성이 높은 기회가 될 수 있다.

(3) 경쟁우위 평가

높은 가능성의 창업기회는 아이디어와 함께 경쟁하려는 산업 내에서 경쟁우위를 가지고 있어야 한다. 경쟁적 이점을 평가하기 위해서는 가변비용과 고정비용, 통제의 정도, 그리고 퇴출장벽 등을 고려해 보아야 한다. 매력적인 기회는 낮은 마케팅, 유통, 그리고 생산비용을 갖는 구조라 할 수 있다. 또한 매력적인 기회는 가격, 원가, 그리고 유통경로 등에 대해서 강한 통제력을 가질 수 있어야 한다. 반면에 만약 기업이

다른 이들의 진입을 물리칠 수 없거나 자신이 진입장벽에 직면하는 경우 그것은 매력적인 기회가 되지 못할 것이다.

3) 기술시장 정보 분석의 서술체계

기술시장 분석은 분석대상기술이 시장이전 기술인가, 시장진입기술인가, 시장정착 기술인가에 따라 분석의 구조가 달라진다. 시장에 진입하기 전에 기술에 대한 기술시장 분석은 기술요인에 대한 분석이 보다 중요하다. 그러나 기술요인도 기술에 대한 설명보다는 기술의 등장배경과 응용되는 분야 및 기술의 중요성이 언급된다. 한편 기술의 사업화 가능성에 대한 언급이 나타나고 이후 전망에 대한 분석이 시도된다. 시장에 진입하지 않았으므로 시장의 특징이나 규모에 대한 분석은 없으며, 시장에 대한 개략적인 전망과 함께 주요 연구기관이나 업체에 대한 정보를 제공한다.

< 기술 시장형 분석의 서술체계 >

시장이전 기술형	시장초기 기술형	시장정착 기술형
2장 기술분석 1. 기술 등장배경/진화 2. 기술 중요성/필요성 3. 응용분야	2장 기술분석 1. 기술개요 2. 기술의 응용분야 3. 기술개발 동향 4. 기술수준 분석 5. 기술전망	2장 기술분석 1. 기술개요 2. 기술의 응용분야 3. 기술개발 동향 4. 특허동향 분석 5. 기술수준 분석 6. 기술전망
3장 활용/시장분석 1. 시장전망 2. 주요기관/업체	3장 활용/시장분석 1. 시장(산업)개요 2. 시장(산업)분석 3. 주요 업체 동향	3장 시장분석 1. 시장(산업)개요 2. 시장(산업)분석 3. 주요 업체 동향
4장 사업화 검토 1. 사업화 요인 2. 추가 관찰 영역	4장 사업화 검토 1. 사업화 성공요인 2. 추가 관찰영역	-

출처: 고병렬 외(2004)

시장에 진입한 초기단계에 있는 기술은 여기에 현재의 기술개발 동향이나 기술의 수준에 대한 분석이 추가되고, 시장에 대한 분석이 중요하게 등장한다. 시장에 대한 분석의 형태이긴 하지만 아직까지 활용의 측면이 중요하게 자리 잡고 있다. 이 단계에서도 사업화를 위한 기술진보가 중요하게 모니터 되고 있음을 보여준다. 시장에서의 기술적인 측면을 반영한 사업화가 완전히 끝난 것이 아니기 때문에 기술적인 내용에 대한 추가 모니터링 내용이 반영되고 있는 것이다.

한편 시장정착단계에 있는 기술은 이미 사업화가 마무리되었으므로 사업화에 대한 검토는 등장하지 않고, 시장분석을 중심으로 해서 관련 특허동향이 검토된다. 이 단계가 되면 기술시장 분석은 기술분석과 시장분석의 결합이라고 할 수 있다.

부록 2 실전 창업 매뉴얼

시장형 창업 특히, 소자본으로 창업을 하려면 창업의 3대 요소라 할 수 있는 창업자, 자본, 사업아이디어 등 자신이 창업에 필요한 요소를 갖추고 있는지에 대한 충분한 점검이 이루어져야 한다. 다음은 창업 이전에 창업자가 확인하고 준비해야 할 사항을 예시한 것이다.

< 창업 전 점검사항 >

항 목	점 검 사 항
1. 사업의지 확인	• 왕성한 사업의욕과 창업자로서의 끼 보유
2. 목적확인	• 돈 벌기 위해서가 아닌 사업 이유의 정확한 인식
3. 자금준비	• 창업초기 예상소요자금의 150% 이상 확보
4. 업종군 선택	• 경기변동에 따른 업종의 변화를 고려하여 자신의 능력 및 조건에 적합한 후보 업종군 선정
5. 세부업종 선정	• 후보 업종군 중 성장률, 안전성이 높은 세부업종 선정
6. 입지선정	• 선정한 업종의 최적입지 결정(상권·입지분석 실시).
7. 사업형태 구상	• 체인점 또는 독립 운영점에 대한 장·단점 비교. 초보자는 체인점이 상대적으로 유리(기존 체인점 조사).
8. 가상창업	• 가상 창업을 하여 투자비용과 수입액을 비교 손익계산 해보고 사업성 분석이 부정적이면 후보업종 변경검토.
9. 사업계획	• 가능성과 성공에 대한 확신이 있으면 사업 추진계획수립. 이 단계에서 상품 수급 방법 및 공급처에 대한 사전 조사 및 협의가 필요. 영업방법과 판촉 전략을 구상, 문서화함.
10. 창업/개업	• 경영에 대한 폭넓은 지식 확보. 모든 사업은 단기에 승부가 나지 않으므로 인내력을 배양해야 함.

1. 창업 전 점검사항들

1) 시장형 창업의 라이프사이클 분석(예)

대부분의 시장형 창업은 도입기 → 성장기 → 성숙기 → 쇠퇴기 단계를 거쳐 발전·쇠퇴하게 된다. 따라서 사업 초보자일수록 성장기에 있는 사업에 도전하는 것이 바람직하다.

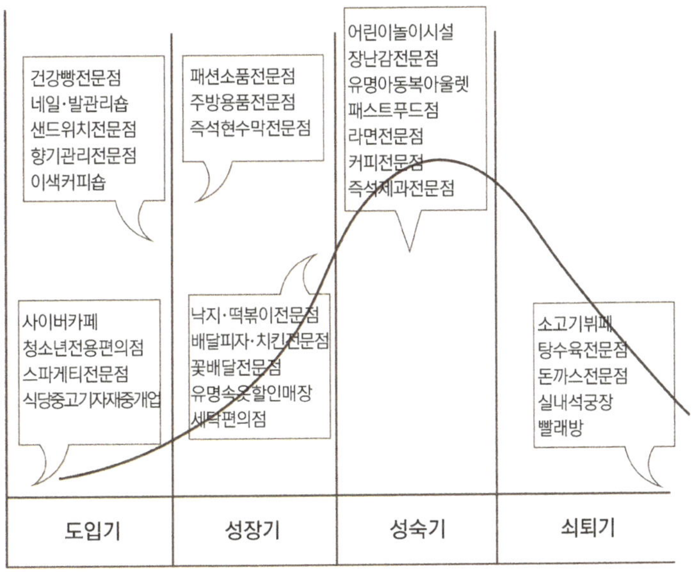

< 시장형 창업의 라이프 사이클 분석(예) >

2) 예비자금의 확보

소자본 시장형 창업에 있어서는 특히, 창업비용은 100% 자신의 자금으로 충당하는 것이 가장 안전하다. 그러므로 점포의 크기나 규모를 자신의 자금 동원능력에 맞추어 최적화하여 낭비 없는 창업을 해야 한다. 이때 중요한 것은 구체적인 자금운용계획의 수립이며 자금운용계획의 수립 시에는 가족의 최저생활비 6개월분과 총 투자자금규모의 10%에 상당하는 예비비 및 운영자금은 남겨두어야 함과 아울러 사업운영자금과 가족의 생활비는 각각 별도의 통장으로 관리해야 한다. 예비비 확보가 불가능하다면 후보사업의 규모를 과감히 축소하여 창업해야 안전하다.

3) 개업 일정 계획

점포를 확보하면 그 즉시 그 동안 수집된 개업 준비에 관한 정보를 기초로 일정계획을 세우고 계획에 따라 개업 준비에 들어간다. 철저한 개업 준비를 위해서는 일정계획을 수립해야 한다. 일정계획의 수립 요령은 다음과 같다.

- 어떤 사항에 대한 준비기간이 가장 오래 걸리는 지를 파악한다.
- 어떤 사항을 개업 얼마 전까지 준비해야 하는지 최소일정을 파악한다.
- 끝마쳐야 되는 시점과 준비기간을 고려하여 먼저 착수해야 하는 사항을 구분한다.
- 준비기간, 완료시점, 착수시점 등을 고려하여 개업일정계획을 수립한다.

다음은 개업 일정계획표와 작업진행 그래프의 예를 든 것이다.

개업준비 일정계획표

개업 준비기간 : 월 일 ~ 월 일

준비항목	구체 준비내용	작업 실행처	예상 소요기간	작업 착수예정일	완료 예정일

사업준비 진행 그래프

착수일	진척도(%) / 준비사항	10 20 30 40 50 60 70 80 90 100	5마감 예정일

※ 준비항목은 먼저 착수해야 하는 것부터 기재하여 체계적으로 한눈에 들어올 수 있도록 작성한다.

※ 진척도 표시는 그날그날의 진행 상황에 따라 색연필로 표시한다.

4) 상호 결정시의 유의점

상호는 앞으로 자신이 사업을 영위함에 있어 매우 중요한 역할을 담당한다. 일반적으로 상호를 결정할 때 자신의 이름을 사용하는 경우가 많은데 이는 대단히 위험한 발상이다.

상호는 자신의 점포를 대표하며 소비자에 점포의 존재를 알리는 가장 기본적인 홍보수단이 되는 것이다. 그러므로 독립점포의 상호를 결정할 때는 다음 사항에 주의를 기울여야 하며 만약 체인본부 가맹사업의 경우에는 본부의 상호가 법적으로 등록된 것인지 먼저 확인해야 한다.

지나치게 복잡한 표현은 고객이 기억키 어려우므로 간단하고 기억하기 쉬운 것으로 한다. 상호는 발음 용이성, 상품의 연상성, 기억 용이성을 가지고 있어야 한다. 즉, 발음이 쉽고 기 기억하기 쉬우며, 취급상품이 무엇인지 상호를 보고 파악할 수 있는 것이 좋다. 인간의 기억한계는 최대 9자이다. 이점을 감안하여 상호는 7자 이내로 하는 것이 좋다.

5) 간판 및 외면장식

시장형 사업의 경우 상호와 간판은 가장 기본적인 홍보수단임과 동시에 안내자로서의 역할을 한다. 점포 앞을 지나가는 잠재 소비자는 간판이나 외면장식을 보고 흥미를 느껴 점포에 들어오게 된다. 특히, 유동인구에 따라 매출이 결정되는 도심상권의 경우 간판과 점포 외면장식은 매우 중요한 요소라 할 수 있다. 다음은 간판 제작 및 설치시의 고려사항을 정리한 것이다.

- 한눈에 확 들어 올 수 있도록 꾸며져야 한다.
- 고객의 주의를 끌 수 있도록 해야 한다.
- 주변의 환경과 어울리도록 해야 한다.
- 통행인의 눈에 잘 띄는 곳에 설치할 수 있는지 건물의 조건을 검토한다.
- 건물과 간판의 크기, 부착 위치, 취급상품을 충분히 알릴 수 있는 것인지 충분히 검토한다.
- 상점가의 일정한 공통규격은 따르되 글자체나 색상을 디자인감각을 살려 타 간판에 비해 강조 할 수 있도록 해야 한다.
- 건물의 특성과 외관과 간판의 문자·모양·색상 등이 전체적으로 조화를 이뤄야 한다.

6) 내부 인테리어

점포의 내·외 장식을 위한 인테리어 비용은 점포 임대비용을 제외하면 가장 큰 부담이 된다. 그러므로 점포 인테리어에 대한 구체적인 계획을 수립하기 이전에 철저한 사전조사가 필요하다.

점포의 인테리어를 계획할 때 숙고해야 할 사항을 정리하면 다음과 같다. 인테리어의 수준으로 투입비용과 효과를 분석하는 문제이다. 비용이 소요되는 만큼 효과를 볼 수 있다면 실내를 고급스럽게 장식하는 것이 좋으며 반면에 투입비용 만큼의 효과를 기대할 수 없다면 비용을 최소화해야 한다. 인테리어 수준의 결정은 상권 내 또는 주변상권에 속해 있는 동종 업체를 조사한 후 수준을 참고하는 것이 좋은 바, 실내분위기가 중요시되는 업종일 경우 동종 업체보다 약간 높은 수준으로 그리고 분위기 그리 중요치 않은 업종일 때는 동종 업체와 동등한 수준으로 하는 것이 좋다.

인테리어를 통해 표시코자 하는 점포의 테마 및 포인트를 설정해야 한다. 탁 트인 분위기와 다소 은밀한 분위기로 내부를 양분하여 고객의 호기심을 조장하는 것이 좋다. 고객 중심 설계로 고객을 위한 공간 구성이라는 기본 의식을 가져야 한다. 즉, 점포의 내부는 고객을 위한 공간이므로 편리성과 휴식성을 가져야 한다.

성실한 시공업자의 선정이다. 즉, 상품의 이미지에 맞는 분위기 연출이 가능하고 정성을 다하는 업자를 선정해야 한다. 이를 위해서는 시공업자가 기존에 시공한 곳을 탐방하여 능력과 신용을 확인해야 한다.

7) 내부설비의 구성

창업 초기에는 투자 자본을 최소화해야 한다. 이를 위해서는 점포 내부에서 필요한 설비도 가능한 범위에서 중고용품을 적극 활용하는 것이 좋다. 다음은 내부설비 구성시의 고려사항이다.

- 설비수준의 결정이다. 설비의 수준은 업종에 따라 결정해야 한다. 즉, 설비가 서비스 및 상품의 질을 결정하는 업종인 경우에는 가능하면 최고의 설비를 갖추어야 하는데 이는 설비가 고객의 수를 결정하는 중요 요소이기 때문이다.
- 설비는 점포 분위기와 작업 능률을 높일 수 있도록 시공되어야 한다. 설비는 인테리어와 연계하여 점포의 분위기를 연출해야 하며 효과적으로 작업공간의 확보 및 고객들의 이용 편의성이 있도록 해야 한다.
- 기기는 중고품으로 처리할 때를 감안하여 구입해야 한다. 서비스 및 상품의 질을 결정하는 기기는 새로운 기기들이 쏟아져 나오기 때문에 경쟁우위의 유지를 위해서는 기기의 일부 또는 전부를 교체해야 하는 경우가 발생한다. 이 경우 기존에 사 용하던 기기를 가능하면 고가에 처분할 수 있어야 하는 것이다.

8) 상품의 디스플레이

상품의 진열은 "주어진 공간에 어떤 물건을 놓는다"는 단순한 행위에서 출발하여 그 행위의 목적 대상을 파악하는 작업으로까지 확대되고 있다.

광의로 보면 디스플레이는 어떤 대상물(상품·작품·정보 등)을 각각의 목적에 따라 주제를 설정하고, 조명·색채·음향·소도구 등 디자인 요소를 적절히 활용하여 전시 공간에 효과적으로 진열하여 고객에게 진열의 의도를 전달시켜 나가는 디자인의 한 분야이며 이를 협의로 해석하면 상품의 판매를 위해 상품의 특징과 성격을 효과적으로 표시하여 판매 공간에 진열함으로써 고객의 구매 의욕을 자극함으로써 최종적으로 판매에 이르도록 하는 판매 촉진수단이다.

그러므로 디스플레이는 평범한 상품에 생명력을 불어 넣어 판매로 연결시키는 가장 효과적인 수단이다. 성공적인 디스플레이는 경쟁점포와의 차별화를 도모하고, 고객에게 쇼핑의 즐거움을 주어 구매의욕을 높임으로써 판매 신장을 가져오는데 디스플레이의 기능을 요약하면 다음과 같다.

- 새로운 상품 및 정보의 소개
- 상품의 사용방법·가치를 알리는 교육기능
- 유행의 창조
- 사업에 대한 소개 및 명성 제공
- 잠재 고객에 대한 신용 확보
- 쇼핑의 즐거움 제공
- 타 브랜드 및 상점과의 이미지 차별화 및 새로운 생활문화 공간 조성
- 판매 신장과 경영 합리화 수단

이와 같이 상품의 디스플레이는 디자인 원리와 요소를 바탕으로 상품의 배치와 분위기가 적절하게 되었을 때 판매로 연결된다. 디스플레이는 고객이 다음 판매 5단계를 거치도록 함으로써 판매 가능성을 높일 수 있다.

- 통행인의 주의를 끈다.
- 관심을 가지게 한다.
- 구매욕구를 일으킨다.
- 상품에 대한 확신을 가지게 한다.
- 구매를 결정하게 한다.

상품 디스플레이는 점포의 중요한 요소로서 상품의 진열이 잘 되면 그 자체만으로도 판매촉진이 된다. 효과적인 디스플레이는 고객에게 점포의 이미지, 상품의 범위, 개념, 가격범위 등을 전달할 수 있다. 상품의 디스플레이는 업종과 취급 상품에 따라 중점적인 디스플레이 공간이 달라진다.

- **점포 전면 부 디스플레이** : 청과물, 식료품, 편의품 등 고객이 큰 고민 없이 쉽게 구매할 수 있는 물품
- **깊숙한 내부 디스플레이** : 보석류, 고급의류 등 고가의 상품
- **중앙부 디스플레이** : 화장품, 주방 잡화 등 일상 생활용품

9) 효과적인 진열범위

같은 평수의 점포도 디스플레이 설계에 따라 효율성이 뛰어나 매장으로 만들 수 있다. 상품진열시 매장의 바닥면에서 60cm이상 170cm까지를 유효 진열범위라 할 때 가장 효과적인 진열범위는 바닥에서 85cm~125 cm이며 이를 "골드 스페이스"라고 하며 주력상품 및 기획 상품을 진열하면 효과를 볼 수 있다.

10) 점포 전면 디자인 시 고려사항

점포의 전면은 첫째, 점포의 상징적 역할을 한다. 둘째, 고객을 유인하는 역할을 한다. 즉, 점포의 전면은 일정한 간격을 두고 고객과 상품이 접촉하게 하는 독특한 요인이다.

점포 전면은 반드시 그 점포의 가격대, 취급 물품, 서비스, 할인 판매 여부, 제품의 질 그리고 그 점포의 목표고객 등에 관한 선명한 이미지를 전달해야 한다. 또한 고객에게 제품의 올바를 선택, 제품의 표식, 실내 장식의 조망, 진열된 물품, 그리고 고객을 점포 안으로 유도하는 역할을 한다. 점포 전면이 효과적으로 디자인되어 있다면 고객의 흥미를 유발하여 구매욕구를 자극한다.

- 건물은 사업규모·상품 종류·제공하는 서비스 등을 고려하여 결정해야 한다.
- 외부는 믿음과 신뢰성을 반영해야 한다.
- 다른 점포와 구별되는 독특한 외부를 갖도록 한다.
- 점포가 특정한 목표시장을 가지고 있음을 표현해야 한다.
- 점포의 개성을 표출해야 한다.
- 점포가 위치한 지역 특성을 감안하여 지역 특성과 점포 외부가 조화를 이루도록 해야 한다.

점포의 이미지

점포를 처음 볼 때 고객은 자동적으로, 그리고 무의식적으로 가격은 물론 점포의 서비스와 품질 수준에 관한 강한 이미지를 받게 된다. 고객에게 이런 판단을 하게 하는 시각적 단서에는 가게에 사용된 자재의 우수성, 조명의 형태, 가게 정면의 크기, 디스플레이 시설의 유형, 그리고 판매하는 제품 등이다. 소량의 특수한 고가품을 진열하는 작고 눈에 띄는 쇼윈도가 있는 닫힌 가게 정면은 내부에 값비싼 제품이 있음을 암시한다. 가게 정면을 완전히 개방시키는 것은 까다롭지 않으며, 가격 압력이 심하지 않다는 이미지를 나타내는 동시에 무난한 가격임을 암시한다.

옥외설계는 정확하게 표현되는 것이 중요하다. 점포의 타원형 이미지는 고객의 시선을 끌어 판매되는 제품에 관심을 갖게 하고 안으로 들어오도록 유도한다.

색조 또한 점포 이미지의 일부로 재미있거나 진지한, 능동적이거나 수동적인, 흥분시키거나 가라앉히는 이미지를 전달한다. 예를 들어 어린이 장난감 가게는 비디오 가게와 같은 성인용품 가게와는 다르게 색조가 재미있어야 한다. 반면에 서점이라면 진지한 이미지를 지녀야 한다.

높낮이를 다르게 하는 것은 시각적으로 자극을 주어 젊은 고객을 겨냥코자 하는 것이며, 통행의 편리성과 다양한 서비스, 단순하고 이해하기 쉽도록 한 상품표시는 중년층 고객을 겨냥한 것이다.

조명

점포의 조명은 상품의 외관을 돋보이게 하고 디스플레이를 강조하며, 기타 점포의 시각적 요소들과 균형을 이루어 분위기를 연출하는 중요 요소이다.

조명을 설치하는 목적은 첫째, 점포의 이미지를 확립 둘째, 고객의 유인 셋째, 상품의 올바른 판매환경 제공 넷째, 판매의 끝맺음을 편리하게 하기 위함에 있다. 이와 같이 조명은 점포의 이미지를 확립하는 요소로써 할인점포는 강한 빛이 확산되는 오버헤드 조명을, 고급 점포는 눈부심이 없는 지향성 디스플레이 램프 조명을 하는 것이 좋다.

만약 가격이 판매의 중요 요인이라면 조명은 상품을 평범하게 보이도록 해야 하며 상품의 품질·개성·스타일 등이 중요 판매요인이라면 상품에 조명의 초점을 맞추어 상품이 독특하게 보이도록 해야 한다.

11) 거래처의 확보 및 관리

사업 착수 이전에 미리 자신의 점포에 상품이나 재료를 공급하는 거래처를 선정, 관리하는 일은 매우 중요하다. 주 거래처는 개업 전에 확보해 놓아야 하며 다음은 이때 주의할 사항들이다.

- 기존의 인적 네트워크를 최대한 활용하여 유망 후보거래처를 선정한다.
- 미리 도매시장에 나가 상품의 가격과 유행 상품 등에 대한 시장조사를 철저히 한다.
- 소규모 점포에서는 한 번에 대량 구입하는 것이 불가능하므로 소량씩 자주 구매하더라도 거래처에서 성의껏 납품을 받을 수 있도록 인간적 신뢰를 다져 놓는다.
- 납품받는 거래처의 직원을 정보의 입수원으로 확보한다.
- 급한 주문이 있을 때 납품 우선권을 가질 수 있도록 한다.

12) 초두상품의 매입

초두상품이란 점포 개업 시 기본적으로 필요한 최저한의 상품을 말한다. 초두 상품의 매입은 월간 판매량을 예상하여 적정량을 구매해야 한다. 그러므로 상품의 매입 전에 정보를 충분히 수집하여 상품명, 매입단위, 적정구입 수량 등 구입목록을 작성하고 거래대상 업체별 판매촉진 지원 사례에 관한 정보도 수집하여 상품매입에 비용의 낭비요소를 제거해야 한다. 초두상품의 매입에 유리한 고지를 점해야 한다. 다음은 초두상품 매입 시의 유의사항이다.

- 상품에 대한 첫 이미지를 심어주는 것이므로 상품의 품질과 구색을 확보하여야 한다.
- 월간 수요량을 예측하여 적정량을 구매하여야 한다.
- 복수의 구입처를 선정, 가격을 비교한 후 적정가격에 구매한다.
- 판매촉진을 위한 지원을 받을 수 있는지 확인한다.
- 상품 구입 시 반품 및 교환가능 여부를 확인하고 보증을 받아 놓는다.
- 동 업종 점포를 자주 방문하여 가격추이 및 소비자 기호동향을 파악한다.
- 초도상품의 구입량은 최소화한 후 차후에 자신의 점포에 어울리는 상품을 발견할 때까지 고객의 동태를 파악한 후 추가상품으로 보충한다.

13) 종업원 채용요령

소규모 점포에서는 가능한 원가를 줄이고 경영효율을 높여야 한다. 즉, 힘이 들더라도 가족 중심의 운영구조를 가지는 것이 유리하다. 그러나 종업원을 채용해야 하는 불가피한 경우에는 다음 사항에 유의하여 종업원을 채용해야 한다. 사업규모, 방문 고객 수, 업무량, 가장 바쁜 시간대 등을 고려하여 필요 인원을 결정한다. 종업원에게 필요한 능력과 연령 정도를 정한다. 경력·신입, 정식·아르바이트 등의 어느 형태로 채용할지 결정한다. 미성년자를 아르바이트 학생으로 채용 시에는 필히 보호자의 서면동의를 받는다.

종업원의 채용에 있어서는 다음과 같이 자신의 업종에 적합한 사람인가를 판단하는데 도움이 되는 면접기준을 만들어 정한 기준대로 면접하는 것이 효과적이다.

< 종업원 채용 면접 기준표 >

면 접 자 :		지 원 자 :			
검 토 사 항	대만족(5)	만족(4)	보통(3)	불만족(2)	대단히 불만족(1)
1. 담당할 업무에 대한 이해는?					
2. 전체적인 이해력은?					
3. 책임감과 성실성은?					
4. 성격은?					
5. 이직률은?					
6. 상대방 입장을 고려하고 있는가?					
7. 육체 또는 정신건강은?					
8. 가족관계와 가정생활 안정되있나?					
9. 임시방편으로 직업을 찾고 있는가?					
10. 친절성과 예의는 있는가?					
11. 친근감을 주는 인상인가?					
12. 겸손한가?					
13. 재치는 있어 보이는가?					
14. 민첩하면서도 분주하지는 않은지?					

※ 한 항목이라도 대단히 불만족 사항이 있는 경우 채용 불가

※ 평균 80점 이상인자를 채용하는 것이 좋음

면접요령

평가점수 : 대만족 5점, 만족 4점, 보통 3점, 불만족 2점, 대단히 불만족 1점으로 하고 담당 업무에 따라 더 중요한 항목이 있는 경우에는 가중치를 부여한다. 예를 들어, 판매사원 모집의 경우에는 ⑩, ⑪, ⑬항목에 10점을 주는 등 ⑩, ⑪, ⑬항목의 중요성을 반영한다.

각 탐색사항에 대한 평점을 합하여 일정점수 이상(평균 80점 이상자)인이 되는 사람을 채용한다. 면접 대상자가 여럿일 때는 평점이 높은 순으로 채용한다.

14) 종업원 교육

판매에는 점포입지 및 크기, 상품의 다양성, 진열방법, 상품의 품질 등의 요소도 중요하지만 무엇보다 중요한 것은 고객을 맞이하여 상품을 판매하는 종사자들이 능력 및 자세로서 이러한 자세의 견지를 위해서는 다음과 같은 능력을 가지도록 해야 한다.

상품특성에 대한 정확한 파악과 정확한 설명을 할 수 있어야 한다(주입). 취급 상품의 성능, 성분, 특징, 기능, 유사품, 간단한 수리방법, 유통경로, 상품진열 방법, 생산회사 등을 교육하되 외식업과 같이 가공이 필요한 업종은 조리 기술 및 정성을 다하는 생산 자세를 숙지시킨다.

고객이 감동할 수 있을 정도의 공손함과 친절한 행동이 뒤따라야 한다(훈련). 인사법, 스마일 법, 설명법, 대화법, 행동법, 적극적인 자세, 정성을 다하는 자세 등을 반복 훈련을 통하여 습관화시켜야 한다. 자신의 직업과 상품에 대한 자긍심을 가지도록 해야 한다(세뇌). 회사와 상품이 본인 또는 고객 그리고 사회에 기여하는 부분을 집중 부각시켜 충분히 느낄 수 있도록 함으로써 자긍심을 느낄 수 있도록 한다.

15) 유능한 판매사원의 조건

사실상 상품의 판매는 상품 자체의 판매가 되어서는 안 되며 상품의 효용가치, 판매자의 신용 및 서비스 그리고 아이디어의 판매라 생각해야 한다. 이러한 관점에서 유능한 판매사원은 다과 같은 자세를 갖춰야 한다.

- 명랑하며 친절하고 에티켓을 지킨다.
- 상품관련 지식 풍부하고 상품의 진열 위치를 숙지하며, 고객의 취향에 맞는 상품을 권한다.
- 신제품, 가격동향 등 상품관련 유용한 정보를 제공할 수 있어야 한다.
- 구매하지 않아도 싫은 표정을 짓지 않으며 끈질기게 구매를 권유하지 않는다.
- 고객의 얘기를 경청한 후 고객이 원하는 상품을 권유한다.
- 고객에는 먼저 응대하여 고객의 사정을 배려하는 자세를 보인다.
- 고객에는 이론보다 감각(유행)에 대한 설명을 곁들인다.
- 고객이 상품에 관심을 보이면 용도를 물어 고객의 욕구를 파악하여 친근감을 가지도록 한다.

16) 광고의 요령

가장 좋은 광고방법은 고객이 광고하게 하는 것이다. 사람은 누구나 같은 입장에 있는 사람의 말을 신뢰한다. 특히 공동 관심사일 경우 더욱 그렇다. 소비자는 같은 입장에 있는 소비자의 상품구매에 대한 정보에 민감하며 이를 상품구매 시 참고한다. 그러므로 사업자는 점포와 상품을 홍보해 주는 고객을 많이 확보해야 한다.

고객이 홍보해 주는 경우로는 본인이 이용했을 때 상품의 품질, 가격, 서비스 등에 만족하여 만족감을 주변 사람들에 전달하거나 이용하고 있는 업체에 애착을 느낄 때 도와주고 싶은 마음으로 광고하는 경우를 들 수 있다. 시장형 사업의 경우 광고수단으로 광고전단지를 활용하는데 광고 전단지는 개업식을 알릴 수 있는 가장 효과적인 광고수단이다. 그러므로 전단지는 다음 사항에 유의하여 제작해야 한다.

사업규모가 아무리 작아도 광고 전단지 제작에는 다자인비를 투자해야 한다. 전단지의 디자인은 최소 3곳에서 견적과 디자인 안을 받아 비교한 후 제작을 의뢰한다. 너무 많은 내용을 넣지 않도록 한다. 많은 내용이 들어가면 광고효과가 낮아진다. 전하고 싶은 메시지는 분명하게 하여 강조한다.

17) 개업식 준비

점포 오프닝 즉, 개업식은 사업을 결정짓는 중요 행사이다. 개업식에 받은 인상은 소비자의 기억 속에 오래 동안 남게 되므로 각별한 신경을 써야 한다. 다음은 개업식 준비사항을 정리한 것이다. 최대한 구경꾼이 몰리도록 신나는 음악, 인형, 풍선, 현수막 등을 총동원하여 축제 분위기를 조성한다.

일기예보를 참조하여 날씨가 궂은 날이나 이틀 이상의 연휴가 끝난 첫날은 피한다. 예상고객에게 초대장을 발송하여 찾아오는 고객에게 간단한 선물을 증정하고 업종이 음식업일 경우는 무료 시식회를 개최한다. 개업식 때는 평소 고객 5배 정도의 손님이 올 것으로 예상하여 필요한 준비를 한다.

특히, 개업식 이전에 확인하여 개선해야 할 사항으로는 첫째, 지나치게 기발한 착상으로 주변의 일반 환경에 어울리지 못하거나 둘째, 점포가 전체적으로 폐쇄적이지 않은가 셋째, 지나친 인테리어로 벽면, 천장, 기둥 등이 너무 현란하지는 않은지를 검토하여 그러한 경우 개업식 이전에 시정하는 노력을 기울여야 한다. 개업식에는 계절에 맞는 세일 이벤트를 실시하여 초기 고객을 모으는 것이 좋은데 다음은 계절에 맞는 이벤트의 예를 든 것이다.

- 봄 : 신학기, 봄맞이 세일
- 여름 : 휴가 맞이 여름용품 세일
- 가을 : 추석맞이 선물세일
- 겨울 : 송년 및 크리스마스 감사세일 등

18) 점포의 효율적 관리지침

홍보 및 광고는 꾸준히 하라

개업 시에는 새로운 아이디어를 주 내용으로 하여 적어도 3~4차례의 광고를 해야 하며 개업 이후에도 새로운 고객의 유인을 위한 광고를 해야 고객을 유지할 수 있다.

고객에 대한 서비스는 성공의 관건이다.

고객은 서비스의 질이 좋은 점포로 몰리는 특성을 가지고 있다. 그러므로 서비스에 최선을 다함과 동시에 고객과의 인간적 신뢰를 구축한다면 이는 무엇보다 훌륭한 자산이 된다.

가격보다는 상품의 질로 승부를 걸어라

치열한 경쟁 하에서 1차적 승패 요인은 판매상품의 품질로서 판매사원은 품질을 알릴 수 있도록 상품에 대해 충분한 지식을 가지고 있어야 한다. 음식점에서 재료를 아끼면 망하는 지름길이라는 말이 있듯이 상품의 품질을 유지하기 위해 사업주는 최선을 다해야 한다.

종업원 관리는 허점이 없어야 한다.

시장형 사업의 경우 종업원은 고객과 직접 대면하기 때문에 종업원의 역할은 사업의 성패를 좌우하는 요소가 된다. 그러므로 종업원 교육은 철저하게 이루어져야 한다. 즉, 종업원이 일을 통한 성취감을 가질 수 있도록 적절한 인센티브를 제공하는 것도 생각해 보아야 한다.

금전출납부는 반드시 작성한다.

금전 출납부를 기록하면 판매동향을 파악은 물론 적정재고와 관련한 실무를 체득할 수 있다. 또한 금전출납 현황의 기록은 비용절감, 상품의 적정구입 그리고 영업활동 전반에 대한 안목을 가지게 하므로 금전출납부는 일기형식이라도 반드시 작성해야 한다.

시장상황변화에 따라 상품의 구색을 갖추어야 한다.

문구점에 복사기와 팩시밀리를 갖추어 두는 것처럼 주변 여건이나 시장상황의 변화를 주시하여 항시 상품의 구색을 갖추도록 노력해야 한다. 의류점에 액세서리를 겸하는 것도 상품구색의 일환이다.

가격 경쟁력을 확보하고 상품의 가격정보를 수시로 홍보하라.

시장형 사업에서 경쟁무기는 품질과 가격이다. 고객의 입장을 헤아린 적정 가격은 경쟁전략의 으뜸이라 할 수 있다. 그러므로 주변의 경쟁점포의 가격정보를 수시로 조사하여 경쟁력을 가질 수 있도록 최선의 노력을 기울이는 자세를 견지해야 한다.

고객의 특징을 기억하는 노력을 기울임과 동시에 관리는 과학화하라.

한번 고객은 영원한 고정고객으로 확보하는 노력이 필요하다. 예를 들어, 컴퓨터를 이용하여 고객의 이름과 주소, 가족 수, 특성 등을 관리하여 2차 구매 시 활용한다면 이는 더없이 귀중한 판매 자료가 된다. 고객은 자신을 기억하는 사업주를 신뢰한다는 점을 명심해야 한다.

수시로 시장 및 경쟁업체관련 사업정보 조사하여 사업에 반영하라.

장사가 잘되는 업체를 수시로 탐방하여 상품의 구색, 디스플레이, 서비스 특징 등을 관찰하고 이를 자신의 사업에 반영하는 자세를 가져야 한다.

봉사성 이벤트를 정기적으로 개최하라.

지역주민을 위한 봉사성 이벤트는 지역 주민과의 밀착을 위한 홍보전략이다. 봉사성 이벤트는 사업이 안정적이고 영속성을 가지도록 하며 주민과 고객이 공생하는 즐거움을 가지게 한다.

철저한 관리의식을 가지고 금전관리는 직접하라.

- 종업원에게 10원짜리까지 확실하게 정산하는 것을 보여준다.
- 금전출납부는 수입장과 지출장을 따로 만들고 지출장은 종업원이 정리하게 한다.
- 사전 허락 없이 금고 지출을 엄금한다.
- 전표장은 직접 도장을 찍어 매일 확인한다.
- 편안한 표정으로 전표계산을 하여 너무 돈만 안다는 인상을 주지 않도록 한다.

외상거래는 가급적 자제하고 부득이한 경우 외상의 한도를 정하여 관리한다.

다음은 외상거래시의 주의사항이다.

- 신분이 확실한 고객만 외상 거래를 하되 한도관리는 철저히 한다.
- 대금 지불 일자를 명확히 하여 거래한다.
- 대금 지불을 미룰 때는 상황을 빨리 확인하여 상대가 지불할 능력이 없는 것인지, 지불의사가 없는 것인지를 파악하여 분할 청구 등의 방법을 취하도록 한다.
- 외상거래 규모가 큰 경우 외상판매 계약서를 작성하고 거래한다.

수표사고는 항상 발생할 가능성이 있으므로 확인하는 습관을 지닌다.

- 주민등록증, 운전면허증, 여권 등의 사진과 얼굴이 일치하는지 확인한다.
- 수표 발행은행(지방은행 발행시 추심료 신청), 일자(발행 10일 이내), 꽃무늬 음화(복사방지) 등을 확인한다.
- 야간에 신분증이 없다는 이유로 학원증, 학생증 등을 제시하거나 이서가 여러 번 되어있는 수표는 특히 조심한다.

현금은 점포에 두지 않고 가능하면 매일 매일 은행 등 금융 기관에 **입금시킨다.**

- 일정한 시간에 입금하는 것을 피한다.
- 2~3가지로 길로 일정하지 않게 변화를 주어 은행에 간다.
- 입금 시는 중간지점을 거치지 않고 간다.
- 액수가 큰 경우 가능한 혼자서 가지 않도록 한다.

강·절도는 예방할 수 있다.

- 상점 내부 특히, 계산대 주위가 잘 보이도록 설치한다.
- 점포 내 조명은 낮에도 켜 둔다.
- 계산대의 금액이 일정액을 넘지 않도록 하고 초과하는 경우에는 별도 금고에 보관한다.
- 강·절도 사고가 발생한 경우 당황치 말고 요구에 따른 후, 즉시 경찰에 연락한다.

2. 창업과 법률

세무와 경리는 사업자들에게 가장 골치 아픈 분야임과 동시에 반드시 알아야 될 부분이기도 하다. 창업자들은 먼저 경영 상태를 알아볼 수 있는 재무제표부터 이해해야 한다.

재무제표에는 대차대조표, 손익계산서, 이익잉여금 처분계산서 및 결손금 처리계산서, 재무상태 변동표가 있다. 재무제표를 4가지로 작성하는 이유는 보고내용이 각기 다르기 때문이다. 대차대조표는 기업 재무상태, 손익계산서는 기업의 경영성과, 재무상태 변동표는 재무상태의 내용을 각각 구분하여 표시한다. 창업자라면 최소한 재무제표에 대한 상식을 갖추어야 하는데 신문에 나오는 결산공고를 분석하는 연습을 해보는 것이 좋다.

두 번째로 유념해야 할 사항은 토지, 건물, 차량, 비품 등의 고정자산에 대한 투자는 자기자본과 고정부채 또는 장기부채의 합계액 이내에서 이루어져야 한다. 즉, 고정자산을 자기자본+장기 부채로 나누어 100을 곱한 고정비율을 100% 이하로 유지하도록 하는 것이 좋다. 또한 사업주는 자본을 단 한 시간이라도 놀리지 말아야 한다. 여기서 자본이란 자기자본뿐만 아니라 외부에서 차입한 자금을 합한 것이다. 당장 지불해야 할 자금 이외에 단돈 백 만원이라도 금고에 보관하고 있다면 이는 자금운용에 문제가 있다는 증거이다. 한 푼이라도 이익이 발생하는 곳에 투자하겠다는 자세는 경영자가 가져야 할 기본적인 자세이다.

그리고 현대 상거래에서 어음은 결제수단으로 널리 활용되고 있으나 어음에 대한 지식이 확실하게 갖춰지기 전까지는 어음의 취급은 자제하는 것이 좋다. 어음은 어음을 받은 사람이 자유롭게 제3자에게 양도할 수 있는 유통증권, 법률적인 사항이 정확히 기재되어야 하는 요식증권, 어음 발행의 원인이 필요 없는 무인증권, 대금 청구에 필요한 교환증권의 5가지 특징을 가지고 있다. 그러므로 결재기일에 어음의 소지인은 어음 발행인은 물론 이서인들에게 대금지급 요구권을 가진다.

1) 창업 기초법률상식

(1) 등기부 등본

창업을 할 때 맨 먼저 직면하는 법적 문제는 점포 계약에 관한 사항이다. 주변에서 부동산관련 문제가 끊이지 않는 것은 간단하게 확인될 사항을 확인하지 않은데 그 원인이 있다.

창업관련 부동산 계약 시에는 계약대상 점포를 직접 방문하여 확인하는 것은 기본이고 확인해야 할 공부서류로는 등기부등본, 토지 및 가옥대장, 도시계획 확인원 등이 있는데 ,이러한 공부서류를 확인한 후 임대차 계약을 체결하는 것이 문제의 발생을 예방할 수 있다.

등기부등본은 다음과 같이 구성되어 있으므로 권리 내용을 정확히 확인할 필요가 있다. 첫째, 등기부등본은 표제부, 갑부, 을부 등 3부분으로 구성되어 있다. 둘째, 표제부는 건물의 면적, 용도 등이 나타나 있고 갑부는 소유주, 주소, 소유권의 변동 상항, 소유권의 변동원인 등이 그리고 을부는 저당권, 임차권, 지상권 등 소유권자 이외의 또 다른 권리 및 의무관계가 있는지의 여부가 기재되어 있다. 셋째, 소재지 관할 법원의 구내등기소나 독립 등기소에서 확인할 수 있다. 넷째, 계약금, 중도금 그리고 잔금 지불 시에 확인해 보는 것이 안전하다.

(2) 도시계획 확인원

도시계획 확인원은 관할지역 시청, 군청, 구청 등에서 열람 또는 발급받을 수 있는데 계약하고자 하는 점포가 위치한 지역이 공공용지에 수용될 가능성이 있는지의 여부, 재개발 예정지역인지의 여부, 특정업종의 개업이 불가한 지역 즉, 업종을 제한하고 있는지의 여부를 확인할 수 있다.

(3) 임대차 계약서

일반적으로 임대차 계약서는 부동산 중개인이 작성한 후 계약 당사자는 작성된 계약서에 도장만 날인한다. 그러나 중개인이 모든 사항을 기재했을 것으로 믿어서는 안 된다. 문제 발생 시 가장 중요한 증거자료는 임대차 계약서이므로 다음 사항이 정확히 기재되어 있는지 확인해야 한다.

- 임대인, 임차인, 중개인의 이름, 주소, 연락처
- 계약금, 중도금, 잔금의 금액, 지급방법 및 지급일
- 해당 물건의 명도시기, 하자보수 관계, 시설 및 설비의 처리 문제
- 중계료의 규모 및 지급일

2) 임대차계약의 권리·의무관계

임차인과 임대인 사이에 점포에 대한 임대차계약이 체결되어 임대차관계가 형성되었을 때 임차인과 임대인이 가지는 권리와 의무관련 사항이다.

첫째, 계약금은 총 지급금액의 10%로 하는 것이 보통이며 계약금 지급 후 불가피한 사유로 계약을 이행치 못하게 되었을 때의 권리·의무관계는 다음과 같다. 임차인이 계약을 이행치 못했을 경우에는 기지급 계약금을 돌려받을 수 없으며 임대인이 계약을 이행치 못할 때는 임차인에게 기지급 계약금의 2배를 배상해야 한다.

둘째, 계약체결 후 효력을 발생되면 임대인은 임차인에게 점포사용

권리를 넘겨줘야 할 의무가 있으며, 임차인은 일정 임대료를 지급할 의무를 가진다.

셋째, 임차인이 계약 임대료를 2개월 이상 지급치 못했을 경우에는 임대인은 즉시 계약을 해지하고 건물을 비워줄 것을 요구할 수 있다.

넷째, 임차인은 계약기간 동안 점포를 관리할 의무를 지며 건물의 손상으로 인한 손해 발생 시에는 배상책임을 가지며 계약기간 종료 시까지 원상복구의 책임이 있다.

3. 창업세무

모든 사업자는 세금을 납부할 의무를 가진다. 1996년부터 세무신고체제가 완전한 자율신고체제로 전환되어 사업자 스스로가 납부할 세금을 신고토록 하고 있다. 이를 위해 각 세무관서의 민원 봉사실에는 세무상담요원이 배치되어 안내와 상담을 하고 있다.

사업자가 납부할 세금은 크게 부가가치와 소득세로 구분된다.

1) 부가가치세

성격

부가가치세는 상행위를 통해 발생한 이윤(부가가치)에 대한 세금으로 판매자가 물건이나 서비스의 가격에 포함하여 판매하기 때문에 실제로는 소비자가 부담하는 세금이다.

과세구분

사업자는 사업자의 연간매출액을 기준으로 하여 다음과 같이 일반과세자, 간이과세자, 과세특례자로 구분하여 과세되고 있는데 현재 과세특례자를 위장한 세금 탈루가 많아 2000년 7월 1일부터 과세특례제도의 폐지를 검토하고 있다.

부가가치세 제도

부가가치세의 계산 및 과세구분은 다음과 같다.

* 부가가치세 = 매출세액(매출액 × 세율) - 매입세액(매입시의 부담세액)

구 분	일반과세자	간이과세자	과세특례자
연간 매출액	1억 5,000만원이상	4,800만~1억5,000만원	4,800만원 미만
세액 계산	• 매출액의 10% 매출세액 - 매입 시 부담세액 (매입세액)	• 매출액×업종 평균부가 가치 공제율 ×10%	• 매출액의 2% - 대리·중개·주선·위탁 매매·도급은 3.5%
신고 납부	• 확정신고 납부 : 1.1 ~1.25, 7.1~7.25 • 예정신고 납부 :4.1~4.25, 10.1~10.25 ※단, 일정 금액에 미달하는 자는 예정신고납부 대신 관할세무서에서 납세고지서를 발부함.	• 확정신고 납부 : 2회 (1·7월) • 예정고지 납부 :2회 (4·10월) ※관할세무서가 납세고지서를 발부하나, 신규사업자 등은 예정 신고 납부함.	• 확정신고 납부 : 2회 (1·7월) • 예정고지 납부: 2회 (4·10월) ※세무서에서 납세고지서를 발부하며 직전 과세기간의 납부세액이 24만원 미만인 자는 2차례의 확정신고만 하면 됨(납세고지 생략)
기장 의무	• 세금 계산서를 주고받아야 하며 매입·매출장 등 기장 의무가 있음.	• 영수증을 발행함.	• 영수증을 발행하고 주고받은 영수증 및 세금계산서만 보관하면 장부의 기장으로 간주함.

최근 부가가치세제도가 개편되었다 그 주요 내용은 살펴보면 다음과 같다.

첫째, 개인 일반과세자의 예정고지대상자 범위가 대폭 확대됐다. 즉, 직전 과세기간의 공급가액 합계액이 종전에는 7500만원 미만이면 예정고지 대상이었으나 현재는 1억5000만원 미만이면 예정고지를 받는다. 예정고지란 직전년도 매출액이 일정액 미만일 경우 세무서가 세금 추징액을 고지 즉, 직전 과세기간 세액의 절반을 세무서가 결정해 통보하는 것으로 직전년도 7~12월 사이에 발생한 세액의 50%를 세무서가 고지함으로써 해당 사업자는 세무서를 찾아가 사업실적을 신고하는 번거로움이 없다.

둘째, 세금계산서를 발급받은 간이과세자와 과세특례자의 부가세 공제액이 늘어났다. 간이과세자나 과세특례자가 세금계산서를 받으면 매입세액에서 일정액을 공제해 주는데 그 비율이 상향조정되었다. 즉, 공제비율이 간이과세자의 경우 부가가치율이 30% 이하인 업종은 20%, 부가가치율이 30% 초과 업종은 30%로 1.5~2배로 늘어났고 과세특례자는 공제비율이 20%로 2배로 늘어났다.

예를 들어, 간이과세자가 1000만원 상당의 물건을 매입한 경우 매입세액은 부가세 10%에 해당하는 100만원을 신고해야 하는데 종전에는 부가가치율이 20% 이하인 업종은 10%(10만원), 부가가치율이 20%를 초과하는 업종은 20%(20만원)의 세액공제를 받았으나 현재는 부가가치율이 30% 이하인 업종은 20%(20만원), 30% 초과 업종은 30%(30만원)의 세액공제를 받는다. 또한 과세특례자는 종전에는 10%(10만원) 세액공제 혜택을 받았으나 현재는 20%(20만원)의 세액을 공제받는다.

셋째, 미신고 미납부에 대한 가산세가 증대되었다. 종전에는 부가세 신고·납부를 제때 하지 않으면 각각 10%인 무신고 가산세와 무납부 가산세 가운데 액수가 큰 금액을 징수했는데 현재는 모두 부과하고 있다. 예를 들어, 1,000만원의 세금을 납부해야 할 경우, 신고와 납부를 하지 않았다면 무신고가산세 100만원(10%)과 무납부가산세 22만5,000원 등 총 122만 5,000원을 추가로 납부해야 한다. 무납부가산세의 기준이 무납부세액 x 납부기한 다음날부터 고지일까지 기간의 1일당 5/10,000으로 적용, 계산되기 때문이다.

넷째, 주유소나 슈퍼마켓에서 받은 계산서는 세금공제를 받을 수 없다.

다섯째, 부동산 임대사업자들의 임대보증금에 대한 세금이 적어졌다. 종전에는 연간 임대보증금 의 9%에 해당하는 금액이 과세대상이었으나 현재는 7.5%로 과세대상 금액이 낮아졌다.

여섯째, 금전등록기 계산서에 의한 매입세액 공제제도가 폐지되었다

일곱째, 소규모 사업자로서 부가세 성실신고 사업자에 대해 한시적으로 부가세납부세액이 경감되었다. 즉, 98년 연간매출액이 1억5,000만원 미만인 개인사업자가 표준신고율의 130% 이상으로 성실 신고하면 3년간 납부세액을 경감한다.

2) 특별소비세 부과대상 업종

다음의 업종 즉, 카바레, 나이트클럽, 요정 및 이와 비슷한 성격의 살롱, 카페, 디스코클럽 등 유흥장소와 귀금속상, 투전기(슬러트 머신 설치 오락장), 가구제조업 등을 운영하는 사업자는 별도로 특별소비세를 납부하여야 한다.

3) 부가가치세 면세대상 사업

다음 사업은 부가가치세 납부예외 사업이다.

- 곡물·과실·채소·육류·생선 등 가공되지 않은 식료품의 판매업
- 연탄·무연탄·담배·복권판매업, 도서·신문·잡지발간 등 출판업
- 병·의원 등 의료보건 용역업
- 정부에서 인가 또는 허가받은 학원·강습소·교습소 등 교육 용역업
- 국민주택규모 이하의 주택건설업, 금융·보험용역업
- 토지관련 매매업
- 도서·신문·잡지·방송(광고 제외) 등의 공익산업
- 예술 창작품·순수 예술행사·문화기행
- 도서관·과학관·박물관·동물원 또는 식물원 입장료
- 변호사·공인회계사·세무사·관세사 등 인적 용역업
- 국가기관 등이 공급하는 재화나 용역
- 수입품 중 면세되는 재화·용역(부가가치세법 제12조 제2항)

4) 부가가치세 신고서류

부가가치세의 예정신고 또는 확정신고 시에는 세무서에서 배포하는 부가가치세 예정(확정)신고서, 세금계산서 합계표와 지난 95년 1월 1일 이후의 거래분부터는 매출처 그리고 매입처별 세금계산서 합계표를 제출하도록 하고 있다.

그리고 외화획득 사업의 경우 재화 또는 용역공급에 대해 부가가치세를 납부치 않아도 되는 세율 0(제로)%의 적용을 받는데 이 경우 외화획득에 대한 증빙으로 수출대금 입금증명서 또는 수출면장을 부가가치세 신고 시 세무서에 제출해야 한다.

외화획득사업이란 수출하는 재화, 국외에서 공급하는 용역, 선박 또는 항공기의 외국 항행 용역, 그리고 기타 외화획득 재화 및 용역관련 사업을 말한다. 외화획득 사업 이외의 사업장은 부가가치세 신고 시 다음 서류를 첨부해야 한다.

- 대손세액공제 신고서
- 의제매입세액공제 신고서(교부받은 계산서·간이계산서), 매입세액 불공제분 계산근거
- 사업설비투자 실적명세서
- 금전등록기 계산명세서, 신용카드 매출전표 수취명세서, 금전등록기 정산표
- 사업장별 부가가치세 과세표준 및 납부세액(환급세액) 신고명세서

5) 세금 미납시의 불이익

다음은 세금을 제때 납부치 못했을 경우 받게 되는 불이익에 대한 설명이다.

납부 기한 경과 시 납부세액의 5%에 상당하는 가산금이 있으며, 계속 미납 시 1개월이 경과할 때마다 납부세액의 2%에 상당하는 중가산금이 60개월까지 계속 붙어 72%가 될 때까지 붙어나게 되므로 최고금액이 체납세액의 77%가 된다. 다만, 중가산금은 50만원 미만의 세금에는 붙지 않는다.

납부기한이 지나면 세무관서에서 15일 이내에 독촉장을 발부하고 계속 미납하면 소유재산을 압류하여 공매에 붙이는 등 불이익을 당하게 된다.

가산세의 종류	적용되는 경우	부과되는 금액
미등록 또는 미검열 가산세	사업자등록을 하지 아니하거나 사업자 등록증 검열을 받지 아니한 때	기간 공급가액 또는 대가의 • 법인 2% • 개인일반 1%, 특례자 0.5%
미교부 또는 미제출 가산세	세금계산서를 교부하지 아니하거나 교부한 세금계산서(1994. 7.1 이후부터는 매출처별 세금계산서 집계표)를 예정신고 또는 확정신고 시에 제출하지 아니한 때	해당 공급가액의 • 법인 2% • 개인 1%
지연제출 가산세	세금계산서(1994. 7.1 이후부터는 매출처별세금계산서 합계표)를 예정신고 시에 제출하지 않고 확정신고 시 제출한 때	해당 공급가액의 • 법인 1% • 개인 0.5%
세금계산서 불명 가산세	세금계산서의 기재내용이 사실과 다르게 누락된 때	해당 공급가액의 • 법인 2% • 개인 1%
영세율신고 불성실 가산세	영세율이 적용되는 사업자가 과세표준 금액을 신고하지 않거나 적게 신고한 경우	• 해당 과세표준의 1%

6) 부가가치세의 환급

부가가치세 환급액은 기본적으로 매출세액에서 매입세액을 공제하여 계산한다. 즉, 사업자의 매입세액이 매출세액보다 경우에 환급세액이 발생하며 이 경우 해당세액을 납세자에게 환급하는 것을 의미한다. 납세자가 기 납부한 부가가치세에 대해 환급신청을 할 경우의 증빙서류로는

- 부가가치세 영세율 등 조기환급 신고서
- 영세율 첨부서류
- 사업설비 투자실적 명세서
- 매출 및 매입세금 계산서 합계표 등이 있다.

7) 사업자등록의 신청

사업자란 가계와 독립하여 계속적으로 영업을 하는 자를 말한다. 다음은 사업자 등록에 필요한 내용이다.

- 신청기한 : 사업개시 전, 또는 사업개시 후 20일 이내
- 신청서류 : 주민등록등본, 사업자등록 신청서(세무서 민원실 비치), 사업장의 약도, 임대차 계약서 사본(건물주인 경우에는 필요 없음)
- 사업자등록 미신청시 : 매입세액 공제 불가, 공급가액의 2% 가산세 부과
- 신청효력 : 신청일로부터 사업자로 보아, 매입세액공제 가능

8) 과세특례자·간이과세자 신청요령

개인 사업자는 자신의 사업이 연간 어느 정도의 매출을 달성할 수 있을 것인지 또는 직전년도의 매출액을 감안하여 과세특례자 또는 간이과세자 적용을 세무서에 신청할 수 있다.

(1) 과세특례자

- **자격요건** : 직전(신규는 예상) 1년간 공급가액(매출) 4,800만원이하, 단 업종이 대리, 주선, 중개, 위탁매매, 도급의 경우에는 연간 매출 1,200만원이하 인 개인사업자가 신청할 수 있다. 과세특례 적용 신청을 할 수 없는 사업은 광업, 제조, 도매, 부동산 매매, 과세유흥장, 부동산 매매업 등이며 특히 사업장이 도시지역에 있는 경우에는 건설, 음숙업(간이음식업은 제외) 업종도 과세특례 적용을 받을 수 없다.
- **적용 시 유리한 점** : 부가가치세율 2%적용(대리, 주선업종은 3.5% 적용), 수취세금 계산서, 신용 카드 공급액의 1% 상당 금액을 매입세액공제 등

(2) 간이과세자

- **자격요건** : 직전(신규는 예상) 1년간 공급가액(매출) 4,800만원~1억 5,000만원이하 인 개인사 업자로서 영위 업종이 광업, 제조, 도매, 부동산매매업이 아닐 것.
- **적용 시 유리한 점** : 납부세액이 매입세액 계산서의 1~2%, 카드매출의 경우 1% 세액공제를 받을 수 있다. 세금 납부방법은 과세특례자와 동일하나, 신규자는 예정신고를 해야 한다.

9) 세금계산서의 발행주체 구분

개인사업자는 일반사업자, 면세사업자 여부에 따라 매출에 따른 영수증을 달리 발행한다.

- 일반사업자 : 세금계산서 발행
- 면세사업자 : 계산서(세무서 신고용)
- 영세율이 적용되는 로칼공급자(1차 수출업자에게 공급하는 자) : 영세율계산서
- 영세율이 적용되나 직접 외국인에게 공급할 경우 : 발행의무 없음
- 과세특례자 및 간이과세자 : 영수증(간이계산서)
- 금전등록기 설치사업자 : 금전등록기 발행 영수증

이중에서 일반사업자, 면세사업자 등은 신고 시 집계표를 제출해야 하며 제출치 않을 때는 가산세가 부과된다. 또한 세금계산서의 수정사유 즉, 기재 착오, 정정사유 발생, 금액의 추가 또는 감액사유가 발생했을 경우에는 정정부분을 빨간색으로 수정하여 제출하면 된다.

10) 종합소득세의 신고

- **소득의 합산** : 근로, 이자 및 배당(금융기관 분리과세소득 제외), 부동산 임대사업, 기타소득은 합산하여 종합소득으로 누진 과세되고 퇴직소득, 양도소득은 각각 별도로 계산된다.
- **가족소득의 합산** : 이자, 배당(금융기관의 분리과세소득은 제외), 부동산소득은 가족 전체를 합산하여 누진 과세한다.
- **종합소득의 세금계산**
  - 장부를 기장한 경우 : (총수입 - 총비용 - 소득공제) × 세율(10~40%) - 세액공제
  - 장부를 기장치 않은 경우 : 총수입 × 소득표준율 ×세율

11) 법인세의 신고

세금 이전에 생각해야 할 것이 사업자를 법인형태로 할 것인가, 아니면 개인사업자로 할 것인가를 결정해야 한다. 일반적으로 연간 매출액이 5억원미만 일 것으로 판단되면 개인사업자로 하는 것이 유리하고 5억원이상의 매출이 예상되는 경우에는 사업형태를 법인으로 하는 것이 유리하다.

즉, 회사의 형태는 매출규모가 크고, 판매 자료가 분명할수록 법인으로 하는 것이 좋다. 법인은 장부도 기록하고 1년에 1회 이상 재무적 결산을 하여, 주주 등 구성원에게 보고 의무를 가지며 상법상 신문 공고가 강제된다. 또한 익년 3월말까지 법인소득에 대한 법인세를 신고·납부할 의무를 진다. 법인세는 기본적으로 다음과 같이 계산되나 법인의 경우 전문가에 의뢰하는 것이 효율적이다.

법인세 = (총수입 - 총비용) × 세율(16~28%) - 세액공제

12) 장부기장의 의의와 종류

장부기장이란 개인사업자, 법인사업자가 영업활동을 통해 발생하는 모든 거래를 증빙서류에 의하여 기록하는 것을 말한다. 장부와 증빙서류는 5년간 비치·보관하여야 한다.

(1) 장부기장의 종류

개인사업자

일정규모 이상의 사업자는 반드시 복식기장을 해야 한다. 그리고 일정규모 미만의 사업자는 증빙서류에 의하여 간편 장부기장을 하도록 되어 있다.

법인사업자

법인사업자는 사업 규모에 관계없이 전부 복식기장이 의무화되어 있다.

장부기장 미 기장에 대한 불이익

(2) 신고불성실 가산세

법인사업자

① 과소신고 된 산출세액의 20%,
② 무신고시는 ①번과 수입금액의 0.07%중 큰 금액 부과
③ 무신고 소득금액이 50억원 초과 시 30%
④ 산출세액이 없는 경우에는 수입금액의 0.1%

개인사업자

① 복식장부 의무자 : 법인사업자의 ①, ②번과 같음
② 간편장부 의무자 : 과소신고 된 산출세액의 20%

- 납부불성실 가산세 : 미달 납부세액의 1일 0.05%씩 부과
- 증빙물 비가산세(복식기장 의무자) : 영수증 수취금액의 10% 부과
- 가산세(소규모 사업자 제외) : 미달소득금액 산출세액의 10% 부과
- 간이영수증 수취금액 10만원이상 명세서 제출

13) 창업 인·허가사항

인·허가 행정기관

인·허가 업종은 법령에 의해 영업활동에 필요한 시설기준 및 자격요건 등을 갖추어야만 할 수 있는 업종으로서 창업자는 인·허가 업종의 시설기준 및 자격 요건 등을 창업 사업계획에 포함시켜야 한다. 다음은 가장 일반적인 창업 업종과 도·소매업 등의 인·허가 행정기관을 예시한 것이다. 최근 정부는 각종 인허가 업무의 간소화를 위해 기존의 허가업종이었던 일반음식점 및 간이음식점을 신고만으로 영업이 가능한 신고업종으로 전환하였다.

- 구청 위생과 허가업종 : 숙박업, 이발소, 미용실
- 관할 교육청 사회교육계 신고업종 : 각종 학원업
- 구청 총무과 : 오락실, 레코드업
- 구청 산업과, 공보처, 보건소 의약국, 기타 우체국 및 전화국 : 편의점업

14) 도·소매업

허가업종

사 업 명	근 거 법 령	처리기관
• 군복 및 군용장구 판매업	군복 및 군용장구의 단속에 관한 법 제4조	국방부
• 문화재 매매업	문화재보호법 제61조	시·군·구
• 석유판매업 (주유소)	석유산업법 제12조	시·도
• 의약품 도매업	약사법 제35조	시·군·구
• 중고자동차 매매업	자동차관리법 제49조	시·군·구

신고업종

사 업 명	근 거 법 령	처리기관
• 건강보조식품 판매업	식품위생법 제22조	시·군·구
• 건성기계매매업	건설기계관리법 제21조	시·도·한국무역대리점협회
• 무역대리업	대외무역법 제14조	한국무역대리점협회
• 양곡매매업	양곡관리법 제19조	시·군·구
• 종묘판매업	종묘관리법 제3조	시·군·구

등록업종

사 업 명	근 거 법 령	처리기관
• 농약수입업	농약관리법 제7조	시·도
• 농약판매업	농약관리법 제10조	시·군·구
• 다단계 판매업	방문판매 등에 관한 법 제28조	시·도
• 무역업	대외무역법 제7조	한국무역협회
• 비료판매업	비료관리법 제13조	시·군·구
• 음반판매업	음반 및 비디오물에 관한 법 제6조	시·군·구
• 외국간행물 수입업	외국간행물 수입,배포에 관한 법 제3조	문화관광부
• 제조담배판매업	담배사업법 제13조	재정경제부·시·도

면허업종

사 업 명	근 거 법 령	처리기관
• 주류판매업	주세법 제8조	세무서

지정업종

사 업 명	근 거 법 령	처리기관
• 제조담배 소매인	담배사업법 제16조	시·군·구

15) 서비스업

허가업종

사 업 명	근 거 법 령	처리기관
• 부동산중개업	부동산중개업법 제4조	시·군·구
• 숙박업	공중위생법 제4조	시·군·구
• 식품접객업	식품위생법 제22조	시·군·구
• 용역경비업	용역경비업법 제4조	지방경찰청
• 유기장업	공중위생법 제4조	시·군·구
• 유료노인복지시설	노인복지법 제19조	시·군·구
• 유료직업소개사업	직업안정법 제19조	시·군·구
• 유선방송사업	유선방송관리법 제5조	정보통신부
• 전당포업	전당포영업법 제2조	경찰서
• 폐기물처리법	폐기물관리법 제26조	시·도·지방환경청

신고업종

사 업 명	근 거 법 령	처리기관
• 건설기계 대여업	건설기계관리법 제21조	시·군·구
• 건축엔지니어링 및 기술 관련 서비스업	엔지니어링기술진흥법 제4조	엔지니어링진흥협회
• 결혼상담업	가정의례에 관한 법 제5조	시·군·구
• 교습소	학원의 설립,운영에 관한 법 제14조	지방교육청
• 노래연습장업	풍속영업의 규제에 관한 법 제5조	경찰서
• 동물병원	수의사법 제17조	시·군·구
• 목욕장업	공중위생법 제4조	경찰서
• 세탁업	공중위생법 제4조	시·군·구
• 옥외광고업	옥외광고물 등록법 제11조	시·군·구
• 위생관리용역업	공중위생법 제4조	시·군·구
• 의료기관	공중위생법 제4조	시·군·구
• 이·미용업	공중위생법 제4조	시·군·구
• 장례식장업	가정의례에 관한 법 제5조	시·군·구
• 체육시설업	체육시설의 설치이용에 관한 법 제21조	시·군·구
• 혼인예식장업	가정의례에 관한 법 제5조	시·군·구

등록업종

사 업 명	근 거 법 령	처리기관
• 비디오물 감상실업	음반 및 비디오물에 관한 법 제7조	시·군·구
• 비디오물 대여업	음반 및 비디오물에 관한 법 제7조	시·군·구
• 안경업소	의료기사등에 관한 법 제12조	시·군·구
• 약국	약사법 제16조	시·군·구
• 여행업	관광진흥법 시행령 제32조	시·군·구·문화관광부
• 자동차운송알선 사업	자동차운수사업법 제49조	시·도
• 전문서비스업	행정사법 제8조 등	대한행정사회 등
• 중소기업상담회사	중소기업창원지원법 제12조	중소기업청
• 창고업	화물유통촉진법 제39조	시·군·구·해운항만청
• 학 원	학원의 설립, 운영에 관한 법 제6조	지방교육청

기타업종

사 업 명	근 거 법 령	처리기관	비고
• 영육아보육시설	영육아보육법 제7조	시,군,구	인가
• 치과기공소	의교기사법 시행규칙 제13조	시,군,구	인증

부록 3 다양한 마케팅 기법

1. 공짜는 마케팅의 기본

“공짜라면 양재물도 마신다" 이는 공짜를 좋아하는 사람들의 기본심리를 말하는 것으로 마케팅 도구로서 공짜는 아주 오래 전부터 효과적인 마케팅 기법으로 사용되어 왔다. 고객은 공짜를 좋아해 덥석 그것을 받아 들고 나중에 그것에 대한 부담감으로 결국 구매하게 된다. 공짜를 받으러 갈 때는 심리적으로 "받기만 하고 절대 사지는 않을 거야!"라고 다짐하지만 그 순간부터 벌써 부담을 느끼고 있다는 증거다

통계에 의하면 무료제품을 시식하거나 무료 샘플을 받아 써 본 사람이 일반 구매자보다 더 많은 구매를 한다고 한다. 사람의 보상심리를 이용해 공짜를 미끼로 판매에 이르게 하는 기법이다.

대표적인 예로서는 1994년 한국잡지사상 최초로 창간호 30만부가 단 하루에 매진되는 놀라운 기록을 세웠던 "쎄시"를 들 수 있는데 중앙일보와 태평양은 "확실한 기반구축"이라는 공동 마케팅 전략에 따라 이 같은 대성공을 거두었다. 기존의 잡지와 전혀 다른 여성패션 전문지를 창간하는 중앙일보사로서는 이 잡지에 대한 독자의 관심과 흥미를 유발하기에 적중했고 태평양은 너무 대담한 색상인 "퍼플색" 립스틱을 어떻게 대대적으로 유행시키느냐 고민이었는데 이의 해결을 위해 소비자의 공짜심리를 이용한 것이다. 즉, 태평양의 "미스터 퍼플" 립스틱은 개당 3천원에 중앙일보에 공급했고, 중앙일보는 수천원의 잡지 제작원가에도 불구하고 잡지를 립스틱 구입비인 3천원에 판매한 것이다. 결과는 대성공 즉, 하루 만에 여성지 시장에 "쎄시"를 성공적으로 진입시켰고, 태평양은 젊은 여성층 3백만명의 입술을 가지게 되었다.

2. 로스리더(Loss Leader)전략

자주 사용되는 미끼전략이다. "되로 주고 말로 받기"전략이라 할 수 있다. 전략상품은 싸게 팔고 다른 제품은 비싸게 파는 방법인데 소비자들은 싼 물건이 한두 개 정도라고 생각하지 않고 매장에 있는 전체 물건이 싸다는 이미지를 갖게 된다.

잠실에 있는 한화유통의 사례를 보면 근처에 있는 롯데백화점, 현대백화점 등에 비해 규모가 작다. 유통산업은 규모가 작으면 상당한 약점이다. 소비자들이 크고 화려한 백화점을 선호하기 때문이다. 한화유통은 매달 공산품 40여개를 전략상품으로 선정, 모든 매장에서 거의 원가로 집중 판매하는 가격 파괴전을 펼치고 있다. 제조업체와 계약을 맺어 대량구매를 하는 대신 반품은 하지 않는다. 또한 장마로 배추 값이 4천원으로 폭등했을 때 980원으로 판매했고 2천원일 때는 620원으로 팔아 고객을 끌어 들였다. 그리고 5,610원하는 죽염치약을 4,390원으로 내놓음으로써 전체 매출이 580%라는 놀라운 증가를 기록했다. 현재 전체 상품의 1.3%에 불과한 이와 같은 전략상품들이 전체 매출액의 10%을 차지하고 있을 정도로 기여도가 높다.

한화유통의 전략이 바로 로스리더(Loss leader)를 활용한 대표적인 사례다. 로스리더는 손해를 보지만 잘 팔리는 상품을 이용하여 전체 매출신장을 꾀하는 전략이다. 미끼(로스리더)로 고객을 유인하여 일단 점포 안에 들어오면 고객은 로스리더 상품만 구매하지 않으며 구매빈도가 높고 인지도가 높은 상품을 싸게 팔 경우 "그 점포는 싸다"라는 일종의 후광효과가 발생한다.

최근 국내에 진출한 까루프나 마크로 같은 대형 할인점들의 경우에도 인지도가 높은 상품은 저렴하게 판매하는 대신 가격비교가 쉽지 않고 구매빈도가 낮은 상품들은 비싸게 팔고 있다. 즉, 라면은 싸게 팔고 바비큐 숯불구이판 같은 제품은 약간 비싸게 파는 이른바 하이-로우(High-low) 전략을 활용하고 있는데 전체적으로 보면 총이익률은 똑같은 것이다.

3. 튀는 경품의 활용

현대는 판촉물도 개성화시대이다. 승용차, 컴퓨터, 핸드폰, 자전거, 해외여행, 심지어 콘돔에 이르기까지 다양한 판촉물과 경품이 쏟아져 나오고 있다. 최근에는 순종 애완견까지 경품으로 등장해 소비자를 유혹하고 있다. 판촉물과 경품은 단순히 견본품을 끼워주던 종전과 달리 소비자들의 관심을 끌만한 패션용품이나 실용품 위주로 바뀌고 있다.

실제로 대형우산, 양산, 배꼽 티, 도자기, 거울 등 여성들이 도저히 지나칠 수 없을 만큼의 기발한 판촉물이 인기를 끌고 있다. 이색적인 판촉물을 이용하여 매출을 증대시킨 업체로는 청바지 시장에서 "닉스"돌풍을 일으킨 태승트레이딩을 들 수 있는데 동 사는 판촉물로 양철깡통과 콘돔을 사용하였다. 이 회사는 브랜드인 닉스가 "물의 요정"임을 감안해 양철깡통을 제작하여 비닐백 대신 맑은 물을 담을 수 있는 양철깡통에 닉스 제품을 담아 주어 젊은 층에게 큰 인기를 모았다. 이 회사는 8만원이상 물품을 구매하는 고객을 대상으로 추첨을 실시하여 1등 5커플에게는 순종 애완견 1마리와 괌 3박 4일 여행권, 2등 50커플에게는 순종 애완견 1마리씩을 기증하여 성공을 거두었다.

4. 바람잡이 효과

길거리 세일즈에서는 대중의 관심을 끌기 위해 바람잡이를 이용한다. 바람잡이는 세일즈맨의 요구에 순순히 응하며 무관심한 대중들에게 참여를 유도하는데 바람잡이가 여러 사람이면 더욱 많은 행인을 유인할 수 있다.

우리가 흔히 볼 수 있는 길거리 내기 장기를 예로 들면, 처음에는 두 사람이 장기를 두지만 시간이 흐름에 따라 구경꾼이 4명, 8명, 결국에는 장기판은 보이지 않고 사람들의 머리만 보일 정도로 많은 사람이 모여든다. 모여든 구경꾼들은 맨 앞에서 무슨 일이 벌어지고 있는지 알고 싶은 호기심으로 인해 선뜻 자리를 뜨지 못하는 것이다.

소비자는 물리학의 관성의 법칙을 가지고 있다고 할 수 있다. 길거리에서 어떤 사람이 갑자기 "엎드려"하고 소리치며 길거리에 쓰러지면 대다수 사람들은 무작정 그를 따라 엎드린다. 소비자는 광고보다는 같은 입장의 소비자의 말을 신뢰한다. 그러므로 매체광고보다 입소문 광고의 위력이 크다. 조사에 의하면 고객 1인이 최소 20인을 유인하는 효과를 가지고 있다고 한다. 그러므로 시장형 사업자는 소비자 입소문의 위력을 인지하여 이를 의도적으로 조장할 수 있는 안목을 가져야 한다.

5. 접객방식의 변화

판매 증진을 위해서는 "고객에게 심리적 부담을 주지 마라". 고객들은 쇼핑할 때 판매원이 가까이 와서 이것저것 권하면 심리적 압박을 받기 때문에 구매의욕을 상실하고 만다. 고객은 마음에 드는 상품이 있으면 판매원을 부르게 된다.

이와 같은 고객의 심리를 이용하여 판매 기법과 상품의 진열방식에 일전한 변화가 일고 있다. 즉, 고객 응대방식 및 매장 진열 형태가 "방임형"으로 바뀌고 있는 것이다. 서울의 주요 백화점들의 경우, 판매사원은 매장 입구보다 매장 안쪽에서 대기할 것, 고객이 매장에 완전히 들어오기 전에는 눈길을 주지 말 것, 스스로 상품을 둘러볼 시간적 여유를 줄 것, 어떤 상품을 원하느냐는 물음을 자제할 것 등을 교육시키고 있다.

소비자들은 물건을 오래 고르다가 사지 않으면 스스로 심리적 부담감을 가지기 때문에 매장에는 아예 들어가지 않으려는 특성을 가지고 있다. "방임형 판매전략"이란 소비자의 부담감을 줄이면서 자유로운 상품 선택권을 강화한다는 전략이다.

예를 들어, "엘리자베스 아덴" 화장품은 최근 매장을 기존의 "일자식 폐쇄형"에서 "개방식"매장으로 바꾸었다. 일자식 폐쇄형이란 진열대 뒤쪽에 판매사원이 서 있다가 손님들에게 물건을 꺼내 설명하는 방식을 말하는데 이 방식은 손님들에게 구매에 대한 상당한 부담을 주는 것으로 조사되고 있다. 반면에 소비자가 자유롭게 상품을 둘러보고 선택할 수 있도록 하는 것이 바로 "개방식"매장이다. 실제 뉴욕 메이시스 백화점에서 이 방식을 도입해본 결과 30%의 매출증대 효과가 있었다고 한다. 소매업에서 고려해 봄 직한 방법이라 할 수 있다.

6. 저가가 능사는 아니다.

특히, 우리나라 소비자들은 "싼 게 비지떡"이라는 의식이 강하게 자리잡고 있다. 좋은 상품은 고가라는 고정관념에 빠져 있는 것이다. 이와 같은 고정관념은 바로 외제선호 의식으로 연결되어 상품의 질은 낮아도 고가인 외제라면 사족을 못쓰는 것이 현실이다.

소비자는 자신의 소비수준으로 사회적 신분상승을 과시하려 하는 경향도 있다. 다음 예는 종업원의 실수가 오히려 골치 아픈 재고상품을 처리하게 미국 어느 점포의 사례로서 시사하는 바 크다고 하겠다.

터키옥을 판매하는 한 점포는 관광 절정기였기 때문에 상점은 항상 많은 손님으로 붐볐으나 "터키옥"은 낮은 가격이었음에도 불구하고 판매가 유독하게 부진하였다. 그래서 "터키옥"의 판매를 위해 매장의 중심부에 진열하는 등 고객의 관심을 끌기 위한 갖은 노력을 동원했으나 효과를 거두지 못했다. 출장이 예정되어 있던 주인은 골치 아픈 터키옥을 손해를 감수하고라도 처분할 결심으로 "상점 안에 진열된 터키옥을 1/2 가격으로라도 모두 처분하시오"라는 메모를 남기고 며칠 후 출장에서 돌아와 보니 종업원은 터키옥의 재고를 모두 정리하였다. 이유는 종업원이 주인이 흘려 쓴 메모를 잘못 보고 원래보다 2배나 비싼 가격으로 판매한 데 있었다.

"보석은 비싸다"는 고정관념을 소비자들은 가지고 있기 때문에 터키옥과 같은 보석류가 싸다는 것은 바로 터키옥의 품질이 나쁠 것이라는 이미지를 주게 됨으로써 판매가 부진했던 것이다.

이와 같은 사례에서 보는 바와 같이 무조건 저렴하다고 해서 소비자의 구매가 이어지는 것은 아니다. 그러므로 자신의 취급상품에 대한 소비자의 기본 관념을 파악한 후 적정가격을 설정하는 사업주의 노력이 있어야 할 것이다.

7. 한국인의 생활유형

다음은 한국인의 생활유형을 분류해 본 것으로 시장형 창업자들은 점포가 속해 있는 지역의 소비자의 특성과 연계하여 상품판매전략을 수립하는데 유익할 것으로 생각되어 소개해 본다.

감각지향 자유분방형(21%)

이러한 유형의 특징은 패션과 유행의 변화에 민감하며 집단규범에 대한 거부감은 매우 강하나 자기개발 노력이 다소 낮다. 또한 전통적 가족관에 대해 비판적일 뿐만 아니라 자기 삶에 대한 불만과 불안감도 약간 높다. 이들은 패션, 취미생활, 지식, 이성교제 등에 높은 관심을 보이나 건강, 자녀교육, 노후 및 재산문제에 대해서는 관심이 낮은데 남성보다는 여성 비율이 2배 이상 높게 나타난다.

안전지향 현실 향유형(19%)

유행의 변화에 무감각하며 여가생활을 중시한다. 물질적인 풍요를 누리는 집단이며 건강, 질병, 자녀교육, 노후 및 재산문제에 관심이 높다. 여성보다는 남성이 월등히 많으며 30대~50대 연령층에 고루 분포돼 있다. 50평 이상의 주택에 거주하는 사람들이 이러한 유형에 속하는 경우가 많다.

전통지향 현실 순응형(18%)

자신의 외모에 대한 관심은 높으나 유행에는 둔감한 편이다. 개성표현 욕구가 매우 낮은 집단이며 가족 중심의 가치관을 중시한다. 취미, 문화생활에 대한 욕구가 낮고 안정적인 생활을 중시하는 경향이 있다.

건강, 가정, 노후, 환경, 물가에 대한 관심이 가장 높으며 20대 이상의 결혼집단에서 나타나는 유형이다.

서구지향 자아추구형(16%)

외모나 외형의 감각을 매우 중시하며 유행과 환경 변화에 민감하여 서구의 음식문화와 생활양식에 대한 수용 폭이 가장 넓다. 자기계발의 욕구도 강해 새로운 지식을 추구하고 활발한 취미생활을 하는 한편, 규범, 조직에의 구속을 거부하며 물질적 풍요의 혜택을 누리고 삶에 대한 만족도 높다. 이러한 유형은 10~20대의 연령층에 가장 많다.

미래지향 갈등형(15%)

외형적인 미나 유행에 대해 상당히 부정적이다. 자기개발 욕구가 높아 지적 탐구가 왕성한 편이고 활발한 취미, 교양활동을 한다. 전통적 가족관, 결혼관에 강한 애착을 보이는 반면, 실제적으로는 가족중심의 생활을 하는 경우가 많지 않다.

규범중시 현실불만형(11%)

서구 생활양식에 배타적이고 자기개발 욕구가 낮은 집단으로, 개성보다는 규범을 중시한다. 건강과 자녀, 재산, 노후문제에 대해서는 관심이 높으나 취미, 이성교재, 결혼에 대한 관심은 낮다. 이러한 유형은 여가, 취미활동을 별로 하지 않는데 결혼 4~5년의 연령층에서 두드러지게 나타난다.

8. 한정판매 전략

이 전략은 방문판매 영업사원들이 자주 사용하는데 방문판매 영업사원들은 잠재 고객들에게 만일 그들이 지금 당장 제품을 구입하지 않는다면 나중에 보다 비싼 가격으로 제품을 구입해야 한다고 심리적 압박감을 준다. 백화점에서 세일기간을 정하는 것도 이의 일환이다.

"이번 기회를 통치 놓치면 후회 한다"라는 말은 정말 사람들이 손해를 보는 듯 한 생각을 하도록 하여 소비자가 제품의 품질을 검토하기 이전에 구매 욕구를 자극하는 것이다.

소비자는 남들이 좋아하는 물건, 잘 팔리는 물건을 사려고 하는 특성을 가지고 있다. 이를 이용한 것이 한정판매 전략이며 그 위력은 대단하다. 예를 들어, 주부들이 백화점 세일기간 동안 무언가 사지 않으면 손해를 보는 생각을 가지는 것처럼 세일기간 마지막 날이면 백화점 주위는 온통 교통정체 현상이 벌어지는 것도 마감전략에 맥없이 설득당한 소비자들의 심리현상을 보여주는 것이다.

9. 요일 마케팅

요일별로 특별 상품을 정해 파격적인 가격으로 판매하는 전략이다. 이는 인접 경쟁업체와의 경쟁에서 우위를 확보하려 할 때 매우 효과적이다.

예를 들면, 신촌의 그레이스 백화점은 목요일마다 식품매장에서 "목요스페셜"행사를 열어 식품 20여종을 정상가보다 30~40% 가량 싸게 판매한다. 그리고 월요일에는 양곡과 건어물을, 화요일에는 청과물을, 수요일에는 수산물을, 목요일에는 야채를, 금요일에는 정육을, 토요일에는 비식품을, 일요일에는 규격식품을 할인판매하고 있는데 이러한 요일 마케팅 결과 목요일에는 평일에 비해 3~4천만원 정도의 매출 증대 효과를 거두고 있다.

그리고 LG백화점은 반상회가 열리는 날 직적인 24일과 25일 이틀간 "반상회 맞이 반짝 세일행사"를 정기적으로 실시하여 과일, 음료수, 과자 중 몇 개 품목을 파격적인 가격으로 판매하고 있다. 소규모 점포에서도 이와 같은 전략을 활용하여 고객을 유인하는 것을 생각해 봄직하다.

10. 대조효과

"당신은 고가품과 저가품 중 어떤 것을 먼저 고객에게 보여주겠는가" 전통적 판매기법에서는 저가의 상품을 보여준 후 점차 고가의 상품을 소개하였으나 결론적으로는 이는 소비자의 심리를 정확히 파악치 못한 잘못된 선택이라 할 수 있다.

고품질 고가의 상품을 본 고객은 상대적으로 저가의 상품을 보게 되면 마음에 들지 않게 되어 무리해서라도 고가의 상품을 구매하는 특성을 가지고 있다. 이러한 소비자의 특성이 실제 입증된 예가 있다.

미국의 한 당구대 판매업자는 처음 1주일 동안 가장 싼 모델에서 점차 비싼 모델을 소비자에 소개하는 전통적 판매기법을 사용한 결과, 당구대의 평균 판매단가가 550불로 나타났다. 그리고 다음 1주일 동안에는 소비자의 선호 모델에 관계없이 3천불짜리 최고급 모델을 먼저 보여주고 점차 값이 싼 모델을 소개하는 판매 전략을 사용해 보았다. 결과는 놀라웠다. 이 기간 동안 당구대의 평균 판매단가가 무려 1천불을 넘어선 것이다.

예에서 보는 바와 같이 비싼 것을 먼저 보여 주고 싼 모델을 소개하는 전략이 있는가 하면 그 반대의 전략도 사용할 수 있다. 이러한 것은 같은 물건이라도 소비자는 비교하려 한다는 소비자의 비교심리를 적절히 이용할 때 효과를 거둘 수 있다는 시사점을 주고 있는 것이다. 소비자들은 기본적인 비교심리를 가지고 있다는 것을 명심하라.

11. 20대 80법칙

20대 80의 법칙이란 매장에 진열된 20%의 품목이 전체 매출의 80%를 차지한다는 것이다. 이 법칙이 의미하는 것은 잘 팔리고 팔릴만한 상품을 점포의 중심에 배치하라는 것이다.

예를 들어, 모든 슈퍼마켓의 계산대는 출입구 쪽에 있고 카운터의 뒤나 옆에는 껌, 액세서리 등이 진열되어 있음을 확인할 수 있을 것이다.

일반적으로 소비자들은 카운터에서 계산하는 동안 이리저리 눈을 돌리게 되고 그 때 주변에 껌이나 초콜릿 같은 부담 없이 구입할 수 있는 상품이 있으면 "이왕 사는 김에"라는 심리가 발동하여 하나 더 사게 된다. 소비자의 이러한 행동은 이미 구매한 상품에 비하면 그야말로 "껌값"이라는 생각과 잔돈을 처리하려는 생각이 들게 되는데 그러한 소비자의 심리를 이용한 배치방식이다.

이와 같은 예는 우리 주변에 수없이 많이 있다. 세탁기매장 옆에 세제류 매장을, 식품매장 옆에 식기류 매장을 두고 있는 것도 동시 소비를 유도하는 기법이며 커피 옆에 예쁜 잔과 전기스탠드를 배치하는 것은 커피를 사면서 분위기까지 구매하라는 유혹의 일환이다.

일반적으로 상품의 진열방식에 따라 판매 차이가 크다고 생각치 않으나 사실은 그렇지 않다. 매장의 어느 부분에 진열하느냐에 따라 크게는 매출의 30-40%까지 차이가 난다는 것이 입증되고 있다. 판매업에 있어서 상품의 진열은 매우 중요한 마케팅 요소이다. 디스플레이는 사람의 오감 중 행동에 가장 큰 영향을 미치는 시각을 자극하여 상품을 구매하도록 하는 마케팅 기법이다.

1987년 사조산업이 참치 캔 시장에 성공적으로 진입한 것도 사실 디스플레이 덕이다. 당시 횟감용 참치를 공급하던 사조산업이 참치 캔 시장에 새로이 진입하는 것은 쉽지 않은 일이었다. 경쟁사인 동원이 이미 시장을 선점한 상태였고 동원에 비해 유통망이나 노하우도 절대적으로 부족했다. 시장진입에 어려움을 느낀 사조산업은 1988년에 전 직원을 15일간 전국에 출장을 보내 가장 잘 팔리는 상품이 30평 이상의 슈퍼마켓에서 어디에 배치돼 있는가를 파악, 보고토록 한 후 이를 분석하여 슈퍼마켓의 입구 정면 15도 되는 곳이나 입구 바로 오른쪽에 "로하이 참치캔"을 배열하도록 했다. 또한 상품의 색깔도 눈에 가장 잘 띠는 노란색으로 결정함으로써 시장진입 1년 만에 35%의 시장 점유율을 기록했다.

12. 청개구리 심리

소비자에게는 청개구리와 같이 정반대로 행동하는 특성이 감추어져 있다. 이러한 심리는 마케팅에도 사용되어 효과를 거두고 있다.

예를 들어 "여성만을 위한 껌", "아빠는 먹지 말아요" 매장 안에 여성용품 전용, 남성용품 전용 등과 같은 문구를 적어 놓는 것, 책의 내용을 보지 못하게 비닐로 포장한다거나, 18세 이상 관람가능 등도 이러한 소비자의 반발심리을 이용하여 매출을 증대하려는 전략이다.

점포를 양분하여 한쪽은 오픈형으로 설계하고 한쪽은 은밀한 분위기를 연출하는 것도 소비자의 심리를 이용하려는 판매 기법이라 할 수 있다.

13. 피그말리온 효과

자리가 사람을 만든다는 이야기가 있다. 성적이 떨어지는 아이에게 반장을 시켜보면 그 아이는 공부에 흥미를 느끼고 점차 학교생활에 적응하며 다른 학생들보다 더 활동적이 된다.

이를 판매에 활용하면 소비자와 함께 온 자녀에게 "몇 살이냐, 참 귀엽게 생겼구나, 똑똑하구나" 등등의 칭찬을 하면 소비자의 구매결정이 용이하게 될 뿐만 아니라 고정 고객으로 확보할 수 있다. 소비자는 자신을 기억하는 점포에 신뢰감을 가진다. 리더십이 있는 사업주는 종업원에 동기를 부여할 뿐만 아니라 적절한 칭찬을 통해 자신의 능력 이상을 발휘하게 한다. 칭찬은 사람의 업무능력을 증대하고 종업원에게 일에 대한 자부심을 가지게 한다. 이것이 Pygmalion effect이다.

이와 같이 종업원이 자신감과 회사에 대한 열의 갖게 하는 가장 좋은 방법은 칭찬이다. 칭찬의 효과를 극대화하는 방법은 다른 사람을 통해 하는 칭찬이다

부록 4 프랜차이즈 계약서 작성 지침

통상적으로 계약서상 개점시한에 관한 사항을 누락시키는 경우가 많은데, 사 후 문제의 발생소지를 없애기 위해 개점시한을 명시해 두는 것이 좋다.

1. 계약 당사자

계약당사자란 계약을 체결하기 위한 당사자로서 보통 '갑'으로 칭하며 체인 본사 의 대표자가 되고, '을'은 가맹점 대표가 된다. 이들은 프랜차이즈시스템을 운영 하기 위한 계약 당사자 들이므로, 다음의 계약 내용을 체결하는 주체가 된다.

2. 가맹점에 대한 상표권 사용 허가

가맹점에 상표를 사용하도록 허가하는 의미는 계약 기간 중 체인 본사가 특허청 에 등록한 브랜드 상품, 간판, 광고선전, 라벨, 포장지, 포장봉투 등을 가맹점이 체인 본사가 지정한 방법대로 사용하도록 허가한다는 의미이다. 다시 말하지만 이와 같이 프랜차이즈 시스템은 체인 본사가 고유의 상표와 서비스 마크를 가맹점으로 하여금 사용하도록 허락하는 것이라 할 수 있다.

3. 영업지역과 점포 설치 장소

체인사업 계약에 있어 본사가 가맹점의 영업지역 및 점포 설치 장소를 지정해 주는 것이 일반적이다. 가맹점에 대해 영업지역 및 점포 설치 장소를 지정할 때 체 인 본사는 인구의 증가, 교통 여건의 변화, 기타 변동요인에 대처할 수 있도록 일 정한 영업지역을 확보해 주어야 한다. 특히, 가맹점지점에 있어서는 독점 규제 및 공정거래에 관한 법률에 위배되는 사항이 없는지 확인해 볼 필요가 있다. 가맹점의 점포 구조나 내·외장의 레이아웃, 설비, 디자인 등 기타 상세 내용은 계약서상에 전부 명시할 수 없는 현실적인 문제가 많으므로, 통상 운영규칙에 보다 상세하게 명시하는 것이 좋다.

4. 가맹점의 의무 등에 관한 세부 지침

개점에 관한 조항

통상적으로 계약서상 개점시한에 관한 사항을 누락시키는 경우가 많은데, 사후 문제의 발생 소지를 없애기 위해 개점 시한을 명시해 두는 것이 좋다.

계약을 체결한 후, 기존 점포를 소유하고 있는 경우에는 3개월 이내에 개점하도 록 명시하고, 신축중인 건물일 경우에는 1년 이내에 개점하도록 규정하는 것이 좋다. 이는 특정 장소에 가맹점 계약을 해놓고 지연될 경우, 만약 그 영업 지역과 장소 에 다른 유능한 가맹점이 계약하자고 할 경우라도 체인 본사가 계약을 하지 못 하게 되는 것을 대비하기 위함이다.

지역 본부 설치 운영에 관한 사항

프랜차이즈 시스템의 사업 지역이 전국적인 경우 가맹점을 효과적으로 지도·지원 하기 위해서는 유통센터 역할을 하지는 지역 본부를 설치.운영하는 것이 효율적이기 때문에 이런 계약 조항도 삽입하는 것이 좋다.

영업 관리에 관한 조항

영업관리상 필요한 조항으로서 가맹점 표시조항이 필요하다 .

가맹점의 간판은 보통 '○○체인' 또는 '○○점'으로 표시토록 규정한다. 또한, 가맹점영업에 대한 기본적 사항으로 설비,시설의 정상 가동유지 및 환경과 위생에 대한 청결상태 등도 규정해 두는 것이 좋다.

보험 가입에 관한 조항

계약서 보험 가입에 관한 조은 상품과 건물에 대해 화재보험 가입을 함으로써 상호간 불의의 사고를 방지하자는 데 그 목적이 있다. 이때 건물이 자기 소유가 아니면 그 임대주가 보험에 가입토록 하되 상품 및 시 설에 대해서만 보험 가입을 할 수도 있다. 차량의 보험가입도 필수적으로 확인해 두는 것이 좋다.

영업보고에 관한 조항

매출액의 실적 등에 따라 로열티를 받는 경우에는 계약서에 영업보고 형식으로 순매출액을 보고하도록 하는 의무규정을 둔다.

기밀 유지에 관한 조항

체인 본사가 제공한 모든 영업자료, 경영지도 방법, 데이터에 대한 일체의 기밀 을 누설해서는 안된다는 규정을 둔다.

5. 체인 본사 경영지도.교육.훈련 및 판매촉진에 관한 조항

본사는 가맹점이 영업할 수 있도록 상품의 매입, 판매, 광고선전, 기장, 경리회계, 인사, 영업시설의 관리, 컴퓨터 교육 등에 대한 규정을 둔다.

또한 계획서에는 경영지도원의 파견근무, 종업원의 알선, 판매 촉진을 위한 행사, 거래처의 알선,상품 공급처 알선 등을 규정할 수도 있다.

경영지도에 관한 조항

체인 본사는 가맹점에 개점 전 영업에 필요한 교육,훈련뿐만 아니라 계약 기간 중에도 교육.훈련의 지도와 경영원조를 계속 부여하는 규정을 두어야 한다.

또한, 회보 및 사보를 통해 가맹점에 확정된 품질관리, 신규 상품개발, 설비 개량 등 경영 노하우를 정기적으로 통지해야 한다.

판매촉진에 관한 조항

체인 본사는 본사가 제공하는 상품이나 서비스의 판매촉진을 위해 어떠한 방법을 취할 것인가 또한 체인 본사와 가맹점은 이에 대해 상호 어느 정도의 의무를 질 것인가를 계약서에 규정해 둔다.

구체적으로 체인 본사는 상표, 서비스 마크, 기타 포장 등을 가맹점이 사용가능하 도록 허가해 주는 조건으로 가맹점의 영업활동을 관리, 감독해야 한다. 뿐만 아니라 체인본사는 가맹점에 일정한도의 광고선전 및 판매촉진에 대한 의무를 부과하거나 일정량의 판매의무를 부과할 수도 있는데, 신문·텔레비전·라디오·인쇄공고등 판매촉진에 사용된 비용을 가맹점에 부과하는 규정도 있을 수 있다.

이때 체인 본사는 가맹점 매출액의 일정 비율을 판매촉진에 사용할 비용으로 책정토록 규정할 수도 있다.

6. 상품화 계획, 상품 공급, 대금 결제에 관한 조항

상품화 계획

상품화 계획이란 상품개발 계획, 상품제조, 원료개발, 상품 가격 정책, 물류관리, 창고관리, 상품관리, 상품판매 촉진, 배송, 점포 레이아웃, 점포 입지 등 상품판 매를 위한 종합계획을 수립하여 실행시키는 계획을 말한다.

체인 본사는 대량판매 체제와 집중구매 체제를 구축하여 소비자에게 파격적으로 싼 가격을 제시하고 가맹점에는 동일한 혜택이 돌아가도록 할 필요가 있다.

프랜차이즈 시스템의 목적은 타회사와 비교하여 보다 유리한 거래조건을 만들어 가는 것이므로, 체인 본사는 종합적인 상품화 계획을 수립해야 하며 가맹점은 이에 적극적으로 참여하여야 한다.

상품 공급과 대금 결제에 관한 조항

본사는 가맹점에 제공할 상품을 직접 공급하거나 아니면 지정업자를 통해 공급할 의무와 책임이 있음을 규정해 놓아야 한다. 또한 상품 공급시 대금결제 조건은 현금을 원칙으로 하되 만약의 경우 이에 상당한 담보를 설정해야 하며 상품공급 을 받을 수 있도록 규정할 수도 있다.

7. 가맹점의 지불의무에 관한 조항

상품 및 서비스 대가에 대한 의무조항

가맹점은 본사로부터 제공받은 상품 및 서비스에 대한 대가를 지급해야 할 의무가 있다. 따라서 계약서에는 가맹점이 지급해야 할 금액의 성질, 계산 방법, 지급방법, 지급기간과 지급시기 등을 정하고, 지급한 금액에 대한 반환 조건 등도 명확히 규정해야 한다.

가맹비 및 로열티 지급 의무 조항

가맹점은 체인 본사에서 개발한 프랜차이즈 시스템의 노하우를 사용하기 위해 계약 당시에 가맹비(프랜차이즈료)를 지불하고, 계약한 후에는 정기적으로 로열티를 지불한다. 이 비용은 가맹점에 차후 반환되지 않는 것이 일반적이다. 가맹비는 가맹점 개설을 위한 입지조사, 점포 개설의 원조, 교육·훈련 지원, 상호 및 상표사용 허용, 판매 촉진 지원등의 비용이다. 또한 체인 본사에서는 계약체결과 동시에 가 맹점에게 상품예치 보증금을 받는 경우가 있는데, 이는 본사에 대한 가맹점의 장래 채무에 대한 담보이며, 가맹점이 채무를 불이행할 경우 상쇄하는 것이 원칙이다. 가맹점이 계약기간 중에 정기적으로 지불하는 로열티는 체인 본사가 제공 하는 상표 및 서비스 사용허가의 대가인 동시에, 지속적인 교육.훈련의 지도 및 기술원조와 판매촉진의 대가이다.

로열티를 정액으로 계약한 경우에는 일반적으로 가맹점의 영업성적과 관계없이 일정액을 받고 있다. 반면, 로열티를 정률법으로 정한 경우에는 월간 순매출액이나 이익을 기준으로 해서 일정 비율로 계산한다. 이

때 주의할 점은 체인 본사가 로열티를 설정할 때 가맹점에 경영상 손해가 가지 않고 너무 무리한 금액이 되지 않도록 적정한 범위에서 로열티율을 정하 는 것이 바람직하다는 사실이다.

상품 및 서비스 공급 수수료 지급에 대한 의무 조항

본사가 가맹점에 공급하는 상품 및 서비스에 대한 수수료로는 '상품공급 원가 총액×상품공급 수수료율'로 계산하여 본사로부터 상품을 제공받은 후 지급한다.

본사는 상품별로 일정 비율의 요율을 규정하고 이를 상품 및 서비스 공급 후 가맹점으로부터 징수한다. 여기서 주의할 점은 체인 본사가 상품 및 서비스 공급 수수료율을 너무 높게 책정함으로써 본사에만 이익이 되고 가맹점에는 큰 부담이 되는 형태로 운영하려해서는 절대 곤란하다는 사실이다.

이는 체인사업에 있어서 가장 중요한 요소이다. 한편, 상품공급시 발생하는 운송비는 별도로 가맹점 이 부담하는 것이 원칙이다. 기타 본사에서 제공하는 판촉물, 전표. 장부 등의 비 용, 포장자재 구입 비용 등은 별도로 규정을 해두는 것이 좋다.

8. 상품 및 서비스의 품질관리에 관한 조항

체인본사가 제공하는 상품 및 서비스 규격 등에 대해서는 명확한 규정이 필요하다. 또한, 부재료 및 기타 보급품은 체인 본사가 지정하는 업자로부터 구매토록 하는 규정을 둘 수도 있다. 이때 체인 본사는 품질 보증이 되도록 책임을 져야 한다.

체인 본사는 필요한 경우 상품 및 서비스를 검사하는 규정을 둘 수 있으며, 가맹점이 별도의 포장자재 및 판매촉진 자재를 사용하려면 사전에 체인 본사의 승인을 받도록 정해 놓을 수도 있다.

9. 계약기간, 계약기간 완료, 갱신, 해약에 관한 조항

계약기간에 관한 조항

계약기간은 업종과 업태에 따라 다소 차이가 날수 있으나, 통상 3년 내지 5년 단위로 규정하는 것이 좋다. 이는 3년 내지 5년이 지나면 체인계약이 종료된다는 의미가 아니라, 3년 내지 5년 단위로 가맹점 경영 실적을 분석하여 부실 가맹점은 정리한다는 의미이다.

본사는 계약기간을 정할 때 가맹점의 투자규모를 고려하여 투자자본이 언제쯤 회수되며, 언제쯤 수익이 생기는지 확실한 계산을 한 후 계약기간을 정하는 것이 좋다. 만약, 가맹점이 대규모 시설을 투자하여 영업할 경우에는 계약기간을 반영구적으로 해줄 필요도 있다. 비교적 짧은 계약기간을 정한 경우에는 갱신에 관한 규정이 필요하지만, 가맹점의 계약 기간이 완료되었으나 사업을 계속하고자 할 경우에 본사는 재계약을 해 주는 것이 원칙이다.

해약에 관한 조항

일반적인 상거래 계약서상에는 계약기간이 완료되더라도 어느 일방이 계약 완료의 의사 표시를 하지 않는 한 자동 연장되는 규정을 두고 있다. 즉, 통상 쌍방간의 의사표시에 의해 해약되도록 규정하고 있다. 체인 본사는 가맹점이 계약 조건을 위반해 해약 사유가 발생한 경우 상거래상 시 정할 수 있는 일정한 시간을 준 후에도 시정되지 않는 경우에 한해 해약하도록 하는 것이 좋다.

10. 기타 계약사항에 관한 조항

양도에 관한 조항

체인 본사는 계약 당시 가맹점주의 인물, 경험, 능력 등의 사업요소를 고려하여 계약을 체결하였으므로 가맹점이 계약상의 지위를 제3자에게 양도하는 것인 원칙적으로 금지, 또는 제한토록 규정하되, 예외적으로 인정할 수 있는 조항을 부여 하는 것이 좋다. 또한, 체인본사는 가맹점

자신이 계약자가 되어 다시 하청계약을 하는 권리를 주어서는 안된다. 아울러 가맹점이 진 영업상 채무에 대해서는 하등 책임을 지지 않는다는 규정도 들어 있다.

연대보증, 근저당에 관한 조항

본사에 대한 가맹점의 채무 이행을 확보하기 위해 연대보증, 근저당 등의 담보 제공을 요구하는 경우가 있을 수 있는데, 이같은 담보제공에 관한 사항은 계약서와는 별개로 별도 규정을 만드는 것이 통례로 되어 있다.

분쟁. 중재. 합의에 관한 조항

계약서상에 가맹점과 본사 간의 상호 권리와 의무를 명시했지만, 분쟁이 생길 경우에 대비하여 해결할 수 있는 수단도 규정해 두어야 한다. 분쟁 해결의 수단에는 제3자를 중재인으로 선정하는 중재방식과 재판에 따른 합의 방식이 있다.

관할 재판소에 관한 조항

계약서에는 체인 본사 영업 본거지가 있는 장소의 재판소를 관할 재판소로 명시하는 것이 통례이다.

손해배상

가맹점이 계약을 위반하여 본사에 금전적인 손해를 끼친 경우, 가맹점은 그에 대한 손해배상을 할 의무가 있다는 것이 규정되어 있다.

프랜차이즈 계약서의 조문 해석

계약서상의 조문 해석은 일반 상관례에 따라 해석하도록 규정한다.

계약 연월일

계약서 말미에 계약 체결한 연월일을 규정해 두는데, 이는 계약의 효력이 발생 되는 날짜이다.

11. 가맹사업거래의 공정화에 관한 법률 (약칭: 가맹사업법)

법률에 관한 조항

프랜차이즈에 관한 여러 사항에 대한 문제는 가맹사업법을 참고하여 해결 필요하다. 가맹사업법은 인터넷에 공시 되어 있어 누구나 열람 및 다운해서 볼 수 있다.

부록 5 창업관련 이슈

1. 기업가와 혁신

기업가들의 공통적인 면은 개성이 아니라 체계적인 혁신이며, 혁신은 기업가정신의 특별한 기능이다. 기업가정신은 기업가의 활동을 의미하는 것으로 활동의 중심은 혁신으로 볼 수 있다. 혁신이란 기업의 경제적 또는 사회적 잠재력을 의도적이고 집중적으로 창조하는 노력이다[47].

혁신의 원천

혁신은 천재성에서도 오지만 대부분 의도적인 혁신의 기회를 찾는데서 나온다.

- 산업내부: 예상 밖의 사건, 부조화상황, 프로세스 니즈, 산업 및 시장의 변화
- 기업외부 사회적, 지적환경의 변화: 인구통계적 변화, 인식의 변화, 새로운 지식

47) 현대경제연구소(2002), Global Management News. 자료: Peter F. Drucker,(2002.8) "The Discipline of Innovation," Harvard Business Review.

1) 예상 밖의 사건

- 예상 밖의 사건은 혁신의 기회를 찾을 수 있는 가장 용이하고도 단순한 원천임
- 1930년대 초 IBM은 최초로 은행용의 현대식 계산기를 개발하였지만, 그 당시의 은행들은 새로운 장비를 구입하지 않았음. IBM을 구한 것은 예상 밖의 사건이었는데, 은행과 달리 자금에 여유가 있었던 뉴욕 공공도서관을 필두로 한 도서관들이 그 기계를 구입하길 원했고 그에 힘입어 IBM은 100대 이상의 기계를 도서관에 판매할 수 있었음
- 15년 후 모든 사람들이 컴퓨터가 첨단 과학 작업을 위해 필요한 것으로 믿고 있었는데 기업들은 예상 외로 급료 대장을 처리할 수 있는 컴퓨터에 관심을 보였음. 이에 IBM은 기존의 기계를 재설계하여 기업이 원하는 것을 구현하여 예상 밖의 성공을 거두었고 그 결과 5년 만에 컴퓨터 업계의 선두 주자가 되었음

2) 부조화 상황

- 조선사들과 해운업체들은 20세기에 들어 50년 동안 노력한 결과 배의 속도를 높이고 연료 소모를 줄이는 데 성공했지만, 해운업체들의 수익성은 더욱 악화되었음
- 그러나 문제는 고비용이 해상의 작업이 아니라 항구에서의 낮은 노동 생산성에 기인한다는, 즉 해운업에 대한 가정과 현실 사이의 부조화 상황에 있었다는 사실을 경영자들이 몰랐던 데 있었음
- 경영자들이 실제의 고비용 발생 원인을 이해함으로써 혁신의 대상을 분명히 파악하였고, 항구에서의 생산성을 높일 수 있는 롤온(roll-on) 및 롤오프(roll-off) 선박, 컨테이너선이 개발되었음
- 이들 선박은 이미 30년 동안이나 철도 및 트럭 운송업체들이 사용하던 낡은 방식을 해운업체에 단순 적용한 것으로서 새로운 기술이 아닌 관점의 변경이었지만, 해운의 수익성을 높였고 해운업을 지난 20-30년 동안 주요 성장 산업 중 하나로 변모시켰음

3) 프로세스 니즈

- 오늘날 미디어라고 하는 것은 프로세스 니즈에 대응하여 1890년 경에 개발된 두 가지 혁신에 그 기원을 두고 있음
- 하나는 신문을 신속히 그리고 대량으로 만들 수 있게 한 Ottmar Mergenthaler의 라이노 타이프(자동 주조 식자기)이고, 다른 하나는 진정한 최초의 신문 발행자라고 할 수 있는 뉴욕 타임즈의 Adolph Ochs, 뉴욕 월드의 Joseph Pulitzer 및 William Randolph Hearst에 의해 발명된 사회적 혁신인 현대식 광고이었음
- 광고는 이윤을 마케팅에서 얻도록 함으로써 뉴스를 무료로 유통시킬 수 있도록 하였음

4) 산업 및 시장의 변화

- 산업 구조는 하루 밤 사이에도 변할 수 있는데 이러한 변화가 엄청난 혁신의 기회를 만들어 냄
- 대표적인 미국 기업의 한 예가 DL&J(Donaldson, Lufkin & Jenrette)라는 중개회사의 성공에서 찾을 수 있음
- 이 회사는 세 명의 젊은이들에 의해 1960년에 설립되었는데, 이들 젊은이들은 기관 투자가들이 득세함에 따라 금융 구조가 바뀐다는 사실을 깨달았음
- 이들은 자본도 연줄도 없었지만, 그들의 회사는 증권 유통 수수료 분야로의 이동 과정에서 선두 주가가 되었고, 월스트리트에서 최고의 성과를 올린 기업 중 하나가 되었음
- 이미 기반을 다진 회사들은 자신들이 이미 확보하고 있는 것을 방어하는 데 집중하여 신규 진입자가 도전할 때 역공을 펼치지 않으려는 경향이 있음
- 또한 시장이나 산업 구조가 변할 때, 전통적인 산업의 선두 주자들은 급성장하는 시장 부문을 등한시함으로써 혁신자들이 오랫동안 내버려진 좋은 기회를 차지하게 됨

5) 인구 통계적 변화

- 일본인들이 로봇 공학에서 앞선 것은 인구 통계학에 주의를 기울였기 때문임
- 1900년 경 즈음 선진국들의 모든 사람들은 출생률이 급저하하는 중에 교육 수요의 급증은 지속되고 젊은이들의 절반 이상이 고등학교 이후의 교육 과정을 밟고 있다는 사실을 알고 있었음
- 결과적으로 제조업에서 필요한 전통적인 블루칼라 노동력이 감소했고 1990년경에는 부족하기에 이르렀음
- 모든 이들이 알고 있었지만 일본인들만이 그러한 인구 통계적 변화에 맞추어 행동함으로써 오늘날 로보트 공학에서 10년이나 앞서게 되었음

6) 인식의 변화

- "잔의 절반이 찾다"라는 것과 "잔의 절반이 비었다"라는 것은 동일 현상에 대한 같은 표현이지만 의미는 매우 다름
- 이러한 표현처럼 경영자의 인식 변화는 커다란 혁신의 기회를 제공하기도 함
- 예를 들자면 지난 20년 동안 미국인들의 건강은 신생아 사망률, 노인들의 생존률, 암 발생률(폐암 이외의), 암 치료율 등으로 볼 때 전례 없는 속도로 개선되어 왔음
- 그렇지만 오히려 집단 우울증이 전국에 만연되었고, 전에 없이 건강에 대한 관심 또는 두려움이 확산됨으로써 갑자기 모든 것이 심각한 질병을 야기하는 것처럼 여겨졌던 것임(잔의 반이 비었다는 인식)
- 미국인들은 건강의 획기적 개선을 기뻐하기보다는 죽을 날이 얼마나 남았는지를 강조하는 것처럼 보였고, 이러한 관점이 새로운 건강 잡지 시장, 운동 기구, 건강식품 등에서 많은 혁신의 기회를 창출해 내어 왔음

- 1983년에 가장 빠른 성장을 보인 미국의 기업은 실내 운동 기구를 제조하는 회사였음

7) 새로운 지식

- 지식 기반의 혁신이야말로 기업가 정신의 수퍼스타이지만, 모든 혁신들 중에서도 선행 시간(lead time)이 가장 김
- 새로운 지식의 출현에서 새로운 기술, 시장에서의 제품화로 이어지는 선행 기간이 역사 전반적으로 보면 50년 정도임
- 또한 지식 기반 혁신은 한 가지 지식이 아니라 많은 다른 지식들을 필요로 함
- 지식 기반 혁신이 성공하기 위해서는 혁신을 가능토록 하는 데 필요한 여러 종류의 지식에 대한 주의 깊은 분석, 예정된 사용자의 니즈에 대한 사려 깊은 분석이 필수적이며, 이를 통해 지식 기반 혁신에 대한 관리가 가능해짐

8) 혁신의 원리

- 첫째, 의도적이고 체계적인 혁신은 새로운 기회의 원천을 분석하는 데서 시작됨
- 둘째, 혁신은 개념적이고 인식적인 성질을 띠고 있기 때문에 혁신가가 되고자 하는 사람은 밖에 나가 묻고 들어야 하며, 또 성공하려면 좌우뇌를 모두 사용해야 함
- 셋째, 혁신이 효과적이기 위해서 혁신은 단순하고 초점이 맞추어져야 하고 그럼으로써 사람들에게 혼란을 주지 말아야 함
- 넷째, 효과적인 혁신들은 작게 시작됨(성냥곽에 동일한 수의 성냥을 넣는다는 기본적인 생각이 성냥 넣기의 자동화를 가능하게 하였고, 이것이 스웨덴인들로 하여금 반세기 동안 세계의 성냥 독점할 수 있도록 하였듯이)

- 다섯째, 혁신은 천재성이라기보다는 고되고, 집중적이며 의도적인 작업임(재능, 현명함, 지식이 모두 갖추어졌다고 해도 부지런함, 인내, 전념 등이 부족하다면 그러한 것들은 소용이 없게 됨)

창업기업의 자금조달에 영향을 주는 4가지 요인[48)]

① 만약 기업이 외부투자자로부터 주식을 모으면, 기업의 고용된 경영자는 쓸모없는 지출에 빠지는 경향이 있다. 이것은 경영자가 이 활동을 조절할 수 있고, 완전한 비용을 부담하지 않기 때문이다.

② 만약 기업이 부채가 늘어나면, 경영자는 바람직하지 않는 위험을 일으킬 수 있다.

③ 기업가적 기업의 노력이 완전한 자신감으로 확인될 수 없다면 기업의 자금조달을 지배하는 계약을 작성하기가 어려워진다.

④ 상술한 3가지는 창업기업에게 불활실성과 정보 비대칭을 일으킨다.

보통 이러한 기업은 R&D에 의존하는 첨단기술을 지닌 기업이며 특별하게 초기단계의 문제점이다(seed, startup과 first stage financing). 이론적으로 이 단계의 기업들은 VC 기관과 같은 전문화된 자금이 정보 갭을 줄이기 위해 계획적인 노력을 실시한다. 또한 조달을 받는 기업은 외부의 전통적인 금융기관으로부터 조달을 받을 수 없는 상황이기 때문에 더욱 VC에 의존적이다.

한편, 자금조달의 진행 단계를 보면, 초기단계에서는 기업가자신과 그들의 가족과 친척으로 부터 자금을 조달한다. 다음으로 비즈니스 엔젤(business angels)로부터의 비공식 VC을 받기도 한다.

---

48) Gompers, Paul and Josh Lerner, (2001), The Venture Capital Revolution, Journal of Economic Perspectives, Vol. 15.:145-168.

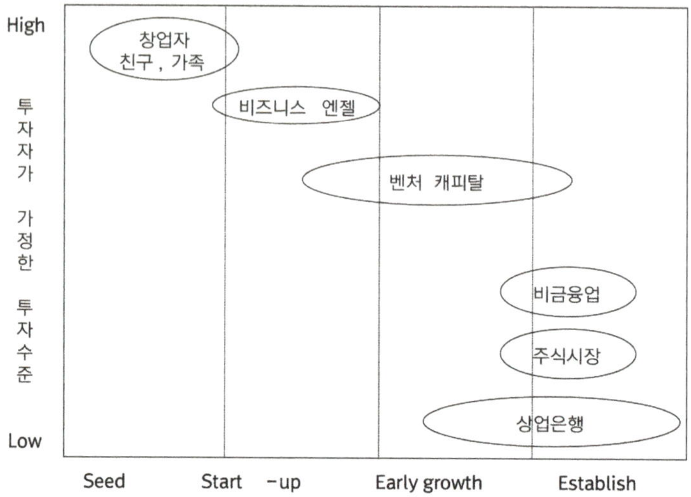

< 첨단기업의 전형적인 조달 >

자료: Mayer, Colin(2001), "Financing the New Economy: financial institutions and corporate government, Information Economics and Policy, Vol.l.:1-7.

부록 6 가맹사업거래의 공정화에 관한 법률

(약칭: 가맹사업법)

[시행 2019. 1. 1] [법률 제15853호, 2018. 10. 16, 일부개정]

제1장 총칙

제1조(목적) 이 법은 가맹사업의 공정한 거래질서를 확립하고 가맹본부와 가맹점사업자가 대등한 지위에서 상호보완적으로 균형있게 발전하도록 함으로써 소비자 복지의 증진과 국민경제의 건전한 발전에 이바지함을 목적으로 한다.

제2조(정의) 이 법에서 사용하는 용어의 정의는 다음과 같다. <개정 2007. 8. 3., 2013. 8. 13.>

1. "가맹사업"이라 함은 가맹본부가 가맹점사업자로 하여금 자기의 상표 · 서비스표 · 상호 · 간판 그 밖의 영업표지(이하 "영업표지"라 한다)를 사용하여 일정한 품질기준이나 영업방식에 따라 상품(원재료 및 부재료를 포함한다. 이하 같다) 또는 용역을 판매하도록 함과 아울러 이에 따른 경영 및 영업활동 등에 대한 지원 · 교육과 통제를 하며, 가맹점사업자는 영업표지의 사용과 경영 및 영업활동 등에 대한 지원 · 교육의 대가로 가맹본부에 가맹금을 지급하는 계속적인 거래관계를 말한다.
2. "가맹본부"라 함은 가맹사업과 관련하여 가맹점사업자에게 가맹점운영권을 부여하는 사업자를 말한다.
3. "가맹점사업자"라 함은 가맹사업과 관련하여 가맹본부로부터 가맹점운영권을 부여받은 사업자를 말한다.
4. "가맹희망자"란 가맹계약을 체결하기 위하여 가맹본부나 가맹지역본부와 상담하거나 협의하는 자를 말한다.
5. "가맹점운영권"이란 가맹점사업자가 가맹본부의 가맹사업과 관련하여 가맹점을 운영할 수 있는 계약상의 권리를 말한다.
6. "가맹금"이란 명칭이나 지급형태가 어떻든 간에 다음 각 목의 어느 하나에 해당하는 대가를 말한다. 다만, 가맹본부에 귀속되지 아니하는 것으로서 대통령령으로 정하는 대가를 제외한다.
   가. 가입비 · 입회비 · 가맹비 · 교육비 또는 계약금 등 가맹점사업자가 영업표지의 사용허락 등 가맹점운영권이나 영업활동에 대한 지원·교육 등을 받기 위하여 가맹본부에 지급하는 대가
   나. 가맹점사업자가 가맹본부로부터 공급받는 상품의 대금 등에 관한 채무액이나 손해배상액의 지급을 담보하기 위하여 가맹본부에 지급하는 대가
   다. 가맹점사업자가 가맹점운영권을 부여받을 당시에 가맹사업을 착수하기 위하여 가맹본부로부터 공급받는 정착물·설비·상품의 가격 또는 부동산의 임차료 명목으로 가맹본부에 지급하는 대가
   라. 가맹점사업자가 가맹본부와의 계약에 의하여 허락받은 영업표지의 사용과 영업활동 등에 관한 지원·교육, 그 밖의 사항에 대하여 가맹본부에 정기적으로 또는 비정기적으로 지급하는 대가로서 대통령령으로 정하는 것

마. 그 밖에 가맹희망자나 가맹점사업자가 가맹점운영권을 취득하거나 유지하기 위하여 가맹본부에 지급하는 모든 대가

7. "가맹지역본부"라 함은 가맹본부와의 계약에 의하여 일정한 지역 안에서 가맹점사업자의 모집, 상품 또는 용역의 품질유지, 가맹점사업자에 대한 경영 및 영업활동의 지원·교육·통제 등 가맹본부의 업무의 전부 또는 일부를 대행하는 사업자를 말한다.

8. "가맹중개인"이라 함은 가맹본부 또는 가맹지역본부로부터 가맹점사업자를 모집하거나 가맹계약을 준비 또는 체결하는 업무를 위탁받은 자를 말한다.

9. "가맹계약서"라 함은 가맹사업의 구체적 내용과 조건 등에 있어 가맹본부 또는 가맹점사업자(이하 "가맹사업당사자"라 한다)의 권리와 의무에 관한 사항(특수한 거래조건이나 유의사항이 있는 경우에는 이를 포함한다)을 기재한 문서를 말한다.

10. "정보공개서"란 다음 각 목에 관하여 대통령령으로 정하는 사항을 수록한 문서를 말한다.

가. 가맹본부의 일반 현황

나. 가맹본부의 가맹사업 현황(가맹점사업자의 매출에 관한 사항을 포함한다)

다. 가맹본부와 그 임원(「독점규제 및 공정거래에 관한 법률」 제2조제5호에 따른 임원을 말한다. 이하 같다)이 다음의 어느 하나에 해당하는 경우에는 해당 사실

1) 이 법, 「독점규제 및 공정거래에 관한 법률」 또는 「약관의 규제에 관한 법률」을 위반한 경우

2) 사기·횡령·배임 등 타인의 재산을 영득하거나 편취하는 죄에 관련된 민사소송에서 패소의 확정판결을 받았거나 민사상 화해를 한 경우

3) 사기·횡령·배임 등 타인의 재산을 영득하거나 편취하는 죄를 범하여 형을 선고받은 경우

라. 가맹점사업자의 부담

마. 영업활동에 관한 조건과 제한

바. 가맹사업의 영업 개시에 관한 상세한 절차와 소요기간

사. 가맹본부의 경영 및 영업활동 등에 대한 지원과 교육·훈련에 대한 설명

11. "점포환경개선"이란 가맹점 점포의 기존 시설, 장비, 인테리어 등을 새로운 디자인이나 품질의 것으로 교체하거나 신규로 설치하는 것을 말한다. 이 경우 점포의 확장 또는 이전을 수반하거나 수반하지 아니하는 경우를 모두 포함한다.
12. "영업지역"이란 가맹점사업자가 가맹계약에 따라 상품 또는 용역을 판매하는 지역을 말한다.

제3조(적용배제) ①이 법은 다음 각 호의 어느 하나에 해당하는 경우에는 적용하지 아니한다. <개정 2012. 2. 17., 2013. 8. 13.>

1. 가맹점사업자가 가맹금의 최초 지급일부터 6개월까지의 기간동안 가맹본부에게 지급한 가맹금의 총액이 100만원 이내의 범위에서 대통령령으로 정하는 금액을 초과하지 아니하는 경우
2. 가맹본부의 연간 매출액이 2억원 이내의 범위에서 대통령령으로 정하는 일정규모 미만인 경우. 다만, 가맹본부와 계약을 맺은 가맹점사업자의 수가 5개 이상의 범위에서 대통령령으로 정하는 수 이상인 경우는 제외한다.

② 제1항에도 불구하고 제9조 및 제10조(제10조제1항제1호는 제외한다)는 모든 가맹사업거래에 대하여 적용한다. <신설 2013. 8. 13.>

제2장 가맹사업거래의 기본원칙

제4조(신의성실의 원칙) 가맹사업당사자는 가맹사업을 영위함에 있어서 각자의 업무를 신의에 따라 성실하게 수행하여야 한다.

제5조(가맹본부의 준수사항) 가맹본부는 다음 각호의 사항을 준수한다.

1. 가맹사업의 성공을 위한 사업구상
2. 상품이나 용역의 품질관리와 판매기법의 개발을 위한 계속적인 노력
3. 가맹점사업자에 대하여 합리적 가격과 비용에 의한 점포설비의 설치, 상품 또는 용역 등의 공급
4. 가맹점사업자와 그 직원에 대한 교육·훈련

5. 가맹점사업자의 경영·영업활동에 대한 지속적인 조언과 지원
6. 가맹계약기간중 가맹점사업자의 영업지역안에서 자기의 직영점을 설치하거나 가맹점사업자와 유사한 업종의 가맹점을 설치하는 행위의 금지
7. 가맹점사업자와의 대화와 협상을 통한 분쟁해결 노력

제6조(가맹점사업자의 준수사항) 가맹점사업자는 다음 각호의 사항을 준수한다.

1. 가맹사업의 통일성 및 가맹본부의 명성을 유지하기 위한 노력
2. 가맹본부의 공급계획과 소비자의 수요충족에 필요한 적정한 재고유지 및 상품진열
3. 가맹본부가 상품 또는 용역에 대하여 제시하는 적절한 품질기준의 준수
4. 제3호의 규정에 의한 품질기준의 상품 또는 용역을 구입하지 못하는 경우 가맹본부가 제공하는 상품 또는 용역의 사용
5. 가맹본부가 사업장의 설비와 외관, 운송수단에 대하여 제시하는 적절한 기준의 준수
6. 취급하는 상품·용역이나 영업활동을 변경하는 경우 가맹본부와의 사전협의
7. 상품 및 용역의 구입과 판매에 관한 회계장부 등 가맹본부의 통일적 사업경영 및 판매전략의 수립에 필요한 자료의 유지와 제공
8. 가맹점사업자의 업무현황 및 제7호의 규정에 의한 자료의 확인과 기록을 위한 가맹본부의 임직원 그 밖의 대리인의 사업장 출입허용
9. 가맹본부의 동의를 얻지 아니한 경우 사업장의 위치변경 또는 가맹점운영권의 양도 금지
10. 가맹계약기간중 가맹본부와 동일한 업종을 영위하는 행위의 금지
11. 가맹본부의 영업기술이나 영업비밀의 누설 금지
12. 영업표지에 대한 제3자의 침해사실을 인지하는 경우 가맹본부에 대한 영업표지침해사실의 통보와 금지조치에 필요한 적절한 협력

제3장 가맹사업거래의 공정화

제6조의2(정보공개서의 등록 등) ① 가맹본부는 가맹희망자에게 제공할 정보공개서를 대통령령으로 정하는 바에 따라 공정거래위원회 또는 특별시장 · 광역시장 · 특별자치시장 · 도지사 · 특별자치도지사(이하 "시 · 도지사"라 한다)에게 등록하여야 한다. <개정 2013. 8. 13., 2018. 1. 16.>

② 가맹본부는 제1항에 따라 등록한 정보공개서의 기재사항 중 대통령령으로 정하는 사항을 변경하려는 경우에는 대통령령으로 정하는 기한 이내에 공정거래위원회 또는 시·도지사에게 기재사항의 변경등록을 하여야 한다. 다만, 대통령령으로 정하는 경미한 사항을 변경하려는 경우에는 신고하여야 한다. <신설 2013. 8. 13., 2018. 1. 16.>

③공정거래위원회 및 시 · 도지사는 제1항 또는 제2항에 따라 등록 · 변경등록하거나 신고한 정보공개서를 공개하여야 한다. 다만, 「개인정보 보호법」 제2조제1호에 따른 개인정보와 「부정경쟁방지 및 영업비밀보호에 관한 법률」 제2조제2호에 따른 영업비밀은 제외한다. <개정 2013. 8. 13., 2016. 12. 20., 2018. 1. 16.>

④공정거래위원회 및 시·도지사는 제3항에 따라 정보공개서를 공개하는 경우 해당 가맹본부에 공개하는 내용과 방법을 미리 통지하여야 하고, 사실과 다른 내용을 정정할 수 있는 기회를 주어야 한다. <개정 2013. 8. 13., 2016. 3. 29., 2018. 1. 16.>

⑤공정거래위원회는 제3항에 따른 정보공개서의 공개(시·도지사가 공개하는 경우를 포함한다)를 위하여 예산의 범위 안에서 가맹사업정보제공시스템을 구축·운용할 수 있다. <개정 2013. 8. 13., 2018. 1. 16.>

⑥그 밖에 정보공개서의 등록, 변경등록, 신고 및 공개의 방법과 절차는 대통령령으로 정한다. <개정 2013. 8. 13.>

[본조신설 2007. 8. 3.]

제6조의3(정보공개서 등록의 거부 등) ①공정거래위원회 및 시·도지사는 제6조의2에 따른 정보공개서 등록 신청이 다음 각 호의 어느 하나에 해당하는 경우에는 정보공개서의 등록을 거부하거나 그 내용의 변경을 요구할 수 있다. <개정 2016. 12. 20., 2018. 1. 16.>

1. 정보공개서나 그 밖의 신청서류에 거짓이 있거나 필요한 내용을 적지 아니한 경우
2. 정보공개서에 기재된 가맹사업의 내용에 다른 법률에서 금지하고 있는 사항이 포함되어 있는 경우

②공정거래위원회 및 시·도지사는 정보공개서의 등록을 하였을 때에는 가맹본부에게 등록증을 내주어야 한다. <개정 2016. 12. 20., 2018. 1. 16.>

[본조신설 2007. 8. 3.]

제6조의4(정보공개서 등록의 취소) ①공정거래위원회 및 시·도지사는 정보공개서가 다음 각 호의 어느 하나에 해당하는 경우에는 그 등록을 취소할 수 있다. 다만, 제1호 및 제2호에 해당하는 경우에는 등록을 취소하여야 한다. <개정 2013. 8. 13., 2016. 12. 20., 2018. 1. 16.>

1. 거짓이나 그 밖의 부정한 방법으로 정보공개서가 등록된 경우
2. 제6조의3제1항제2호에 해당하는 경우
3. 제2조제10호 각 목의 기재사항 중 대통령령으로 정하는 중요한 사항(이하 "중요사항"이라 한다)이 누락된 경우
4. 가맹본부가 폐업 신고를 한 경우
5. 가맹본부가 정보공개서 등록취소를 요청하는 경우

② 공정거래위원회 및 시·도지사는 정보공개서 등록이 취소된 가맹본부의 명단을 공개할 수 있다. <신설 2013. 8. 13., 2018. 1. 16.>

[본조신설 2007. 8. 3.]

제6조의5(가맹금 예치 등) ①가맹본부는 가맹점사업자(가맹희망자를 포함한다. 이하 이 조, 제15조의2 및 제41조제3항제1호에서 같다)로 하여금 가맹금(제2조제6호가목 및 나목에 해당하는 대가로서 금전으로 지급하는 경우에 한하며, 계약체결 전에 가맹금을 지급한 경우에는 그 가맹금을 포함한다. 이하 "예치가맹금"이라 한다)을 대통령령으로 정하는 기관(이하 "예치기관"이라 한다)에 예치하도록 하여야 한다. 다만, 가맹본부가 제15조의2에 따른 가맹점사업자피해보상보험계약 등을 체결한 경우에는 그러하지 아니하다. <개정 2016. 3. 29.>

②예치기관의 장은 가맹점사업자가 예치가맹금을 예치한 경우에는 예치

일부터 7일 이내에 그 사실을 가맹본부에 통지하여야 한다.

③가맹본부는 다음 각 호의 어느 하나에 해당하는 경우에는 예치기관의 장에게 대통령령으로 정하는 바에 따라 예치가맹금의 지급을 요청할 수 있다. 이 경우 예치기관의 장은 10일 이내에 예치가맹금을 가맹본부에 지급하여야 한다.

1. 가맹점사업자가 영업을 개시한 경우
2. 가맹계약 체결일부터 2개월이 경과한 경우. 다만, 2개월이 경과하기 전에 가맹점사업자가 제5항제1호부터 제3호까지의 규정 중 어느 하나에 해당하는 조치를 취한 사실을 예치기관의 장에게 서면으로 통보한 경우에는 그러하지 아니하다.

④가맹본부는 거짓이나 그 밖의 부정한 방법으로 예치가맹금의 지급을 요청하여서는 아니 된다.

⑤예치기관의 장은 제1호부터 제3호까지의 규정 중 어느 하나에 해당하는 경우에는 제24조에 따른 가맹사업거래분쟁조정협의회의 조정이나 그 밖의 분쟁해결의 결과(이하 "분쟁조정 등의 결과"라 한다) 또는 제33조에 따른 공정거래위원회의 시정조치가 확정될 때(공정거래위원회의 시정조치에 대하여 이의신청이 제기된 경우에는 재결이, 시정조치나 재결에 대하여 소가 제기된 경우에는 확정판결이 각각 확정된 때를 말한다. 이하 이 조에서 같다)까지 예치가맹금의 지급을 보류하여야 하고, 제4호에 해당하는 경우에는 예치가맹금의 지급요청을 거부하거나 가맹본부에 그 내용의 변경을 요구하여야 한다.

1. 가맹점사업자가 예치가맹금을 반환받기 위하여 소를 제기한 경우
2. 가맹점사업자가 예치가맹금을 반환받기 위하여 알선, 조정, 중재 등을 신청한 경우
3. 가맹점사업자가 제10조의 위반을 이유로 가맹본부를 공정거래위원회에 신고한 경우
4. 가맹본부가 제4항을 위반하여 거짓이나 그 밖의 부정한 방법으로 예치가맹금의 지급을 요청한 경우

⑥예치기관의 장은 가맹본부 또는 가맹점사업자가 분쟁조정 등의 결과나 시정조치 결과를 첨부하여 예치가맹금의 지급 또는 반환을 요청하는 경

우 요청일부터 30일 이내에 그 결과에 따라 예치가맹금을 가맹본부에 지급하거나 가맹점사업자에게 반환하여야 한다.

⑦예치기관의 장은 가맹점사업자가 가맹본부의 동의를 받아 예치가맹금의 반환을 요청하는 경우에는 제5항 및 제6항에도 불구하고 요청일부터 10일 이내에 예치가맹금을 가맹점사업자에게 반환하여야 한다.

⑧그 밖에 가맹금의 예치 등에 관하여 필요한 사항은 대통령령으로 정한다.

[본조신설 2007. 8. 3.]

제7조(정보공개서의 제공의무 등) ①가맹본부(가맹지역본부 또는 가맹중개인이 가맹점사업자를 모집하는 경우를 포함한다. 이하 같다)는 가맹희망자에게 제6조의2제1항 및 제2항에 따라 등록 또는 변경등록한 정보공개서를 내용증명우편 등 제공시점을 객관적으로 확인할 수 있는 대통령령으로 정하는 방법에 따라 제공하여야 한다. <개정 2007. 8. 3., 2013. 8. 13.>

② 가맹본부는 제1항에 따라 정보공개서를 제공할 경우에는 가맹희망자의 장래 점포 예정지에서 가장 인접한 가맹점 10개(정보공개서 제공시점에 가맹희망자의 장래 점포 예정지가 속한 광역지방자치단체에서 영업 중인 가맹점의 수가 10개 미만인 경우에는 해당 광역지방자치단체 내의 가맹점 전체)의 상호, 소재지 및 전화번호가 적힌 문서(이하 "인근가맹점 현황문서"라 한다)를 함께 제공하여야 한다. 다만, 정보공개서를 제공할 때 장래 점포 예정지가 확정되지 아니한 경우에는 확정되는 즉시 제공하여야 한다. <신설 2013. 8. 13.>

③가맹본부는 등록된 정보공개서 및 인근가맹점 현황문서(이하 "정보공개서등"이라 한다)를 제1항의 방법에 따라 제공하지 아니하였거나 정보공개서등을 제공한 날부터 14일(가맹희망자가 정보공개서에 대하여 변호사 또는 제27조에 따른 가맹거래사의 자문을 받은 경우에는 7일로 한다)이 지나지 아니한 경우에는 다음 각 호의 어느 하나에 해당하는 행위를 하여서는 아니 된다. <신설 2007. 8. 3., 2013. 8. 13.>

1. 가맹희망자로부터 가맹금을 수령하는 행위. 이 경우 가맹희망자가 예치기관에 예치가맹금을 예치하는 때에는 최초로 예치한 날(가맹본부가 가맹희망자와 최초로 가맹금을 예치하기로 합의한 때에는 그 날)에 가맹금을 수령한 것으로 본다.

2. 가맹희망자와 가맹계약을 체결하는 행위

④공정거래위원회는 대통령령이 정하는 바에 따라 정보공개서의 표준양식을 정하여 가맹본부 또는 가맹본부로 구성된 사업자단체에게 그 사용을 권장할 수 있다. <개정 2007. 8. 3., 2013. 8. 13.>

[제목개정 2007. 8. 3.]

제8조 삭제 <2007. 8. 3.>

제9조(허위·과장된 정보제공 등의 금지) ① 가맹본부는 가맹희망자나 가맹점사업자에게 정보를 제공함에 있어서 다음 각 호의 행위를 하여서는 아니 된다. <개정 2013. 8. 13.>

1. 사실과 다르게 정보를 제공하거나 사실을 부풀려 정보를 제공하는 행위(이하 "허위·과장의 정보제공행위"라 한다)
2. 계약의 체결·유지에 중대한 영향을 미치는 사실을 은폐하거나 축소하는 방법으로 정보를 제공하는 행위(이하 "기만적인 정보제공행위"라 한다)

② 제1항 각 호의 행위의 유형은 대통령령으로 정한다. <신설 2013. 8. 13.>

③가맹본부는 가맹희망자나 가맹점사업자에게 다음 각 호의 어느 하나에 해당하는 정보를 제공하는 경우에는 서면으로 하여야 한다. <개정 2007. 8. 3., 2013. 8. 13.>

1. 가맹희망자의 예상매출액·수익·매출총이익·순이익 등 장래의 예상수익상황에 관한 정보
2. 가맹점사업자의 매출액·수익·매출총이익·순이익 등 과거의 수익상황이나 장래의 예상수익상황에 관한 정보

④가맹본부는 제3항에 따라 정보를 제공하는 경우에는 그 정보의 산출근거가 되는 자료로서 대통령령으로 정하는 자료를 가맹본부의 사무소에 비치하여야 하며, 영업시간 중에 언제든지 가맹희망자나 가맹점사업자의 요구가 있는 경우 그 자료를 열람할 수 있도록 하여야 한다. <개정 2007. 8. 3., 2013. 8. 13.>

⑤ 제3항에도 불구하고 다음 각 호의 어느 하나에 해당하는 가맹본부는 가맹계약을 체결할 때 가맹희망자에게 대통령령으로 정하는 예상매출액

의 범위 및 그 산출 근거를 서면(이하 "예상매출액 산정서"라 한다)으로 제공하여야 한다. <신설 2013. 8. 13.>

1. 중소기업자(「중소기업기본법」 제2조제1항 또는 제3항에 따른 자를 말한다)가 아닌 가맹본부
2. 직전 사업연도 말 기준으로 가맹본부와 계약을 체결·유지하고 있는 가맹점사업자(가맹본부가 복수의 영업표지를 보유하고 있는 경우에는 동일 영업표지를 사용하는 가맹점사업자에 한정한다)의 수가 대통령령으로 정하는 수 이상인 가맹본부

⑥ 가맹본부는 예상매출액 산정서를 가맹계약 체결일부터 5년간 보관하여야 한다. <신설 2013. 8. 13.>

⑦ 공정거래위원회는 예상매출액 산정서의 표준양식을 정하여 사용을 권장할 수 있다. <신설 2013. 8. 13.>

제10조(가맹금의 반환) ①가맹본부는 다음 각 호의 어느 하나에 해당하는 경우에는 가맹희망자나 가맹점사업자가 대통령령으로 정하는 사항이 적힌 서면으로 요구하는 날부터 1개월 이내에 가맹금을 반환하여야 한다. <개정 2007. 8. 3., 2013. 8. 13.>

1. 가맹본부가 제7조제3항을 위반한 경우로서 가맹희망자 또는 가맹점사업자가 가맹계약 체결 전 또는 가맹계약의 체결일부터 4개월 이내에 가맹금의 반환을 요구하는 경우
2. 가맹본부가 제9조제1항을 위반한 경우로서 가맹희망자가 가맹계약 체결 전에 가맹금의 반환을 요구하는 경우
3. 가맹본부가 제9조제1항을 위반한 경우로서 허위 또는 과장된 정보나 중요사항의 누락된 내용이 계약 체결에 중대한 영향을 준 것으로 인정되어 가맹점사업자가 가맹계약의 체결일부터 4개월 이내에 가맹금의 반환을 요구하는 경우
4. 가맹본부가 정당한 사유 없이 가맹사업을 일방적으로 중단하고 가맹점사업자가 대통령령으로 정하는 가맹사업의 중단일부터 4개월 이내에 가맹금의 반환을 요구하는 경우

②제1항의 규정에 의하여 반환하는 가맹금의 금액을 정함에 있어서는 가맹계약의 체결경위, 금전이나 그 밖에 지급된 대가의 성격, 가맹계약기

간, 계약이행기간, 가맹사업당사자의 귀책정도 등을 고려하여야 한다. <개정 2007. 8. 3.>

제11조(가맹계약서의 기재사항 등) ①가맹본부는 가맹희망자가 가맹계약의 내용을 미리 이해할 수 있도록 제2항 각 호의 사항이 적힌 문서를 가맹희망자에게 제공한 날부터 14일이 지나지 아니한 경우에는 다음 각 호의 어느 하나에 해당하는 행위를 하여서는 아니 된다. <개정 2007. 8. 3., 2017. 4. 18.>

1. 가맹희망자로부터 가맹금을 수령하는 행위. 이 경우 가맹희망자가 예치기관에 예치가맹금을 예치하는 때에는 최초로 예치한 날(가맹희망자가 최초로 가맹금을 예치하기로 가맹본부와 합의한 날이 있는 경우에는 그 날)에 가맹금을 수령한 것으로 본다.
2. 가맹희망자와 가맹계약을 체결하는 행위

②가맹계약서는 다음 각호의 사항을 포함하여야 한다. <개정 2007. 8. 3., 2018. 10. 16.>

1. 영업표지의 사용권 부여에 관한 사항
2. 가맹점사업자의 영업활동 조건에 관한 사항
3. 가맹점사업자에 대한 교육·훈련, 경영지도에 관한 사항
4. 가맹금 등의 지급에 관한 사항
5. 영업지역의 설정에 관한 사항
6. 계약기간에 관한 사항
7. 영업의 양도에 관한 사항
8. 계약해지의 사유에 관한 사항
9. 가맹희망자 또는 가맹점사업자가 가맹계약을 체결한 날부터 2개월(가맹점사업자가 2개월 이전에 가맹사업을 개시하는 경우에는 가맹사업 개시일)까지의 기간 동안 예치가맹금을 예치기관에 예치하여야 한다는 사항. 다만, 가맹본부가 제15조의2에 따른 가맹점사업자피해보상보험계약 등을 체결한 경우에는 그에 관한 사항으로 한다.
10. 가맹희망자가 정보공개서에 대하여 변호사 또는 제27조에 따른 가맹거래사의 자문을 받은 경우 이에 관한 사항
11. 가맹본부 또는 가맹본부 임원의 위법행위 또는 가맹사업의 명성이나

신용을 훼손하는 등 사회상규에 반하는 행위로 인하여 가맹점사업자에게 발생한 손해에 대한 배상의무에 관한 사항

12. 그 밖에 가맹사업당사자의 권리·의무에 관한 사항으로서 대통령령이 정하는 사항

③가맹본부는 가맹계약서를 가맹사업의 거래가 종료된 날부터 3년간 보관하여야 한다.

④공정거래위원회는 가맹본부에게 건전한 가맹사업거래질서를 확립하고 불공정한 내용의 가맹계약이 통용되는 것을 방지하기 위하여 일정한 가맹사업거래에서 표준이 되는 가맹계약서의 작성 및 사용을 권장할 수 있다.

[제목개정 2007. 8. 3.]

제12조(불공정거래행위의 금지) ①가맹본부는 다음 각 호의 어느 하나에 해당하는 행위로서 가맹사업의 공정한 거래를 저해할 우려가 있는 행위를 하거나 다른 사업자로 하여금 이를 행하도록 하여서는 아니된다. <개정 2007. 8. 3., 2013. 8. 13., 2016. 3. 29.>

1. 가맹점사업자에 대하여 상품이나 용역의 공급 또는 영업의 지원 등을 부당하게 중단 또는 거절하거나 그 내용을 현저히 제한하는 행위
2. 가맹점사업자가 취급하는 상품 또는 용역의 가격, 거래상대방, 거래지역이나 가맹점사업자의 사업활동을 부당하게 구속하거나 제한하는 행위
3. 거래상의 지위를 이용하여 부당하게 가맹점사업자에게 불이익을 주는 행위
4. 삭제 <2013. 8. 13.>
5. 계약의 목적과 내용, 발생할 손해 등 대통령령으로 정하는 기준에 비하여 과중한 위약금을 부과하는 등 가맹점사업자에게 부당하게 손해배상 의무를 부담시키는 행위
6. 제1호부터 제3호까지 및 제5호 외의 행위로서 부당하게 경쟁가맹본부의 가맹점사업자를 자기와 거래하도록 유인하는 행위 등 가맹사업의 공정한 거래를 저해할 우려가 있는 행위

②제1항 각호의 규정에 의한 행위의 유형 또는 기준은 대통령령으로 정한다.

제12조의2(부당한 점포환경개선 강요 금지 등) ① 가맹본부는 대통령령으로 정하는 정당한 사유 없이 점포환경개선을 강요하여서는 아니 된다.

② 가맹본부는 가맹점사업자의 점포환경개선에 소요되는 비용으로서 대통령령으로 정하는 비용의 100분의 40 이내의 범위에서 대통령령으로 정하는 비율에 해당하는 금액을 부담하여야 한다. 다만, 다음 각 호의 어느 하나에 해당하는 경우에는 그러하지 아니하다.

1. 가맹본부의 권유 또는 요구가 없음에도 가맹점사업자의 자발적 의사에 의하여 점포환경개선을 실시하는 경우
2. 가맹점사업자의 귀책사유로 인하여 위생·안전 및 이와 유사한 문제가 발생하여 불가피하게 점포환경개선을 하는 경우

③ 제2항에 따라 가맹본부가 부담할 비용의 산정, 청구 및 지급절차, 그 밖에 필요한 사항은 대통령령으로 정한다.

[본조신설 2013. 8. 13.]

제12조의3(부당한 영업시간 구속 금지) ① 가맹본부는 정상적인 거래관행에 비추어 부당하게 가맹점사업자의 영업시간을 구속하는 행위(이하 "부당한 영업시간 구속"이라 한다)를 하여서는 아니 된다.

② 다음 각 호의 어느 하나에 해당하는 가맹본부의 행위는 부당한 영업시간 구속으로 본다.

1. 가맹점사업자의 점포가 위치한 상권의 특성 등의 사유로 대통령령으로 정하는 심야 영업시간대의 매출이 그 영업에 소요되는 비용에 비하여 저조하여 대통령령으로 정하는 일정한 기간 동안 영업손실이 발생함에 따라 가맹점사업자가 영업시간 단축을 요구함에도 이를 허용하지 아니하는 행위
2. 가맹점사업자가 질병의 발병과 치료 등 불가피한 사유로 인하여 필요 최소한의 범위에서 영업시간의 단축을 요구함에도 이를 허용하지 아니하는 행위

[본조신설 2013. 8. 13.]

제12조의4(부당한 영업지역 침해금지) ① 가맹본부는 가맹계약 체결 시 가맹점사업자의 영업지역을 설정하여 가맹계약서에 이를 기재하여야 한다.

② 가맹본부가 가맹계약 갱신과정에서 상권의 급격한 변화 등 대통령령

으로 정하는 사유가 발생하여 기존 영업지역을 변경하기 위해서는 가맹점사업자와 합의하여야 한다. <개정 2018. 1. 16.>

③ 가맹본부는 정당한 사유 없이 가맹계약기간 중 가맹점사업자의 영업지역 안에서 가맹점사업자와 동일한 업종(수요층의 지역적·인적 범위, 취급품목, 영업형태 및 방식 등에 비추어 동일하다고 인식될 수 있을 정도의 업종을 말한다)의 자기 또는 계열회사(「독점규제 및 공정거래에 관한 법률」 제2조제3호에 따른 계열회사를 말한다. 이하 같다)의 직영점이나 가맹점을 설치하는 행위를 하여서는 아니 된다. <개정 2018. 1. 16.>

[본조신설 2013. 8. 13.]

제12조의5(보복조치의 금지) 가맹본부는 가맹점사업자가 다음 각 호의 어느 하나에 해당하는 행위를 한 것을 이유로 그 가맹점사업자에 대하여 상품·용역의 공급이나 경영·영업활동 지원의 중단, 거절 또는 제한, 가맹계약의 해지, 그 밖에 불이익을 주는 행위를 하거나 계열회사 또는 다른 사업자로 하여금 이를 행하도록 하여서는 아니된다.

1. 제22조제1항에 따른 분쟁조정의 신청
2. 제32조의2에 따른 공정거래위원회의 서면실태조사에 대한 협조
3. 제32조의3제1항에 따른 신고 및 같은 조 제2항에 따른 공정거래위원회의 조사에 대한 협조

[본조신설 2018. 1. 16.]

[종전 제12조의5는 제12조의7로 이동 <2018. 1. 16.>]

제12조의6(광고·판촉행사 관련 집행 내역 통보 등) ① 가맹본부는 가맹점사업자가 비용의 전부 또는 일부를 부담하는 광고나 판촉행사를 실시한 경우 그 집행 내역을 가맹점사업자에게 통보하고 가맹점사업자의 요구가 있는 경우 이를 열람할 수 있도록 하여야 한다.

② 제1항에 따른 집행 내역 통보 또는 열람의 구체적인 시기·방법·절차는 대통령령으로 정한다.

[본조신설 2016. 3. 29.]

제12조의7(업종별 거래기준 권고) 공정거래위원회는 가맹사업거래의 공정한 거래질서 확립을 위하여 필요한 경우 업종별로 바람직한 거래기준을 정하여 가맹본부에 이의 준수를 권고할 수 있다.

[본조신설 2013. 8. 13.]

[제12조의5에서 이동 <2018. 1. 16.>]

제13조(가맹계약의 갱신 등) ①가맹본부는 가맹점사업자가 가맹계약기간 만료 전 180일부터 90일까지 사이에 가맹계약의 갱신을 요구하는 경우 정당한 사유 없이 이를 거절하지 못한다. 다만, 다음 각 호의 어느 하나에 해당하는 경우에는 그러하지 아니하다.

1. 가맹점사업자가 가맹계약상의 가맹금 등의 지급의무를 지키지 아니한 경우
2. 다른 가맹점사업자에게 통상적으로 적용되는 계약조건이나 영업방침을 가맹점사업자가 수락하지 아니한 경우
3. 가맹사업의 유지를 위하여 필요하다고 인정되는 것으로서 다음 각 목의 어느 하나에 해당하는 가맹본부의 중요한 영업방침을 가맹점사업자가 지키지 아니한 경우
   가. 가맹점의 운영에 필요한 점포·설비의 확보나 법령상 필요한 자격·면허·허가의 취득에 관한 사항
   나. 판매하는 상품이나 용역의 품질을 유지하기 위하여 필요한 제조공법 또는 서비스기법의 준수에 관한 사항
   다. 그 밖에 가맹점사업자가 가맹사업을 정상적으로 유지하기 위하여 필요하다고 인정되는 것으로서 대통령령으로 정하는 사항

②가맹점사업자의 계약갱신요구권은 최초 가맹계약기간을 포함한 전체 가맹계약기간이 10년을 초과하지 아니하는 범위 내에서만 행사할 수 있다.

③가맹본부가 제1항에 따른 갱신 요구를 거절하는 경우에는 그 요구를 받은 날부터 15일 이내에 가맹점사업자에게 거절 사유를 적어 서면으로 통지하여야 한다.

④가맹본부가 제3항의 거절 통지를 하지 아니하거나 가맹계약기간 만료 전 180일부터 90일까지 사이에 가맹점사업자에게 조건의 변경에 대한 통지나 가맹계약을 갱신하지 아니한다는 사실의 통지를 서면으로 하지 아니하는 경우에는 계약 만료 전의 가맹계약과 같은 조건으로 다시 가맹계약을 체결한 것으로 본다. 다만, 가맹점사업자가 계약이 만료되는 날부터 60일 전까지 이의를 제기하거나 가맹본부나 가맹점사업자에게 천재지변

이나 그 밖에 대통령령으로 정하는 부득이한 사유가 있는 경우에는 그러하지 아니하다.

[전문개정 2007. 8. 3.]

제14조(가맹계약해지의 제한) ①가맹본부는 가맹계약을 해지하려는 경우에는 가맹점사업자에게 2개월 이상의 유예기간을 두고 계약의 위반 사실을 구체적으로 밝히고 이를 시정하지 아니하면 그 계약을 해지한다는 사실을 서면으로 2회 이상 통지하여야 한다. 다만, 가맹사업의 거래를 지속하기 어려운 경우로서 대통령령이 정하는 경우에는 그러하지 아니하다. <개정 2007. 8. 3.>

②제1항의 규정에 의한 절차를 거치지 아니한 가맹계약의 해지는 그 효력이 없다.

제14조의2(가맹점사업자단체의 거래조건 변경 협의 등) ① 가맹점사업자는 권익보호 및 경제적 지위 향상을 도모하기 위하여 단체(이하 "가맹점사업자단체"라 한다)를 구성할 수 있다.

② 특정 가맹본부와 가맹계약을 체결·유지하고 있는 가맹점사업자(복수의 영업표지를 보유한 가맹본부와 계약 중인 가맹점사업자의 경우에는 동일한 영업표지를 사용하는 가맹점사업자로 한정한다)로만 구성된 가맹점사업자단체는 그 가맹본부에 대하여 가맹계약의 변경 등 거래조건(이하 이 조에서 "거래조건"이라 한다)에 대한 협의를 요청할 수 있다.

③ 제2항에 따른 협의를 요청받은 경우 가맹본부는 성실하게 협의에 응하여야 한다. 다만, 복수의 가맹점사업자단체가 협의를 요청할 경우 가맹본부는 다수의 가맹점사업자로 구성된 가맹점사업자단체와 우선적으로 협의한다.

④ 제2항에 따른 협의와 관련하여 가맹점사업자단체는 가맹사업의 통일성이나 본질적 사항에 반하는 거래조건을 요구하는 행위, 가맹본부의 경영 등에 부당하게 간섭하는 행위 또는 부당하게 경쟁을 제한하는 행위를 하여서는 아니 된다.

⑤ 가맹본부는 가맹점사업자단체의 구성·가입·활동 등을 이유로 가맹점사업자에게 불이익을 주는 행위를 하거나 가맹점사업자단체에 가입 또는 가입하지 아니할 것을 조건으로 가맹계약을 체결하여서는 아니 된다.

[본조신설 2013. 8. 13.]

제15조(자율규약) ①가맹본부 또는 가맹본부를 구성원으로 하는 사업자단체는 가맹사업의 공정한 거래질서를 유지하기 위하여 자율적으로 규약을 정할 수 있다.

②가맹본부 또는 가맹본부를 구성원으로 하는 사업자단체는 제1항의 규정에 의하여 자율규약을 정하고자 하는 경우 그 규약이 제12조제1항의 규정에 위반하는 지에 대한 심사를 공정거래위원회에 요청할 수 있다.

③공정거래위원회는 제2항의 규정에 의하여 자율규약의 심사를 요청받은 때에는 그 요청을 받은 날부터 60일 이내에 심사결과를 신청인에게 통보하여야 한다.

제15조의2(가맹점사업자피해보상보험계약 등) ①가맹본부는 가맹점사업자의 피해를 보상하기 위하여 다음 각 호의 어느 하나에 해당하는 계약(이하 "가맹점사업자피해보상보험계약 등"이라 한다)을 체결할 수 있다. <개정 2012. 2. 17.>

1. 「보험업법」에 따른 보험계약
2. 가맹점사업자 피해보상금의 지급을 확보하기 위한 「금융위원회의 설치 등에 관한 법률」 제38조에 따른 기관의 채무지급보증계약
3. 제15조의3에 따라 설립된 공제조합과의 공제계약

②가맹점사업자피해보상보험계약 등에 의하여 가맹점사업자 피해보상금을 지급할 의무가 있는 자는 그 지급사유가 발생한 경우 지체 없이 이를 지급하여야 한다. 이를 지연한 경우에는 지연배상금을 지급하여야 한다.

③가맹점사업자피해보상보험계약 등을 체결하고자 하는 가맹본부는 가맹점사업자피해보상보험계약 등을 체결하기 위하여 매출액 등의 자료를 제출함에 있어서 거짓 자료를 제출하여서는 아니 된다.

④가맹본부는 가맹점사업자피해보상보험계약 등을 체결함에 있어서 가맹점사업자의 피해보상에 적절한 수준이 되도록 하여야 한다.

⑤가맹점사업자피해보상보험계약 등을 체결한 가맹본부는 그 사실을 나타내는 표지를 사용할 수 있다.

⑥가맹점사업자피해보상보험계약 등을 체결하지 아니한 가맹본부는 제5항에 따른 표지를 사용하거나 이와 유사한 표지를 제작 또는 사용하여서

는 아니 된다.

⑦그 밖에 가맹점사업자피해보상보험계약 등에 대하여 필요한 사항은 대통령령으로 정한다.

[본조신설 2007. 8. 3.]

제15조의3(공제조합의 설립) ①가맹본부는 제15조의2제1항제3호에 따른 공제사업을 영위하기 위하여 공정거래위원회의 인가를 받아 공제조합(이하 "공제조합"이라 한다)을 설립할 수 있다.

②공제조합은 법인으로 하며, 주된 사무소의 소재지에 설립등기를 함으로써 성립한다.

③공제조합에 가입한 가맹본부는 공제사업의 수행에 필요한 출자금 등을 조합에 납부하여야 한다.

④공제조합의 기본재산은 조합원의 출자금 등으로 조성한다.

⑤공제조합의 조합원의 자격, 임원에 관한 사항 및 출자금의 부담기준에 관한 사항은 정관으로 정한다.

⑥공제조합의 설립인가 기준 및 절차, 정관기재사항, 운영 및 감독 등에 관하여 필요한 사항은 대통령령으로 정한다.

⑦공제조합이 제1항에 따른 공제사업을 하고자 하는 때에는 공제규정을 정하여 공정거래위원회의 인가를 받아야 한다. 공제규정을 변경하고자 하는 때에도 또한 같다.

⑧제7항의 공제규정에는 공제사업의 범위, 공제료, 공제사업에 충당하기 위한 책임준비금 등 공제사업의 운영에 관하여 필요한 사항을 포함하여야 한다.

⑨공제조합에 관하여 이 법에 규정된 것을 제외하고는 「민법」 중 사단법인에 관한 규정을 준용한다.

⑩이 법에 따른 공제조합의 사업에 대하여는 「보험업법」을 적용하지 아니한다.

[본조신설 2007. 8. 3.]

제15조의4(가맹본부와 가맹점사업자 간 협약체결의 권장 등) ① 공정거래위원회는 가맹본부와 가맹점사업자가 가맹사업 관계 법령의 준수 및 상호 지원·협력을 약속하는 자발적인 협약을 체결하도록 권장할 수 있다.

② 공정거래위원회는 가맹본부와 가맹점사업자가 제1항에 따른 협약을 체결하는 경우 그 이행을 독려하기 위하여 포상 등 지원시책을 마련하여 시행하여야 한다.

③ 공정거래위원회는 제1항 및 제2항에 따른 협약의 내용·체결절차·이행실적평가 및 지원시책 등에 필요한 사항을 정한다.

[본조신설 2013. 8. 13.]

제15조의5(신고포상금) ① 공정거래위원회는 이 법의 위반행위를 신고하거나 제보하고 그 신고나 제보를 입증할 수 있는 증거자료를 제출한 자에게 예산의 범위에서 포상금을 지급할 수 있다.

② 제1항에 따른 포상금 지급대상자의 범위, 포상금 지급의 기준·절차 등에 필요한 사항은 대통령령으로 정한다.

[본조신설 2018. 1. 16.]

제4장 분쟁의 조정 등

제16조(가맹사업거래분쟁조정협의회의 설치) ① 가맹사업에 관한 분쟁을 조정하기 위하여 「독점규제 및 공정거래에 관한 법률」 제48조의2제1항에 따른 한국공정거래조정원(이하 "조정원"이라 한다)에 가맹사업거래분쟁조정협의회(이하 "협의회"라 한다)를 둔다. <개정 2018. 3. 27.>

② 시 · 도지사는 특별시 · 광역시 · 특별자치시 · 도 · 특별자치도(이하 "시 · 도"라 한다)에 협의회를 둘 수 있다. <신설 2018. 3. 27.>

[전문개정 2007. 8. 3.]

제17조(협의회의 구성) ①협의회는 위원장 1인을 포함한 9인의 위원으로 구성한다.

②위원은 공익을 대표하는 위원, 가맹본부의 이익을 대표하는 위원, 가맹점사업자의 이익을 대표하는 위원으로 구분하되 각각 동수로 한다.

③조정원에 두는 협의회(이하 "조정원 협의회"라 한다)의 위원은 조정원의 장이 추천한 자와 다음 각 호의 어느 하나에 해당하는 자중 공정거래위원회 위원장이 임명 또는 위촉하는 자가 되고, 시·도에 두는 협의회(이하 "시·도 협의회"라 한다)의 위원은 조정원의 장이 추천한 자와 다음 각 호의 어느 하나에 해당하는 자 중 시·도지사가 임명 또는 위촉하는 자가

된다. <개정 2005. 12. 29., 2007. 8. 3., 2018. 3. 27.>

1. 대학에서 법률학·경제학·경영학을 전공한 자로서 「고등교육법」 제2조 제1호·제2호 또는 제5호에 따른 학교나 공인된 연구기관에서 부교수 이상의 직 또는 이에 상당하는 직에 있거나 있었던 자
2. 판사·검사 직에 있거나 있었던 자 또는 변호사의 자격이 있는 자
3. 독점금지 및 공정거래업무에 관한 경험이 있는 4급 이상 공무원(고위공무원단에 속하는 일반직공무원을 포함한다)의 직에 있거나 있었던 자

④조정원 협의회의 위원장은 공익을 대표하는 위원중에서 공정거래위원회 위원장이 임명 또는 위촉하고, 시·도 협의회의 위원장은 공익을 대표하는 위원 중에서 시·도지사가 임명 또는 위촉한다. <개정 2007. 8. 3., 2018. 3. 27.>

⑤위원의 임기는 3년으로 하고 연임할 수 있다.

⑥위원중 결원이 생긴 때에는 제3항의 규정에 의하여 보궐위원을 위촉하여야 하며, 그 보궐위원의 임기는 전임자의 잔임기간으로 한다.

제18조(공익을 대표하는 위원의 위촉제한) ①공익을 대표하는 위원은 위촉일 현재 가맹본부 또는 가맹점사업자의 임원·직원으로 있는 자중에서 위촉될 수 없다.

②공정거래위원회 위원장 및 시·도지사는 공익을 대표하는 위원으로 위촉받은 자가 가맹본부 또는 가맹점사업자의 임원·직원으로 된 때에는 즉시 해촉하여야 한다. <개정 2007. 8. 3., 2018. 3. 27.>

제19조(협의회의 회의) ①협의회의 회의는 위원 전원으로 구성되는 회의(이하 "전체회의"라 한다)와 공익을 대표하는 위원, 가맹본부의 이익을 대표하는 위원, 가맹점사업자의 이익을 대표하는 위원 각 1인으로 구성되는 회의(이하 "소회의"라 한다)로 구분한다. <개정 2007. 8. 3.>

② 협의회의 전체회의는 다음 각 호의 사항을 심의·의결한다. <신설 2013. 8. 13.>

1. 소회의가 전체회의에서 처리하도록 결정한 사항
2. 협의회 운영세칙의 제정·개정에 관한 사항
3. 그 밖에 전체회의에서 처리할 필요가 있다고 인정하는 사항으로서 협의회의 위원장이 전체회의에 부치는 사항

③ 협의회의 소회의는 제2항 각 호 외의 사항을 심의·의결한다. <개정 2013. 8. 13.>

④협의회의 전체회의는 위원장이 주재하며, 재적위원 과반수의 출석으로 개의하고, 출석위원 과반수의 찬성으로 의결한다. <개정 2007. 8. 3., 2013. 8. 13.>

⑤협의회의 소회의는 공익을 대표하는 위원이 주재하며, 구성위원 전원의 출석과 출석위원 전원의 찬성으로 의결한다. 이 경우 소회의의 의결은 협의회의 의결로 보되, 회의의 결과를 전체회의에 보고하여야 한다. <신설 2007. 8. 3., 2013. 8. 13.>

⑥위원장이 사고로 직무를 수행할 수 없을 때에는 공익을 대표하는 위원 중에서 공정거래위원회 위원장 또는 시·도지사가 지명하는 위원이 그 직무를 대행한다. <개정 2007. 8. 3., 2013. 8. 13., 2018. 3. 27.>

⑦조정의 대상이 된 분쟁의 당사자인 가맹사업당사자(이하 "분쟁당사자"라 한다)는 협의회의 회의에 출석하여 의견을 진술하거나 관계자료를 제출할 수 있다. <개정 2007. 8. 3., 2013. 8. 13.>

제20조(위원의 제척·기피·회피) ①위원은 다음 각 호의 어느 하나에 해당하는 경우에는 해당 조정사항의 조정에서 제척된다. <개정 2016. 3. 29.>

1. 위원 또는 그 배우자나 배우자이었던 자가 해당 조정사항의 분쟁당사자가 되거나 공동권리자 또는 의무자의 관계에 있는 경우
2. 위원이 해당 조정사항의 분쟁당사자와 친족관계에 있거나 있었던 경우
3. 위원 또는 위원이 속한 법인이 분쟁당사자의 법률·경영 등에 대하여 자문이나 고문의 역할을 하고 있는 경우
4. 위원 또는 위원이 속한 법인이 해당 조정사항에 대하여 분쟁당사자의 대리인으로 관여하거나 관여하였던 경우 및 증언 또는 감정을 한 경우

②분쟁당사자는 위원에게 협의회의 조정에 공정을 기하기 어려운 사정이 있는 때에 협의회에 그 위원에 대한 기피신청을 할 수 있다. <개정 2016. 3. 29.>

③위원이 제1항 또는 제2항의 사유에 해당하는 경우에는 스스로 해당 조정사항의 조정에서 회피할 수 있다. <개정 2016. 3. 29.>

제21조(협의회의 조정사항) 협의회는 공정거래위원회 또는 분쟁당사자가 요청하는 가맹사업거래의 분쟁에 관한 사항을 조정한다.

제22조(조정의 신청 등) ①분쟁당사자는 제21조의 규정에 의하여 협의회에 대통령령이 정하는 사항이 기재된 서면으로 그 조정을 신청할 수 있다.

② 분쟁당사자가 서로 다른 협의회에 분쟁조정을 신청하거나 여러 협의회에 중복하여 분쟁조정을 신청한 때에는 다음 각 호의 협의회 중 가맹점사업자가 선택한 협의회에서 이를 담당한다. <신설 2018. 3. 27.>

1. 조정원 협의회

2. 가맹점사업자의 주된 사업장이 소재한 시·도 협의회

3. 가맹본부의 주된 사업장이 소재한 시·도 협의회

③공정거래위원회는 가맹사업거래의 분쟁에 관한 사건에 대하여 협의회에 그 조정을 의뢰할 수 있다. <개정 2018. 3. 27.>

④협의회는 제1항의 규정에 의하여 조정을 신청받은 때에는 즉시 그 조정사항을 분쟁당사자에게 통지하여야 한다. <개정 2007. 8. 3., 2018. 3. 27.>

⑤ 제1항에 따른 분쟁조정의 신청은 시효중단의 효력이 있다. 다만, 신청이 취하되거나 각하된 때에는 그러하지 아니하다. <신설 2017. 4. 18., 2018. 3. 27.>

⑥ 제5항 단서의 경우에 6개월 내에 재판상의 청구, 파산절차참가, 압류 또는 가압류, 가처분을 한 때에는 시효는 최초의 분쟁조정의 신청으로 인하여 중단된 것으로 본다. <신설 2017. 4. 18., 2018. 3. 27.>

⑦ 제5항 본문에 따라 중단된 시효는 다음 각 호의 어느 하나에 해당하는 때부터 새로이 진행한다. <신설 2017. 4. 18., 2018. 3. 27.>

1. 분쟁조정이 이루어져 조정조서를 작성한 때

2. 분쟁조정이 이루어지지 아니하고 조정절차가 종료된 때

제23조(조정 등) ① 협의회는 제22조제1항에 따라 조정을 신청 받거나 같은 조 제2항에 따라 조정을 의뢰 받는 경우에는 대통령령으로 정하는 바에 따라 지체 없이 분쟁조정 절차를 개시하여야 한다. <신설 2016. 3. 29.>

②협의회는 분쟁당사자에게 조정사항에 대하여 스스로 조정하도록 권고하거나 조정안을 작성하여 이를 제시할 수 있다. <개정 2016. 3. 29.>

③협의회는 다음 각 호의 어느 하나에 해당되는 경우에는 그 조정을 거부하거나 중지할 수 있다. <개정 2007. 8. 3., 2016. 3. 29.>

1. 분쟁당사자의 일방이 조정을 거부한 경우
2. 이미 법원에 소를 제기하였거나 조정의 신청이 있은 후 법원에 소를 제기한 경우 또는 조정의 신청이 있은 후 분쟁당사자가 「중재법」에 따른 중재합의를 한 경우
3. 신청의 내용이 관계법령 또는 객관적인 자료에 의하여 명백하게 인정되는 등 조정을 할 실익이 없는 것으로서 대통령령이 정하는 사항이 발생하는 경우

④협의회는 다음 각 호의 어느 하나에 해당되는 경우에는 조정절차를 종료하여야 한다. <개정 2007. 8. 3., 2016. 3. 29.>

1. 분쟁당사자가 협의회의 권고 또는 조정안을 수락하거나 스스로 조정하는 등 조정이 성립된 경우
2. 조정을 신청 또는 의뢰 받은 날부터 60일(분쟁당사자 쌍방이 기간연장에 동의한 경우에는 90일로 한다)이 경과하여도 조정이 성립하지 아니한 경우
3. 제3항에 의하여 조정이 중지된 경우로서 조정절차를 진행할 실익이 없는 경우

⑤협의회는 제3항에 의하여 조정을 거부 또는 중지하거나 제4항에 의하여 조정절차를 종료한 경우에는 대통령령이 정하는 바에 따라 공정거래위원회 및 시·도에 조정의 경위, 조정거부·중지 또는 종료의 사유 등과 관계서류를 서면으로 지체없이 보고하여야 하고 분쟁당사자에게 그 사실을 통보하여야 한다. <개정 2016. 3. 29., 2018. 3. 27.>

⑥협의회는 해당 조정사항에 관한 사실을 확인하기 위하여 필요한 경우 조사를 하거나 분쟁당사자에 대하여 관련자료의 제출이나 출석을 요구할 수 있다. <개정 2016. 3. 29.>

⑦공정거래위원회는 조정사항에 관하여 조정절차가 종료될 때까지 해당 분쟁당사자에게 시정조치를 권고하거나 명하여서는 아니된다. 다만, 공정거래위원회가 이미 제32조의 규정에 의하여 조사중인 사건에 대하여는 그러하지 아니하다. <개정 2016. 3. 29.>

제23조(조정 등) ① 협의회는 제22조제1항에 따라 조정을 신청 받거나 같은 조 제2항에 따라 조정을 의뢰 받는 경우에는 대통령령으로 정하는 바에 따라 지체 없이 분쟁조정 절차를 개시하여야 한다. <신설 2016. 3. 29.>

②협의회는 분쟁당사자에게 조정사항에 대하여 스스로 조정하도록 권고하거나 조정안을 작성하여 이를 제시할 수 있다. <개정 2016. 3. 29.>

③협의회는 다음 각 호의 어느 하나에 해당되는 경우에는 그 조정신청을 각하하여야 한다. <개정 2007. 8. 3., 2016. 3. 29., 2018. 12. 31.>

1. 조정신청의 내용과 직접적인 이해관계가 없는 자가 조정신청을 한 경우
2. 이 법의 적용 대상이 아닌 사안에 대하여 조정신청을 한 경우
3. 조정신청이 있기 전에 공정거래위원회가 제32조의3제2항에 따라 조사를 개시한 사건에 대하여 조정신청을 한 경우

④협의회는 다음 각 호의 어느 하나에 해당되는 경우에는 조정절차를 종료하여야 한다. <개정 2007. 8. 3., 2016. 3. 29., 2018. 12. 31.>

1. 분쟁당사자가 협의회의 권고 또는 조정안을 수락하거나 스스로 조정하는 등 조정이 성립된 경우
2. 조정을 신청 또는 의뢰 받은 날부터 60일(분쟁당사자 쌍방이 기간연장에 동의한 경우에는 90일로 한다)이 경과하여도 조정이 성립하지 아니한 경우
3. 분쟁당사자의 일방이 조정을 거부하거나 해당 조정사항에 대하여 법원에 소를 제기하는 등 조정절차를 진행할 실익이 없는 경우

⑤협의회는 제3항에 따라 조정신청을 각하하거나 제4항에 따라 조정절차를 종료한 경우에는 대통령령으로 정하는 바에 따라 공정거래위원회 및 시·도에 조정의 경위, 조정신청 각하 또는 조정절차 종료의 사유 등과 관계서류를 서면으로 지체없이 보고하여야 하고 분쟁당사자에게 그 사실을 통보하여야 한다. <개정 2016. 3. 29., 2018. 3. 27., 2018. 12. 31.>

⑥협의회는 해당 조정사항에 관한 사실을 확인하기 위하여 필요한 경우 조사를 하거나 분쟁당사자에 대하여 관련자료의 제출이나 출석을 요구할 수 있다. <개정 2016. 3. 29.>

⑦공정거래위원회는 조정사항에 관하여 조정절차가 종료될 때까지 해당

분쟁당사자에게 시정조치를 권고하거나 명하여서는 아니된다. 다만, 공정거래위원회가 제32조의3제2항에 따라 조사를 개시한 사건에 대하여는 그러하지 아니하다. <개정 2016. 3. 29., 2018. 12. 31.>

[시행일 : 2019.7.1.] 제23조

제24조(조정조서의 작성과 그 효력) ①협의회는 조정사항에 대하여 조정이 성립된 경우 조정에 참가한 위원과 분쟁당사자가 기명날인하거나 서명한 조정조서를 작성한다. <개정 2016. 3. 29., 2018. 4. 17.>

②협의회는 분쟁당사자가 조정절차를 개시하기 전에 조정사항을 스스로 조정하고 조정조서의 작성을 요구하는 경우에는 그 조정조서를 작성하여야 한다. <개정 2016. 3. 29.>

③ 제1항 또는 제2항에 따라 조정조서를 작성한 경우 조정조서는 재판상 화해와 동일한 효력을 갖는다. <신설 2016. 3. 29.>

제24조(조정조서의 작성과 그 효력) ①협의회는 조정사항에 대하여 조정이 성립된 경우 조정에 참가한 위원과 분쟁당사자가 기명날인하거나 서명한 조정조서를 작성한다. <개정 2016. 3. 29., 2018. 4. 17.>

②협의회는 분쟁당사자가 조정절차를 개시하기 전에 조정사항을 스스로 조정하고 조정조서의 작성을 요구하는 경우에는 그 조정조서를 작성하여야 한다. <개정 2016. 3. 29.>

③ 분쟁당사자는 제1항 또는 제2항에 따른 조정에서 합의된 사항을 이행하여야 하고, 이행결과를 공정거래위원회에 제출하여야 한다. <신설 2018. 12. 31.>

④ 공정거래위원회는 제3항에 따른 이행이 이루어진 경우에는 제33조제1항에 따른 시정조치 및 제34조제1항에 따른 시정권고를 하지 아니한다. <신설 2018. 12. 31.>

⑤ 제1항 또는 제2항에 따라 조정조서를 작성한 경우 조정조서는 재판상 화해와 동일한 효력을 갖는다. <신설 2016. 3. 29., 2018. 12. 31.>

[시행일 : 2019.7.1.] 제24조

제25조(협의회의 조직 등에 관한 규정) 제16조 내지 제24조의 규정외에 협의회의 조직·운영·조정절차 등에 관하여 필요한 사항은 대통령령으로 정한다.

제26조 삭제 <2007. 8. 3.>

제27조(가맹거래사) ①공정거래위원회가 실시하는 가맹거래사 자격시험에 합격한 후 대통령령이 정하는 바에 따라 실무수습을 마친 자는 가맹거래사의 자격을 가진다. <개정 2004. 1. 20., 2007. 8. 3.>

②다음 각 호의 어느 하나에 해당하는 자는 가맹거래사가 될 수 없다. <개정 2007. 8. 3., 2017. 4. 18.>

1. 미성년자·피성년후견인 또는 피한정후견인
2. 파산선고를 받고 복권되지 아니한 자
3. 금고 이상의 실형의 선고를 받고 그 집행이 종료(종료된 것으로 보는 경우를 포함한다)되거나 집행을 받지 아니하기로 확정된 후 2년이 경과되지 아니한 자
4. 금고 이상의 형의 집행유예를 받고 그 집행유예기간중에 있는 자
5. 제31조의 규정에 의하여 가맹거래사의 등록이 취소된 날부터 2년이 경과되지 아니한 자

③ 제1항에 따른 시험에 응시한 사람이 그 시험에 관하여 부정한 행위를 한 경우에는 해당 시험을 무효로 하고 그 시험의 응시일부터 5년간 시험의 응시자격을 정지한다. <신설 2016. 3. 29.>

④가맹거래사 자격시험의 시험과목·시험방법, 실무수습의 기간 등 자격시험 및 실무수습에 관하여 필요한 사항은 대통령령으로 정한다. <신설 2004. 1. 20., 2007. 8. 3., 2016. 3. 29.>

[제목개정 2007. 8. 3.]

제28조(가맹거래사의 업무) 가맹거래사는 다음 각 호의 사항에 관한 업무를 수행한다. <개정 2013. 8. 13., 2017. 4. 18.>

1. 가맹사업의 사업성에 관한 검토
2. 정보공개서와 가맹계약서의 작성·수정이나 이에 관한 자문
3. 가맹점사업자의 부담, 가맹사업 영업활동의 조건 등에 관한 자문
4. 가맹사업당사자에 대한 교육·훈련이나 이에 대한 자문
5. 가맹사업거래 분쟁조정 신청의 대행 및 의견의 진술
6. 정보공개서 등록의 대행

[전문개정 2007. 8. 3.]

제29조(가맹거래사의 등록) ①가맹거래사 자격이 있는 자가 제28조에 따른 가맹거래사의 업무를 개시하고자 하는 경우에는 대통령령이 정하는 바에 따라 공정거래위원회에 등록하여야 한다. <개정 2004. 1. 20., 2007. 8. 3.>

②제1항의 규정에 의하여 등록을 한 가맹거래사는 공정거래위원회가 정하는 바에 따라 5년마다 등록을 갱신하여야 한다. <개정 2007. 8. 3.>

③제1항의 규정에 의하여 등록을 한 가맹거래사가 아닌 자는 제27조의 규정에 의한 가맹거래사임을 표시하거나 이와 유사한 용어를 사용하여서는 아니된다. <개정 2007. 8. 3.>

[제목개정 2007. 8. 3.]

제30조(가맹거래사의 책임) ①가맹거래사는 성실히 직무를 수행하며 품위를 유지하여야 한다. <개정 2007. 8. 3.>

②가맹거래사는 직무를 수행함에 있어서 고의로 진실을 감추거나 허위의 보고를 하여서는 아니된다. <개정 2007. 8. 3.>

[제목개정 2007. 8. 3.]

제31조(가맹거래사의 등록취소와 자격정지) ①공정거래위원회는 제29조의 규정에 의하여 등록을 한 가맹거래사가 다음 각 호의 어느 하나에 해당하는 경우에는 그 등록을 취소할 수 있다. 다만, 제1호 및 제2호에 해당하는 경우에는 그 등록을 취소하여야 한다. <개정 2007. 8. 3.>

1. 허위 그 밖의 부정한 방법으로 등록 또는 갱신등록을 한 경우
2. 제27조제2항의 규정에 의한 결격사유에 해당하게 된 경우
3. 업무수행과 관련하여 알게 된 비밀을 다른 사람에게 누설한 경우
4. 가맹거래사 등록증을 다른 사람에게 대여한 경우
5. 업무수행과 관련하여 고의 또는 중대한 과실로 다른 사람에게 중대한 손해를 입힌 경우

②제29조제2항의 규정에 의한 갱신등록을 하지 아니한 가맹거래사는 그 자격이 정지된다. 이 경우 공정거래위원회가 고시로서 정하는 바에 따라 보수교육을 받고 갱신등록을 한 때에는 그 때부터 자격이 회복된다. <개정 2007. 8. 3.>

③ 제1항에 따라 가맹거래사의 등록을 취소하려는 경우에는 청문을 실시하여야 한다. <신설 2012. 2. 17.>

[제목개정 2007. 8. 3.]

제31조의2(가맹사업거래에 대한 교육 등) ①공정거래위원회는 공정한 가맹사업거래질서를 확립하기 위하여 다음 각 호의 업무를 수행할 수 있다.

1. 가맹본부에 대한 교육·연수
2. 가맹희망자 및 가맹점사업자에 대한 교육·연수
3. 가맹거래사에 대한 교육·연수(제27조제1항에 따른 실무수습을 포함한다)
4. 가맹본부가 이 법을 자율적으로 준수하도록 유도하기 위한 자율준수프로그램의 보급·확산
5. 그 밖에 공정한 가맹사업거래질서 확립을 위하여 필요하다고 인정하는 업무

②공정거래위원회는 제1항의 업무를 대통령령으로 정하는 시설·인력 및 교육실적 등의 기준에 적합한 법인으로서 공정거래위원회가 지정하는 기관 또는 단체(이하 "교육기관 등"이라 한다)에 위탁할 수 있다.

③교육기관 등은 제1항에 따른 업무를 수행하는데 필요한 재원을 조달하기 위하여 수익사업을 할 수 있다.

④공정거래위원회는 교육기관 등이 제1항에 따른 업무를 충실히 수행하지 못하거나 대통령령으로 정하는 기준에 미치지 못하는 경우에는 지정을 취소하거나 3개월 이내의 기간을 정하여 지정의 효력을 정지할 수 있다.

⑤교육기관 등의 지정절차 및 방법, 제3항에 따른 수익사업 등에 관하여 필요한 사항은 공정거래위원회가 정하여 고시한다.

[본조신설 2007. 8. 3.]

제5장 공정거래위원회의 사건처리절차 등

제32조(조사개시대상행위의 제한) 이 법의 규정에 의하여 공정거래위원회의 조사개시대상이 되는 가맹사업거래는 그 거래가 종료된 날부터 3년을 경과하지 아니한 것에 한한다. 다만, 그 거래가 종료된 날부터 3년 이내에 신고된 가맹사업거래의 경우에는 그러하지 아니하다.

제32조(조사개시대상의 제한 등) ① 이 법의 규정에 따라 공정거래위원회의 조사개시대상이 되는 가맹사업거래는 그 거래가 종료된 날부터 3년을 경과하지 아니한 것에 한정한다. 다만, 그 거래가 종료된 날부터 3년 이내에 제22조제1항에 따른 조정이 신청되거나 제32조의3제1항에 따라 신고된 가맹사업거래의 경우에는 그러하지 아니하다.

<개정 2018. 12. 31.>

② 공정거래위원회는 다음 각 호의 구분에 따른 기간이 경과한 경우에는 이 법 위반행위에 대하여 이 법에 따른 시정조치를 명하거나 과징금을 부과하지 아니한다. 다만, 법원의 판결에 따라 시정조치 또는 과징금 부과처분이 취소된 경우로서 그 판결이유에 따라 새로운 처분을 하는 경우에는 그러하지 아니하다. <신설 2018. 12. 31.>

1. 공정거래위원회가 이 법 위반행위에 대하여 제32조의3제1항 전단에 따른 신고를 받고 같은 조 제2항에 따라 조사를 개시한 경우: 신고일부터 3년
2. 제1호의 경우 외에 공정거래위원회가 이 법 위반행위에 대하여 제32조의3제2항에 따라 조사를 개시한 경우: 조사개시일부터 3년

[제목개정 2018. 12. 31.]

[시행일 : 2019.7.1.] 제32조

제32조의2(서면실태조사) ① 공정거래위원회는 가맹사업거래에서의 공정한 거래질서 확립을 위하여 가맹본부와 가맹점사업자 등 사이의 거래에 관한 서면실태조사를 실시하여 그 결과를 공표하여야 한다. <개정 2016. 12. 20.>

② 공정거래위원회가 제1항에 따라 서면실태조사를 실시하려는 경우에는 조사대상자의 범위, 조사기간, 조사내용, 조사방법, 조사절차 및 조사결과 공표범위 등에 관한 계획을 수립하여야 하고, 조사대상자에게 거래실태 등 조사에 필요한 자료의 제출을 요구할 수 있다.

③ 공정거래위원회가 제2항에 따라 자료의 제출을 요구하는 경우에는 조사대상자에게 자료의 범위와 내용, 요구사유, 제출기한 등을 명시하여 서면으로 알려야 한다.

④ 가맹본부는 가맹점사업자로 하여금 제2항에 따른 자료를 제출하지

아니하게 하거나 거짓 자료를 제출하도록 요구해서는 아니 된다. <신설 2018. 4. 17.>

[본조신설 2013. 8. 13.]

제32조의3(위반행위의 신고 등) ① 누구든지 이 법에 위반되는 사실이 있다고 인정할 때에는 그 사실을 공정거래위원회에 신고할 수 있다. 이 경우 공정거래위원회는 대통령령으로 정하는 바에 따라 신고자가 동의한 경우에는 가맹본부 또는 가맹지역본부에게 신고가 접수된 사실을 통지하여야 한다.

② 공정거래위원회는 제1항 전단에 따른 신고가 있거나 이 법에 위반되는 혐의가 있다고 인정할 때에는 필요한 조사를 할 수 있다.

③ 제1항 후단에 따라 공정거래위원회가 가맹본부 또는 가맹지역본부에게 통지한 때에는 「민법」 제174조에 따른 최고가 있은 것으로 본다. 다만, 신고된 사실이 이 법의 적용대상이 아니거나 제32조 본문에 따른 조사개시대상행위의 제한 기한을 경과하여 공정거래위원회가 심의절차를 진행하지 아니하기로 한 경우, 신고된 사실에 대하여 공정거래위원회가 무혐의로 조치한 경우 또는 신고인이 신고를 취하한 경우에는 그러하지 아니하다.

④ 공정거래위원회는 제2항에 따라 조사를 한 경우에는 그 결과(조사결과 시정조치 명령 등의 처분을 하고자 하는 경우에는 그 처분의 내용을 포함한다)를 서면으로 해당 사건의 당사자에게 통지하여야 한다.

[본조신설 2016. 12. 20.]

제32조의3(위반행위의 신고 등) ① 누구든지 이 법에 위반되는 사실이 있다고 인정할 때에는 그 사실을 공정거래위원회에 신고할 수 있다. 이 경우 공정거래위원회는 대통령령으로 정하는 바에 따라 신고자가 동의한 경우에는 가맹본부 또는 가맹지역본부에게 신고가 접수된 사실을 통지하여야 한다.

② 공정거래위원회는 제1항 전단에 따른 신고가 있거나 이 법에 위반되는 혐의가 있다고 인정할 때에는 필요한 조사를 할 수 있다.

③ 제1항 후단에 따라 공정거래위원회가 가맹본부 또는 가맹지역본부에게 통지한 때에는 「민법」 제174조에 따른 최고가 있은 것으로 본다. 다

만, 신고된 사실이 이 법의 적용대상이 아니거나 제32조제1항 본문에 따른 조사개시대상행위의 제한 기한을 경과하여 공정거래위원회가 심의절차를 진행하지 아니하기로 한 경우, 신고된 사실에 대하여 공정거래위원회가 무혐의로 조치한 경우 또는 신고인이 신고를 취하한 경우에는 그러하지 아니하다. <개정 2018. 12. 31.>

④ 공정거래위원회는 제2항에 따라 조사를 한 경우에는 그 결과(조사결과 시정조치 명령 등의 처분을 하고자 하는 경우에는 그 처분의 내용을 포함한다)를 서면으로 해당 사건의 당사자에게 통지하여야 한다.

[본조신설 2016. 12. 20.]

[시행일 : 2019.7.1.] 제32조의3

제33조(시정조치) ①공정거래위원회는 제6조의5제1항·제4항, 제7조제3항, 제9조제1항, 제10조제1항, 제11조제1항·제2항, 제12조제1항, 제12조의2제1항·제2항, 제12조의3제1항·제2항, 제12조의4, 제12조의5, 제12조의6제1항, 제14조의2제5항, 제15조의2제3항·제6항을 위반한 가맹본부에 대하여 가맹금의 예치, 정보공개서등의 제공, 점포환경개선 비용의 지급, 가맹금 반환, 위반행위의 중지, 위반내용의 시정을 위한 필요한 계획 또는 행위의 보고 그 밖에 위반행위의 시정에 필요한 조치를 명할 수 있다. <개정 2007. 8. 3., 2013. 8. 13., 2016. 3. 29., 2018. 1. 16.>

②공정거래위원회는 제24조의 규정에 의하여 협의회의 조정이 이루어진 경우에는 특별한 사유가 없는 한 제1항에 따른 시정조치 및 제34조제1항에 따른 시정권고를 하지 아니한다. <개정 2007. 8. 3.>

③공정거래위원회는 제1항에 따라 시정명령을 하는 경우에는 가맹본부에게 시정명령을 받았다는 사실을 공표하거나 거래상대방에 대하여 통지할 것을 명할 수 있다. <개정 2007. 8. 3.>

제33조(시정조치) ①공정거래위원회는 제6조의5제1항·제4항, 제7조제3항, 제9조제1항, 제10조제1항, 제11조제1항·제2항, 제12조제1항, 제12조의2제1항·제2항, 제12조의3제1항·제2항, 제12조의4, 제12조의5, 제12조의6제1항, 제14조의2제5항, 제15조의2제3항·제6항을 위반한 가맹본부에 대하여 가맹금의 예치, 정보공개서등의 제공, 점포환경개선 비용의 지급, 가맹금 반환, 위반행위의 중지, 위반내용의 시정을 위한 필요한 계획 또는 행위의 보고 그 밖에 위반행위의 시정에 필요한 조치를 명할 수 있

다. <개정 2007. 8. 3., 2013. 8. 13., 2016. 3. 29., 2018. 1. 16.>

② 삭제 <2018. 12. 31.>

③공정거래위원회는 제1항에 따라 시정명령을 하는 경우에는 가맹본부에게 시정명령을 받았다는 사실을 공표하거나 거래상대방에 대하여 통지할 것을 명할 수 있다. <개정 2007. 8. 3.>

[시행일 : 2019.7.1.] 제33조

제34조(시정권고) ①공정거래위원회는 이 법의 규정을 위반한 가맹본부에 대하여 제33조의 규정에 의한 시정조치를 명할 시간적 여유가 없는 경우에는 대통령령이 정하는 바에 따라 시정방안을 마련하여 이에 따를 것을 권고할 수 있다. 이 경우 그 권고를 수락한 때에는 시정조치를 한 것으로 본다는 뜻을 함께 통지하여야 한다. <개정 2016. 3. 29.>

②제1항의 규정에 의한 권고를 받은 가맹본부는 그 권고를 통지받은 날부터 10일 이내에 이를 수락하는 지의 여부에 관하여 공정거래위원회에 통지하여야 한다. <개정 2016. 3. 29.>

③제1항의 규정에 의한 권고를 받은 가맹본부가 그 권고를 수락한 때에는 제33조의 규정에 의한 시정조치를 받은 것으로 본다. <개정 2016. 3. 29.>

제35조(과징금) ① 공정거래위원회는 제6조의5제1항·제4항, 제7조제3항, 제9조제1항, 제10조제1항, 제11조제1항·제2항, 제12조제1항, 제12조의2제1항·제2항, 제12조의3제1항·제2항, 제12조의4, 제12조의5, 제12조의6제1항, 제14조의2제5항, 제15조의2제3항·제6항을 위반한 가맹본부에 대하여 대통령령으로 정하는 매출액(대통령령으로 정하는 사업자의 경우에는 영업수익을 말한다. 이하 같다)에 100분의 2를 곱한 금액을 초과하지 아니하는 범위에서 과징금을 부과할 수 있다. 다만, 그 위반행위를 한 가맹본부가 매출액이 없거나 매출액의 산정이 곤란한 경우로서 대통령령으로 정하는 경우에는 5억원을 초과하지 아니하는 범위에서 과징금을 부과할 수 있다. <개정 2016. 3. 29., 2018. 1. 16.>

② 공정거래위원회는 제1항에 따라 과징금을 부과하는 경우에는 다음 각 호의 사항을 고려하여야 한다.

1. 위반행위의 내용 및 정도
2. 위반행위의 기간 및 횟수
3. 위반행위로 취득한 이익의 규모 등

③ 이 법을 위반한 회사인 가맹본부가 합병을 하는 경우에는 그 가맹본부가 한 위반행위는 합병 후 존속하거나 합병으로 설립되는 회사가 한 위반행위로 보아 과징금을 부과·징수할 수 있다.

④ 공정거래위원회는 이 법을 위반한 회사인 가맹본부가 분할되거나 분할합병되는 경우 분할되는 가맹본부의 분할일 또는 분할합병일 이전의 위반행위를 다음 각 호의 어느 하나에 해당하는 회사의 행위로 보고 과징금을 부과·징수할 수 있다.

1. 분할되는 회사
2. 분할 또는 분할합병으로 설립되는 새로운 회사
3. 분할되는 회사의 일부가 다른 회사에 합병된 후 그 다른 회사가 존속하는 경우 그 다른 회사

⑤ 공정거래위원회는 이 법을 위반한 회사인 가맹본부가 「채무자 회생 및 파산에 관한 법률」 제215조에 따라 신회사를 설립하는 경우에는 기존 회사 또는 신회사 중 어느 하나의 행위로 보고 과징금을 부과·징수할 수 있다.

⑥ 제1항에 따른 과징금의 부과기준은 대통령령으로 정한다.

[전문개정 2013. 8. 13.]

제36조(관계행정기관의 장의 협조) 공정거래위원회는 이 법의 시행을 위하여 필요하다고 인정하는 때에는 관계행정기관의 장의 의견을 듣거나 관계행정기관의 장에 대하여 조사를 위한 인원의 지원 그 밖의 필요한 협조를 요청할 수 있다.

제37조(「독점규제 및 공정거래에 관한 법률」의 준용) ①이 법에 의한 공정거래위원회의 조사·심의·의결 및 시정권고에 관하여는 「독점규제 및 공정거래에 관한 법률」 제42조, 제43조, 제43조의2, 제44조, 제45조, 제50조 제1항 내지 제4항, 제52조, 제52조의2, 제53조, 제53조의2 및 제55조의2의 규정을 준용한다. <개정 2007. 8. 3., 2016. 12. 20.>

②이 법에 의한 과징금의 부과·징수에 관하여는 「독점규제 및 공정거래에 관한 법률」 제55조의4부터 제55조의8까지를 준용한다. <개정 2004.

12. 31., 2007. 8. 3., 2013. 8. 13.>

③이 법에 의한 이의신청, 소의 제기 및 불복의 소의 전속관할에 관하여는 「독점규제 및 공정거래에 관한 법률」 제53조, 제53조의2, 제54조, 제55조의 규정을 준용한다. <개정 2007. 8. 3., 2016. 3. 29., 2017. 4. 18.>

④이 법에 의한 직무에 종사하거나 종사하였던 공정거래위원회의 위원, 공무원 또는 협의회에서 가맹사업거래에 관한 분쟁의 조정업무를 담당하거나 담당하였던 자에 대하여는 독점규제및공정거래에관한법률 제62조의 규정을 준용한다.

⑤ 삭제 <2007. 8. 3.>

[제목개정 2007. 8. 3.]

제37조의2(손해배상책임) ① 가맹본부는 이 법의 규정을 위반함으로써 가맹점사업자에게 손해를 입힌 경우에는 가맹점사업자에 대하여 손해배상의 책임을 진다. 다만, 가맹본부가 고의 또는 과실이 없음을 입증한 경우에는 그러하지 아니하다.

② 제1항에도 불구하고 가맹본부가 제9조제1항, 제12조제1항제1호 및 제12조의5를 위반함으로써 가맹점사업자에게 손해를 입힌 경우에는 가맹점사업자에게 발생한 손해의 3배를 넘지 아니하는 범위에서 배상책임을 진다. 다만, 가맹본부가 고의 또는 과실이 없음을 입증한 경우에는 그러하지 아니하다. <개정 2018. 1. 16.>

③ 법원은 제2항의 배상액을 정할 때에는 다음 각 호의 사항을 고려하여야 한다.

1. 고의 또는 손해 발생의 우려를 인식한 정도
2. 위반행위로 인하여 가맹점사업자가 입은 피해 규모
3. 위법행위로 인하여 가맹본부가 취득한 경제적 이익
4. 위반행위에 따른 벌금 및 과징금
5. 위반행위의 기간·횟수
6. 가맹본부의 재산상태
7. 가맹본부의 피해구제 노력의 정도

④ 제1항 또는 제2항에 따라 손해배상청구의 소가 제기된 경우 「독점규

제 및 공정거래에 관한 법률」 제56조의2 및 제57조를 준용한다.

[본조신설 2017. 4. 18.]

제38조(「독점규제 및 공정거래에 관한 법률」과의 관계) 가맹사업거래에 관하여 이 법의 적용을 받는 사항에 대하여는 「독점규제 및 공정거래에 관한 법률」 제23조제1항제1호(부당하게 거래를 거절하는 행위에 한한다)·제3호(부당하게 경쟁자의 고객을 자기와 거래하도록 유인하는 행위에 한한다)·제4호·제5호(거래의 상대방의 사업활동을 부당하게 구속하는 조건으로 거래하는 행위에 한한다) 및 동법 제29조제1항의 규정을 적용하지 아니한다. <개정 2007. 8. 3.>

[제목개정 2007. 8. 3.]

제39조(권한의 위임과 위탁) ①이 법에 의한 공정거래위원회의 권한은 그 일부를 대통령령이 정하는 바에 따라 소속기관의 장이나 시·도지사에게 위임하거나 다른 행정기관의 장에게 위탁할 수 있다. <개정 2007. 8. 3., 2018. 3. 27.>

②공정거래위원회는 다음 각 호의 어느 하나에 해당하는 업무를 대통령령으로 정하는 바에 따라 「독점규제 및 공정거래에 관한 법률」 제48조의2에 따라 설립된 한국공정거래조정원이나 관련 법인·단체에 위탁할 수 있다. 이 경우 제1호의 위탁관리에 소요되는 경비의 전부 또는 일부를 지원할 수 있다. <개정 2007. 8. 3., 2012. 2. 17.>

1. 제6조의2 및 제6조의3에 따른 정보공개서의 등록, 등록 거부 및 공개 등에 관한 업무
2. 제27조제1항에 따른 가맹거래사 자격시험의 시행 및 관리 업무

제40조(보고) 공정거래위원회는 제39조의 규정에 의하여 위임 또는 위탁한 사무에 대하여 위임 또는 위탁받은 자에게 필요한 보고를 하게 할 수 있다.

제6장 벌칙

제41조(벌칙) ①제9조제1항의 규정에 위반하여 허위·과장의 정보제공행위나 기만적인 정보제공행위를 한 자는 5년 이하의 징역 또는 3억원 이하의 벌금에 처한다. <개정 2007. 8. 3., 2013. 8. 13.>

②다음 각 호의 어느 하나에 해당하는 자는 3년 이하의 징역 또는 1억원 이하의 벌금에 처한다. <개정 2007. 8. 3., 2018. 1. 16.>

1. 제12조의5를 위반하여 가맹점사업자에게 불이익을 주는 행위를 하거나 다른 사업자로 하여금 이를 행하도록 한 자
2. 제33조제1항에 따른 시정조치의 명령에 따르지 아니한 자
3. 제37조제4항의 규정에 의하여 준용되는 「독점규제 및 공정거래에 관한 법률」 제62조의 규정에 위반한 자

③다음 각 호의 어느 하나에 해당하는 자는 2년 이하의 징역 또는 5천만원 이하의 벌금에 처한다. <개정 2007. 8. 3., 2013. 8. 13.>

1. 제6조의5제1항을 위반하여 가맹점사업자로부터 예치가맹금을 직접 수령한 자
2. 제7조제3항을 위반하여 가맹금을 수령하거나 가맹계약을 체결한 자
3. 제15조의2제6항을 위반하여 가맹점사업자피해보상보험계약 등을 체결하였다는 사실을 나타내는 표지 또는 이와 유사한 표지를 제작하거나 사용한 자

④제6조의5제4항을 위반하여 거짓이나 그 밖의 부정한 방법으로 예치가맹금의 지급을 요청한 자는 예치가맹금의 2배에 상당하는 금액 이하의 벌금에 처한다. <신설 2007. 8. 3.>

제42조(양벌규정) 법인의 대표자나 법인 또는 개인의 대리인, 사용인, 그 밖의 종업원이 그 법인 또는 개인의 업무에 관하여 제41조의 위반행위를 하면 그 행위자를 벌하는 외에 그 법인 또는 개인에게도 해당 조문의 벌금형을 과(科)한다. 다만, 법인 또는 개인이 그 위반행위를 방지하기 위하여 해당 업무에 관하여 상당한 주의와 감독을 게을리하지 아니한 경우에는 그러하지 아니하다.

[전문개정 2010. 3. 22.]

제43조(과태료) ①가맹본부가 제3호 또는 제4호의 규정에 해당하는 경우에는 1억원이하, 제1호, 제1호의2 또는 제2호의 규정에 해당하는 경우에는 5천만원 이하의 과태료를 부과한다. <개정 2007. 8. 3., 2013. 8. 13., 2018. 4. 17.>

1. 제32조의2제2항에 따른 자료를 제출하지 아니하거나 거짓의 자료를

제출한 자

1의2. 제32조의2제4항을 위반하여 가맹점사업자로 하여금 자료를 제출하지 아니하게 하거나 거짓 자료를 제출하도록 요구한 자

2. 제37조제1항의 규정에 의하여 준용되는 「독점규제 및 공정거래에 관한 법률」 제50조제1항제1호의 규정에 위반하여 정당한 사유 없이 2회 이상 출석하지 아니한 자

3. 제37조제1항의 규정에 의하여 준용되는 「독점규제 및 공정거래에 관한 법률」 제50조제1항제3호 또는 동조제3항의 규정에 의한 보고 또는 필요한 자료나 물건의 제출을 정당한 사유없이 하지 아니하거나, 허위의 보고 또는 자료나 물건을 제출한 자

4. 제37조제1항의 규정에 의하여 준용되는 「독점규제 및 공정거래에 관한 법률」 제50조제2항의 규정에 의한 조사를 정당한 사유없이 거부·방해 또는 기피한 자

② 삭제 <2018. 4. 17.>

③ 가맹본부의 임원이 제1항제3호에 해당하는 경우에는 5천만원 이하, 같은 항 제1호, 제1호의2 또는 제2호에 해당하는 경우에는 1천만원 이하의 과태료를 부과한다. <개정 2018. 4. 17.>

④ 가맹본부의 종업원 또는 이에 준하는 법률상 이해관계에 있는 자가 제1항제3호에 해당하는 경우에는 5천만원 이하, 같은 항 제2호에 해당하는 경우에는 1천만원 이하, 같은 항 제1호 또는 제1호의2에 해당하는 경우에는 500만원 이하의 과태료를 부과한다. <개정 2018. 4. 17.>

⑤제37조제1항의 규정에 의하여 준용되는 「독점규제 및 공정거래에 관한 법률」 제43조의2의 규정에 의한 질서유지명령에 응하지 아니한 자는 100만원 이하의 과태료에 처한다. <개정 2007. 8. 3.>

⑥다음 각 호의 어느 하나에 해당하는 자에게는 1천만원 이하의 과태료를 부과한다. <개정 2007. 8. 3., 2013. 8. 13.>

1. 제6조의2제2항 본문을 위반하여 기한 내에 변경등록을 하지 아니하거나 거짓으로 변경등록을 한 자

2. 제9조제3항을 위반하여 같은 항 각 호의 어느 하나에 해당하는 정보를 서면으로 제공하지 아니한 자

3. 제9조제4항을 위반하여 근거자료를 비치하지 아니하거나 자료요구에 응하지 아니한 자
4. 제9조제5항을 위반하여 예상매출액 산정서를 제공하지 아니한 자
5. 제9조제6항을 위반하여 예상매출액 산정서를 보관하지 아니한 자
6. 제11조제3항을 위반하여 가맹계약서를 보관하지 아니한 자

⑦다음 각 호의 어느 하나에 해당하는 자에게는 300만원 이하의 과태료를 부과한다. <개정 2007. 8. 3., 2013. 8. 13.>

1. 제6조의2제2항 단서를 위반하여 신고를 하지 아니하거나 거짓으로 신고한 자
2. 제29조제3항을 위반하여 가맹거래사임을 표시하거나 유사한 용어를 사용한 자

⑧제1항부터 제7항까지의 규정에 따른 과태료는 대통령령으로 정하는 바에 따라 공정거래위원회가 부과·징수한다. <신설 2007. 8. 3.>

⑨ 삭제 <2010. 3. 22.>

⑩ 삭제 <2010. 3. 22.>

⑪ 삭제 <2010. 3. 22.>

제44조(고발) ①제41조제1항, 제2항제1호·제2호 및 제3항의 죄는 공정거래위원회의 고발이 있어야 공소를 제기할 수 있다. <개정 2018. 1. 16.>

②공정거래위원회는 제41조제1항, 제2항제1호·제2호 및 제3항의 죄중 그 위반의 정도가 객관적으로 명백하고 중대하다고 인정하는 경우에는 검찰총장에게 고발하여야 한다. <개정 2018. 1. 16.>

③검찰총장은 제2항의 규정에 의한 고발요건에 해당하는 사실이 있음을 공정거래위원회에 통보하여 고발을 요청할 수 있다. <개정 2013. 8. 13.>

④ 공정거래위원회가 제2항에 따른 고발요건에 해당하지 아니한다고 결정하더라도 감사원장, 중소벤처기업부장관은 사회적 파급효과, 가맹희망자나 가맹점사업자에게 미친 피해 정도 등 다른 사정을 이유로 공정거래위원회에 고발을 요청할 수 있다. <신설 2013. 8. 13., 2017. 7. 26.>

⑤ 제3항 또는 제4항에 따른 고발요청이 있는 때에는 공정거래위원회 위원장은 검찰총장에게 고발하여야 한다. <신설 2013. 8. 13.>

⑥공정거래위원회는 공소가 제기된 후에는 고발을 취소하지 못한다. <개정 2013. 8. 13.>

부칙 〈제15853호, 2018. 10. 16.〉

제1조(시행일) 이 법은 2019년 1월 1일부터 시행한다.

제2조(가맹계약서의 기재사항에 관한 적용례) 제11조제2항제11호의 개정규정은 이 법 시행 후 최초로 체결되거나 갱신되는 가맹계약부터 적용한다.

저자소개

【박정용】

- 경북대학교 공과대학 대학원 졸업(공학박사)
- 충남대학교 경영대학원 졸업(경영학 석사)
- 현 대전대학교 교수로 근무
- 대우정밀공업(주), ㈜에버넷, ㈜티오스의 연구소장, 대전테크노파크 지역산업평가단장 역임
- 저서 : <수상한 사업계획서>, <혼자서 푸는 창업방정식>, <나홀로 창업성공전략>, <기술 사업화 배움터>, <비즈니스 상상력> 등
- 한국전자공학회, 한국지식정보기술학회 정회원 및 세계 3대 인명사전에 모두 등재되었음

【고준빈】

- 충남대학교 기계공학과 대학원 졸업(공학박사)
- 중국 길림대학 동북아연구원(세계경제전공) 경제학 박사 수료
- 현 한밭대학교 산학협력단 근무
- 충남대학교, 한남대학교, 공주대학교 외래교수 역임
- 저서 : <TRIZ로 배우는 창의적 설계>, <최신제조공학>, <기계재료공학>, <비파괴검사> <나홀로 창업 성공 전략> 등
- 담우학술상(한국생산제조학회), 산학협력 우수장관상(교육부장관상) 등 수상

【안성범】

- 한밭대학교 창업경영대학원 졸업(창업학 석사)
- 대학교 경영학과 마케팅 전공 졸업(경영학 박사)
- 현 대전대학교 LINC+ 사업단 창업교육센터 산학협력중점교수, 경영학과 조교수
- 주) 인스프라에서 창업경영컨설턴트, 대전대학교 겸임교수, 충남신용보증재단 전문컨설턴트, 대전 창조경제혁신센터 평가위원, 통일교육위원 대전협의회 운영위원 경영지도사(마케팅), 경영진단사, 창업지도사, 기술평가사 등 역임

창업의 정석

2019년 7월 20일 초판 인쇄

2019년 7월 25일 인쇄 발행

저　　자　박정용 · 고준빈 · 안성범

발 행 인　송기수

발 행 처　위즈덤플

편 집 처　위즈덤플

편 집 자　공예서

표지디자인　디자인붐

인 쇄 처　트윈벨미디어

등록번호　제 2015-000009 호

I S B N　979-11-89342-09-8 (03190)

주　　소　서울 은평구 증산로 15길 69 2층

전　　화　02-976-7898, 02-3272-7898.

팩　　스　02-6468-7898

홈페이지　gsintervision.co.kr

E-Mail　gsinter7@gmail.com

정 가　22,000 원